Reiseführer Natur
Kanada

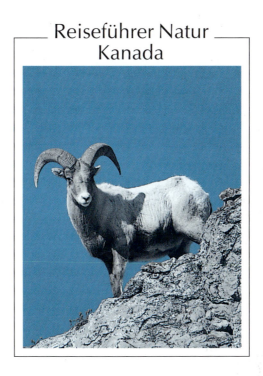

Reiseführer Natur
KANADA

Die Deutsche Bibliothek – CIP-Einheitsaufnahme

Reiseführer Natur Kanada / Peter Mertz. -
München; Wien; Zürich: BLV, 1996 (Reiseführer Natur)
ISBN 3-405-14817-0
NE: Mertz, Peter; Kanada

Die Zusammenstellung der praktischen Reise-
informationen und die Beschreibung der Touren in
diesem Führer erfolgten mit größtmöglicher Sorg-
falt und mit Rücksicht auf die Natur. Bitte verhalten auch Sie sich entsprechend und beachten Sie
im Interesse Ihrer eigenen Sicherheit die Hinweise
des Autors, z. B. zu gefährlichen Wegstrecken.
Ob eine Route gefährlich ist, hängt neben den
Wetterverhältnissen auch von der persönlichen
Konstitution des Wanderers ab. Befragen Sie im
Zweifelsfall vor einer Reise ihren Hausarzt.
Bitte haben Sie Verständnis dafür, daß sich nach
Erscheinen des Buches Wegführungen, Anschrif-
ten oder Telefonnummern ändern können. Korrek-
turhinweise werden Autor und Verlag gerne auf-
greifen:

*BLV Verlagsgesellschaft mbH, Postfach 40 03 20,
80703 München*

BLV Verlagsgesellschaft mbH
München Wien Zürich
80797 München

Das Werk einschließlich aller seiner Teile ist urheber-
rechtlich geschützt. Jede Verwertung außerhalb der
engen Grenzen des Urheberrechtsgesetzes ist ohne
Zustimmung des Verlages unzulässig und strafbar. Das
gilt insbesondere für Vervielfältigungen, Übersetzun-
gen, Mikroverfilmungen und die Einspeicherung und
Verarbeitung in elektronischen Systemen.

© 1996 BLV Verlagsgesellschaft mbH, München

Umschlaggestaltung: Julius Negele, München
Karten: Viertaler + Braun, Grafik + DTP, München
Redaktionelle Mitarbeit: Dr. Einhard Bezzel,
Prof. Dr. Josef H. Reichholf
Lektorat: Dr. Friedrich Kögel
Layout: Volker Fehrenbach, München
Herstellung: Hermann Maxant
Satz: Grafisches Büro V. Fehrenbach, München
Reproduktionen: Premedia, Wels
Druck: Appl, Wemding
Bindung: Bückers GmbH, Anzing

Printed in Germany · ISBN 3-405-14817-0

Inhalt

Einführung

Zur Benutzung des Buches 8

Kleine Landeskunde 9

Lage und Größe 9

Geologie 10

Klima 11

Die geographischen

Großlandschaften 12

Die Vegetationszonen 16

Tierwelt 20

Mensch und Geschichte 24

Essays

Kanadas Nationalpark-System 25

Das Banff-Park-Museum 29

Die Schneeziege 47

Grauwale im Pacific-Rim-Gebiet 77

Timberwölfe und Tundrawölfe 120

Zuckerahorn – Ahornzucker 132

Die Baßtölpel der Île Bonaventure 145

Dickhornschaf und Dallschaf 191

Soweit die Hufe tragen – die
Wanderungen der Karibus 199

Das Abschlachten von Robben und
Seehunden 207

Hauptreiseziele

1 Banff-Nationalpark 26
2 Jasper-Nationalpark 37
3 Yoho-Nationalpark 45
4 Kootenay-Nationalpark 53
5 Glacier- und Mount-Revelstoke-
 Nationalpark 59
6 Waterton-Lakes-Nationalpark 67
7 Pacific-Rim-Nationalpark 74
8 Garibaldi Provincial Park 84
9 Prince-Albert-Nationalpark 90
10 Riding-Mountain-Nationalpark 96
11 Pukaskwa-Nationalpark 102
12 Bruce Peninsula und
 Fathom Five 107

13 Point-Pelee-Nationalpark 114
14 Algonquin Provincial Park 118
15 Montréal und Umgebung 126
16 La-Mauricie-Nationalpark 134
17 St.-Lorenz-Strom 141
18 Forillon-Nationalpark 151
19 Kouchibouguac-Nationalpark 157
20 Fundy-Nationalpark 162
21 Kejimkujik-Nationalpark 168
22 Nationalpark Cape Breton Highlands 174
23 Gros-Morne-Nationalpark 181
24 Kluane-Nationalpark 189
25 Nahanni-Nationalpark 197
26 Auyuittuq-Nationalpark 205

Nebenreiseziele

N 1 Moresby-Island-Nationalpark,
 Charlotte-Inseln 212
N 2 Umgebung von Vancouver,
 Stanley Park, Cypress Park 212
N 3 Wells Grey Provincial Park 213
N 4 Mount Robson Provincial Park 214
N 5 Kananaskis-Gebiet, Peter Lougheed
 Provincial Park 214
N 6 Dinosaur Provincial Park,
 Dinosaur Trail 215
N 7 Elk-Island-Nationalpark 215
N 8 Wood-Buffalo-Nationalpark 216
N 9 Grasslands-Nationalpark 217

N 10 Nationalpark Georgian
 Bay Islands 218
N 11 Niagara-Fälle 218
N 12 Nationalpark St. Lawrence Islands 219
N 13 Gatineau Park, Hull/Ottawa 219
N 14 Gaspésie-Regionalpark 220
N 15 Nationalpark Prince Edward Island 221
N 16 Terra-Nova-Nationalpark 221
N 17 Churchill: »Polar Bear Capital«
 Kanadas 222
N 18 Northern-Yukon-Nationalpark 222
N 19 Aulavik-Nationalpark 223
N 20 Ellesmere-Island-Nationalpark 223

Reiseplanung

Vor der Reise 225
Reisen im Land 226
Sonstiges 227

Anhang

Literatur 229
Wörterbuch 230
Register 235

Zum Geleit

Reiseführer Natur — eine Chance für den sanften Tourismus?

Dem Massentourismus ist sehr viel Natur zum Opfer gefallen. Der Versuch, der Unwirtlichkeit der Städte und der Industriegesellschaft für die kostbarsten Wochen des Jahres in eine »intakte Natur« zu entfliehen, mißlang gründlich. Denn der Ruhe, Entspannung und Naturgenuß suchende Mensch wurde im Touristikboom schnell wieder in die Massen einbezogen und beinahe zu einer »Ware« degradiert. Der zähe Brei des Massentourismus wälzte sich, da er fortlaufend seine eigenen Existenzgrundlagen zerstört, immer weiter hinaus bis in die letzten Winkel der Erde. Mit größter Sorge betrachteten Naturschützer in aller Welt diese Entwicklung und versuchten – vergeblich – sich dagegenzustemmen. Sie waren und sind machtlos gegen die Flut, die über sie und die wenigen geschützten Gebiete hereinbrach. Die Naturschützer hatten so gut wie keine Chancen, die Natur vor dem Massenansturm zu bewahren.

So wurde denn der Tourismus in Bausch und Bogen als nicht natur- und umweltverträglich verdammt und gebrandmarkt. Nicht ganz zu Recht, wie man bei objektiver Betrachtung der Sachlage zugeben muß. Denn nicht wenige der wichtigen, ja unersetzlichen Naturreservate der Welt konnten gerade wegen des Tourismus gesichert werden, der Staaten wie Tansania mit der weltberühmten Serengeti und Ecuador mit seinen Galápagos-Inseln mehr harte Währung einbrachte, als eine Umwidmung der geschützten Flächen zu anderen Formen der Nutzung. Durch geschickte und gezielte Lenkung des Besucherstromes ist es möglich, die Schäden gering zu halten, aber großen Nutzen einzubringen. Viele Beispiele gibt es hierfür. In Amerika,

in Afrika und in Südostasien gelingt es offenbar weitaus besser, Naturreservate zu erhalten als hierzulande in Mitteleuropa, wo Naturschutzgebiete fast automatisch zu Sperrgebieten für Naturfreunde gemacht werden (während andere Nutzungsformen, insbesondere Jagd und Fischerei, in der Regel uneingeschränkt weiterlaufen dürfen).

Es fehlt an Information und an Personal, das die Schutzgebiete überwacht, Besucher betreut und für die Erhaltung der Natur wie für die Einhaltung der Schutzbestimmungen sorgt. Vielfach können gerade da, wo die Schutzgebiete mit strengem »Betreten verboten« ausgewiesen sind, die Schutzziele nicht eingehalten werden. Es fehlen die »Verbündeten«; sie sind als Naturfreunde ausgeschlossen und damit keine starken Partner. Eine grundsätzliche Änderung, eine Wende zum Besseren ist derzeit nicht in Sicht. So bleibt der Naturfreund auf sich allein gestellt, Natur zu erleben, ohne sie zu zerstören.

Die neue Serie »Reiseführer Natur« folgt diesem Leitgedanken. Sie will den engagierten Naturfreunden die Möglichkeit aufzeigen, sich schöne Landschaften mit einem reichhaltigen oder einzigartigen Tier- und Pflanzenleben auf eine »umweltverträgliche« Art und Weise zu erschließen. Ein Tourismus dieser Art, der auf Information aufbaut und dessen Ziel die Sicherung der Naturschönheiten ist, wird vielleicht die überfällige Wende bringen. Unberührte Natur, naturnahe Landschaften und freilebende Tiere und Pflanzen haben ihren besonderen Wert. Aber er wird nicht zum Nulltarif auf Dauer zu erhalten sein.

Dr. Einhard Bezzel
Prof. Dr. Josef H. Reichholf

Vorwort

»Es gab, Gott sei Dank, stets ein Land am Ende der Welt, das Traumziel, das unsere Sehnsucht erfüllt und dem unsere Seele verfällt«. Mit diesen Worten beginnt eine Reisebeschreibung Kanadas von Robert William, die dieses riesige Land mit jenen Attributen in Verbindung bringt, deretwegen wir heute so oft und so gern nach Kanada aufbrechen. Die Enge Mitteleuropas und das »Zu-Ende-gehen« der letzten Naturlandschaften läßt uns immer öfter nach Gegenden suchen, in denen die Natur noch mit all ihrer Urgewalt und Unverbrauchtheit vorherrscht. Auch wenn die weltweiten Umweltprobleme und die Folgen der Zivilisation Spuren hinterlassen haben, die unermeßliche und ungezähmte Natur ist überall im Land nachhaltig spürbar.

Die richtige Auswahl aus der Vielzahl an Naturparks und Schutzgebieten zu finden, war nicht immer leicht. In der Hoffnung, die beste Mischung gefunden und alle Interessensbereiche berücksichtigt zu haben, möchte ich mit diesem Reiseführer die Einladung an alle aussprechen, die eindrucksvolle Natur Kanadas in all ihrer Vielfalt zu entdecken und zu erleben: die gewaltigen Eisfelder des Kluane-Gebietes, die wilden Canyons des Nahanni-Parks, die regenwaldbewachsenen, zerklüfteten Küsten des Pacific Rim, die Bergwelt und türkisblauen Seen der Rocky Mountains, die goldfarbenen Prärien, wenn sie auf die Berge treffen, die wiesenbestandenen Plateaus von Riding Mountain, die farbenprächtigen Laubwaldlandschaften Ostkanadas, den landschaftsbestimmenden St.-Lorenz-Strom mit dem trichterförmigen Golf und den Walen, die gezeitenumspülten Küsten der Atlantikprovinzen, die windgefegten Hochländer des Gros Morne und die arktischen Weiten des Auyuittuq-Nationalparks.

Mögen allen Besuchern und Naturfreunden jene eindrucksvollen Begegnungen mit der Tier- und Pflanzenwelt, mit den bizarren und unvergeßlichen Landschaften widerfahren, wie ich sie auf meinen Reisen und den zahllosen Kilometern durch Kanadas Provinzen erleben durfte. Meine Frau Birgit war dabei nicht nur eine ständige Begleiterin, sie hat auch einen maßgeblichen, unterstützenden Anteil am Zustandekommen dieses Buches. Mein Dank richtet sich aber auch an alle, die mir bei der Arbeit an diesem Buch geholfen haben, besonders meinen mitreisenden Freunden Burkhard und Gregor, sowie Klaus und Manfred für ihre fachliche Beratung.

Peter Mertz

Einführung

Zur Benutzung des Buches

Dieser Reiseführer soll dem Leser ermöglichen, die vielfältigen Landschaften sowie die Pflanzen und Tiere Kanadas in ihren Lebensräumen kennenzulernen. Zu diesem Zweck wurde das Buch in folgende Kapitel gegliedert:
In der »Kleinen Landeskunde« werden die natürlichen Gegebenheiten Kanadas wie Klima, geologische Entstehung, Großlandschaften, Vegetationszonen und Tiergruppen dargestellt. Ein Abschnitt ist der geschichtlichen Entwicklung und dem kanadischen Nationalparksystem gewidmet.
Der Hauptteil beschreibt in 26 Haupt- und 20 Nebenreisezielen die Natursehenswürdigkeiten des Landes. Bei der Reihenfolge der Beschreibungen wurde eine Einteilung von West nach Ost gewählt; sehr weit nördlich gelegene Ziele werden am Schluß behandelt. In der Karte des hinteren Bucheinbandes sind alle Reiseziele verzeichnet. Hauptreiseziele stellen vor allem Nationalparks, aber auch Provincial Parks vor, die eine Vielfalt an Landschaften, geologischen Formationen, Tieren und Pflanzen bieten. Sie werden beschrieben und in Fotos vorgestellt. Verweise auf erwähnte Arten, die in einem anderen Kapitel abgebildet sind, erfolgen durch »S. . . . «, Textstellenverweise durch »s.S. . . . «. Essays (im Text blau unterlegt) geben zusätzliche Informationen zu bestimmten Themen. Wo immer möglich, werden deutsche Artnamen verwendet. Als Vorlage dienten dabei »Grzimeks Tierleben « (1993), für Vögel »Wolters, Die Vogelarten der Erde« (1975–1982) . Gibt es vor allem bei Pflanzen und Reptilien keinen eindeutigen deutschen Artnamen, wird der englische, nur in seltenen Fällen der lateinische angegeben. Wird ein Tier oder eine Pflanze nur als Gattung oder Gruppe genannt, erscheint der lateinische Gattungsname in Klammern. Neben den allgemeinen Informationen enthält jedes Hauptreiseziel Wegbeschreibungen und Karten. Sie geben Vorschläge aus dem Angebot der möglichen Aktivitäten. Das Gewicht liegt dabei nicht auf Vollständigkeit, sondern darauf, das Typische zu erfassen und Wege vorzustellen, die zu den Natursehenswürdigkeiten führen oder Naturlehrpfade sind. Die Kilometerangaben beziehen sich dabei auf die Gesamtstrecke. Die Rubrik Praktische Tips vermittelt Wissenswertes zu Anreise, Unterkunft, Reisezeit sowie wichtige Adressen. Blick in die Umgebung enthält Ziele, die nahe einem Hauptreiseziel liegen oder auf dem Weg dorthin passiert werden und einen Abstecher lohnen.
Nebenreiseziele bieten weitere Einblicke in die Natur des Reiselandes. Entweder sind sie kleiner als die Hauptreiseziele oder verfügen über eine ähnliche naturräumliche Ausstattung wie ein Hauptreiseziel, aber an einem anderen oder sogar schwer zugänglichen Ort; manchmal zeichnen sie sich aber auch durch eindrucksvolle Sehenswürdigkeiten aus. Sie erfordern in jedem Fall eine eigene Anfahrt- und Zeitplanung; oftmals liegen sie abseits der touristischen Hauptrouten.
Der leichteren Reisevorbereitung dient das Kapitel Reiseplanung im Anhang. Hier werden u.a. auch Tips für Autofahrer und Hinweise zum Verhalten im Reiseland gegeben. Es bleibt zu bedenken: Die Infrastruktur von Schutzgebieten, die Unterkunftsmöglichkeiten und Serviceleistungen und insbesondere die Telefonnummern ändern sich naturgemäß gelegentlich!
Im anschließenden Wörterbuch der Pflanzen- und Tiernamen sind alle erwähnten Arten mit ihrem deutschen, englischen und wissenschaftlichen Namen verzeichnet.

Das Register ist in 2 Teile gegliedert: Im ersten können die im Text aufgeführten Pflanzen- und Tiernamen nachgeschlagen werden, im zweiten findet man die Namen der erwähnten Orte, Landschaften, Nationalparks, Provincial Parks usw.

Zeichenerklärung für die Karten im Text

Um die Übersichtlichkeit der im Text verwendeten Karten zu gewährleisten, wurden vor allem die für den Naturtouristen interessanten Informationen aufgenommen. Die verwendeten Symbole und Abkürzungen werden unten erklärt.

Kleine Landeskunde

Lage und Größe

Kanada ist mit einer Gesamtfläche von 9,97 Mio. km^2 nach Rußland das zweitgrößte Land der Welt und nimmt die gleiche Landfläche ein wie Europa vom Atlantik bis zum Ural. Es erstreckt sich vom 42. bis zum 83.° nördlicher Breite über 4600 km von Norden (Ellesmere Island) nach Süden (Point Pelee) und von 53° bis 152° westlicher Länge 5500 km von Osten (Neufundland) nach Westen (West Coast am Pazifik). Kanada wird in 10 Provinzen aufgeteilt. In der Hauptstadt Ottawa hat die kanadische Regierung ihren Sitz, als parlamentarische Monarchie im British Commonwealth of Nations ist die englische Königin Kanadas Staatsoberhaupt. Die 28 Mio. Einwohner konzentrieren sich hauptsächlich auf die südlichen Landesteile: Ungefähr 60% leben im Einzugsgebiet des St.-Lorenz-Stromes, hingegen nur 57 000 in den Northwest Territories, mit 3,4 Mio. km^2 die größte Provinz Kanadas. Als Folge der Besiedlungsgeschichte werden in Kanada zwei offizielle Sprachen gesprochen. Englisch in den meisten Landesteilen, Französisch in der Provinz Québec und Teilen Atlantik-Kanadas. Inuktitut ist die Sprache der arktischen Ureinwohner, der Inuit.

Kanada ist wegen seiner Rohstoffvorkommen, Naturressourcen und Wirtschaft eines der reichsten Länder der Welt. Vor allem Holz und Weizen, aber auch durch Wasserkraft erzeugte Elektrizität zählen zu den wichtigsten Exportprodukten, daneben auch Kupfer, Eisenerz, Gold und andere Metalle, Kohle, Erdöl und Erdgas. 50% des Landes sind von Wald bedeckt, 8%

Verwendete Kartensymbole

═══════ Straßen aller Art	● Stadt, Ortschaft, markanter Punkt
·············· Wanderweg	△ Berg
—— - —— Staatsgrenze	🦤 Ausstellung oder Naturlehrpfad
——————— Fluß	🅸 Informatioszentrum
▬■▬■▬ Eisenbahn	◁⊐ Unterkunft
Nationalpark oder anderes Schutzgebiet	∧ Campingplatz
See, Meer	∧ einfacher Campingplatz (nur auf Wanderwegen, nicht durch Straßen zugänglich)
Land	⌒ Unterstand/Windschutz/Nothütte
③ Besuchspunkte (mit Querverweisen im Text)	⊓ Eingangstor in den Nationalpark
Hwy = Highway	Ⴒ Wasserfall
	✳ Aussichtspunkt

werden von Binnengewässern eingenommen, hingegen können nur 7% der Fläche für landwirtschaftliche Zwecke genutzt werden.

Geologie

Nach der geologischen Entstehung besteht Kanada trotz seiner Größe nur aus 3 Großlandschaften: die Hochgebirgsketten im Westen, die Großen oder Inneren Ebenen, Great Plains genannt, und die östlichen Hügelländer des Kanadischen Schildes, die fast die Hälfte der kanadischen Landfläche einnehmen. Dazu kommen in den östlichen Provinzen kleinere Landschaftsräume wie das St.-Lorenz-Tiefland und die Appalachen.

Kanada ist – abgesehen von einem Küstenstreifen – aus kristallinen Gesteinen aufgebaut. Sie treten im Osten des Landes zutage und werden als Kanadischer Schild bezeichnet. Er besteht aus verschiedenen Gesteinsschichten, deren Entstehung mehr als 1 Mrd. Jahre zurückliegt. Über Jahrmillionen haben Erosion und zuletzt die Gletscher der Eiszeiten die Urberge zu flachen Hügelländern abgetragen, die heute vor allem im Norden Québecs bis zur Hudson Bay zu sehen sind. Durch das Abschmelzen der Gletscher entstand das flache Becken der Hudson Bay, in die 40% aller kanadischen Flüsse entwässern. Im Süden, Westen und Norden tauchen die uralten Gesteinsplatten, die als »Urkraton« oder »Laurentia« bezeichnet werden, unter die Sedimentschichten der Großen Ebenen, der Rocky Mountains und des arktischen Tieflandes und enden zirka 500 km vor der Pazifikküste.

Die Rocky Mountains und die westlichen Gebirge der Coast Mountains kamen erst vor 200 Mio. Jahren zum Kontinent und entstanden durch die Kollision der Kontinentalplatten, als Nordamerika sich nach Westen gegen die pazifische Platte bewegte. Durch schuppenartiges Überschieben der Erdschollen und durch Auffaltung wurden mehrere parallel zueinander laufende Gebirgsketten gebildet. Die östlichen Gebirge Kanadas sind wesentlich älter und entstanden zeitgleich mit der Auffaltung der Appalachen, die an der Ostseite des Nordamerikanischen Kontinents von Labrador bis weit in die Vereinigten Staaten reichen.

Neben den Northwest Territories gehören große Teile von Saskatchewan, Manitoba, Ontario, Québec und Labrador zum Kanadischen Schild. Atlantik-Kanada ist aus ehemaligen Gebirgsketten der Appalachen hervorgegangen. Von diesem Faltengebirge bestehen nur noch Rumpfberge, von denen der Mont Jacques Cartier auf der Halbinsel von Gaspé mit 1268 m der höchste ist. Das Tiefland rund um die Großen Seen und der anschließende St.-Lorenz-Strom prägen das südöstliche Kanada. Das Niagara Escarpment, ein 700 km langer Riffbogen, der von den Niagara-Fällen bis zur Halbinsel Manitolin verläuft, kennzeichnet die ehemalige Meeresbucht, die dieses Tiefland in Urzeiten bedeckt hat.

Der Abschnitt zwischen dem Schild im Osten und den relativ jungen Gebirgen im Westen wird von den Großen Ebenen eingenommen, die vom Golf von Mexiko bis in die arktischen Regionen um Ellesmere Island reichen. Noch vor 7500 Jahren lagen große Teile Manitobas im damals diese Region bedeckenden See von Agassiz verborgen; heute liegen sie gerade 238 m über dem Meeresspiegel. Von hier aus steigen die Prärien in drei nicht klar abgegrenzten Stufen bis Alberta auf 1000 m an. In gleicher Richtung taucht der Kanadische Schild in den Untergrund ab. Im westlichen Alberta, das noch vor 70 Mio. Jahren im Meer lag und eine Verbindung zwischen dem Nordpolarmeer und dem Golf von Mexiko darstellte, erreichen die Sedimentauflagen Tiefen um 4000 m und sind reich an Erdölvorkommen. Diese bildeten sich in ausgedehnten Sümpfen, die nach der Verlandung dieses Meeresarmes

10   Einführung

Der malerische Honeymoon Lake mit den schroffen Gipfeln der »Main Range« der Rocky Mountains.

entstanden. Hier konnten auch Fossilien von Dinosauriern gefunden werden, die einst die Sümpfe bewohnten. Die Foothills, junge und niedrige Gebirge, verbinden die Ebenen mit den westlich folgenden Gebirgen.
Die Gebirge gliedern sich nach ihrer Enstehung in 3 parallele Ketten. Die östlichen Ketten der Rocky Mountains mit Gipfeln um 3500–3950 m sind nur 80–150 km breit. Daran schließen nach Westen die zentralen Hochländer der Columbian Mountains an. Die Bergketten entlang der Westküste begleiten in mehreren Faltengebirgen den Pazifik und bauen auch die Inselgruppen von Vancouver Island und South Moresby auf. Die jüngsten Gebirge Kanadas, die St. Elias Mountains im Yukon Territory an der Grenze zu Alaska, gehören zu den Küstengebirgen und besitzen mit dem Mount Logan den höchsten Berg Kanadas.

Klima

Kanada wird in Mitteleuropa sicherlich als Land des kühlen Nordens angesehen. Das trifft in weiten Teilen zu, jedoch nicht überall. Grundsätzlich herrschen in Kanada im Vergleich zu Europa andere klimatische Verhältnisse, obwohl die nördlichste Großstadt, Edmonton, auf der Höhe von Hamburg liegt, Toronto etwa mit Florenz und die südlichste Landspitze mit Rom zusammenfallen. Ein zweiter Unterschied besteht wegen der nord-süd verlaufenden Gebirge: Arktische, kalte Luftmassen aus dem hohen Norden und tropisch-feuchte aus dem Golf von Mexiko können sich ungehindert austauschen.
Das Klima wird hauptsächlich durch stationäre großklimatische Zellen bestimmt, dem Arktik-Hoch im Norden, dem Aleuten-Tief im Süden und dem Island-Tief im Osten. Es bildet sich eine imaginäre Grenz-

Einführung

linie aus, die quer durch Kanada verläuft und nur geringfügig schwankt. Sie beginnt im Westen bei den Queen Charlotte Islands, wandert nach Norden bis zum 60. Breitengrad, um dann in Richtung Winnipeg nach Süden abzufallen. Zwischen Hudson Bay und Großen Seen verläuft sie etwas nördlich parallel des St.-Lorenz-Tieflandes nach Labrador. Diese Grenze trennt die kontinental-arktisch bestimmte Klimazone von der gemäßigten, die sich im Westen in die ozeanisch und kontinental bestimmte und im Osten in die atlantische und laurentidische Region aufteilt. Südlich von Calgary beherrscht das aus Montana übergreifende Steppenklima einen Teil der Prärien.

Wegen dieser parallel von Westen nach Osten verlaufenden Zonen, kann man mit Sicherheit annehmen, daß Wettersituationen ebenso von Westen nach Osten verlaufen. An der Westküste bewirkt das Aleüten-Tief im Sommer und Winter hohe Niederschläge und milde Temperaturen, während das Innere von British Columbia verhältnismäßig trocken und kontinental ist, je nach der Nähe zum Ozean. Eine Sonderstellung nehmen die Rocky Mountains ein, an deren Westhängen aufsteigende Luftmassen ein letztes Mal abregnen und vor allem im Winter zu Schneehöhen um 15 m führen.

Extrem kontinental sind die Prärien Zentralkanadas. Lange kalte Winter und heiße kurze Sommer sind typisch, die jedoch vom Chinook, einem föhnartigen warmen Wind unterbrochen werden können.

Der Osten wird durch die dämpfende Wirkung der Großen Seen beeinflußt. Sommerliche Einbrüche tropischer Luft führen im St.-Lorenz-Tiefland zu einem heißfeuchten Klima, das man so weit nördlich nicht vermuten würde. Temperaturen um 40° C bei 95% Luftfeuchtigkeit sind etwa in Montréal im Juli und August keine Seltenheit, während in den Wintermonaten Frost um -30° C herrscht. Im Lee der Seen sind die Winter sehr schneereich. Ein

großklimatischer Wechsel, das Zufrieren der Hudson Bay, führt im September zum Beginn des Indian Summer, wenn kalte Luftmassen aus dem Nordwesten sich gegenüber der Warmluftzufuhr aus dem Süden durchsetzen. Innerhalb von 2–3 Tagen erstrahlen dann die Laubwälder für 14 Tage in buntesten Farben, ehe der lange, kalte Winter kommt.

Das Klima Nordkanadas ist wesentlich von der Arktis beherrscht. Sommerhöchstwerte am Polarkreis von 7–8° C und winterliche Tiefstwerte zwischen -50 bis -60° C zusammen mit arktischen Stürmen sprechen für sich.

Die geographischen Großlandschaften

7 Großregionen können unterschieden werden, die auf die Konzeption von McCann (1981) und Robinson (1983) zurückgehen.

Atlantik und St.-Lorenz-Golf

Die östliche Region Kanadas besteht im wesentlichen aus den 3 maritimen Provinzen Prince Edward Island, Nova Scotia und New Brunswick und der Insel Neufundland. Wird der Festlandteil Neufundlands, Labrador, hinzugerechnet, spricht man von »Atlantik-Kanada«. Wegen der naturräumlichen und kulturgeographischen Ähnlichkeit mit dieser Region, wird die Halbinsel Gaspé trotz der politischen Zugehörigkeit zu Québec zur Golfregion gestellt. Labrador gehört zum Kanadischen Schild. In der Atlantik- und Golfregion leben auf 3% Landfläche 10% der Kanadier, die damit relativ dicht besiedelt ist. Der europäische Einfluß in den weitgehend von europäischen Auswanderern besiedelten Provinzen ist überall spürbar. In den letzten Jahren gerieten die Gebiete ins wirtschaftliche Abseits, da Kanada seine Interessen immer weiter nach Westen verlagert. Arbeitslosenraten um 30% sind in den ländlichen Gebieten keine Seltenheit. Politisch ist die Region sowohl alt als auch jung. Nova Scotia und New Brunswick gehörten zu den Gründungsprovinzen, während Neufundland erst 1949 zu Kanada kam. Steilküsten, fjordartige Buchten, Hügelland, boreale Wälder, zergliederte Küsten und wenig fruchtbares Land kennzeichnen die naturgeschaffenen Voraussetzungen der Atlantikregion. Nur wenige begünstigte Bereiche, wie Prince Edward Island, das Tal des Saint John River und das Annapolis-Cornwallis-Tal, eignen sich zur Landwirtschaft. Dem Festland ist ein breiter Schelfstreifen vorgelagert, der reiche Fischgründe aufweist und einen wirtschaftlichen Ausgleich schafft. Hohe Gezeiten sind für die Bay of Fundy zwischen New Brunswick und Nova Scotia typisch. Saint John, Hauptstadt von New Brunswick, und Halifax, die Hauptstadt von Nova Scotia, bilden regional bedeutende Zentren.

St.-Lorenz-Tiefland (Süd-Québec)

Diese Region umfaßt das traditionsreiche Kernland Kanadas entlang des St.-Lorenz-Stromes. Mehrere Städte bilden eine Hauptachse, die »Main Street«, die von Windsor im Süden, über Toronto, Montréal bis Québec reicht und entlang einer geologischen Bruchlinie entstanden ist. Québec nimmt in Kanada eine Sonderstellung ein. Durch französische Auswanderer vor 350 Jahren besiedelt, hat es sich bis heute seine kulturelle Eigenheit bewahrt und ist die einzige überwiegend (80%) französischsprachige Provinz in Kanada. Abspaltungstendenzen vom Mutterland bestehen seit 1976, konnten aber nie durchgesetzt werden. Entlang des St.-Lorenz-Stromes ist das bedeutendste Wirtschaftszentrum Kanadas entstanden; im Tiefland sind zudem die Bedingungen sehr günstig, um Landwirtschaft zu betreiben. Sogar Obst, Gemüse und Wein werden südlich von Montréal angebaut. Überall ist die frankophone Tradition spürbar, in der Mentalität der Menschen, in der Kunst und Literatur, in der Architektur und in der Ausformung der Dörfer und Städte. Französisch ist die gängige Sprache der fast 7 Mio. Einwohner, von denen zwei Drittel in den 4 Städten Montréal, Québec, Sherbrooke und Trois-Rivières leben. Die Stadt Québec, die älteste Nordamerikas mit zahlreichen historischen Bauten und Fortanlagen (La Citadelle), ist zugleich die Hauptstadt der Provinz und das politische Zentrum der frankophonen Bevölkerung. Montréal ist eine moderne Großstadt und gilt als Wirtschafts- und Finanzzentrum, aber auch als kulturelle Metropole der Provinz.

Große Seen (Süd-Ontario)

Die ebene bis hügelige Landschaft junger glazialer Ablagerungen und die südliche Lage schaffen für kanadische Verhältnisse herausragende Möglichkeiten, um in Süd-Ontario Landwirtschaft zu betreiben. Das Klima wird maßgeblich durch die Großen Seen beeinflußt; milde Winter erlauben den Anbau von Obstsorten, Wein und Tabak. Die Region ist durch englische Einwanderer geprägt worden und bildet heute das industrielle Kernland Kanadas. 50% der industriellen Produktion erfolgten hier, günstig ist auch die unmittelbare Nähe zu Industriezentren der USA. Auf 1% der Landfläche leben 30% der Kanadier; sie ist damit die am dichtesten besiedelte Region des Landes. Das urbane Zentrum stellt Toronto dar, das sich seit den 70er Jahren rasch entwickelte und den wirtschaftlichen Wettstreit mit Montréal gewonnen hat. Weitere wichtige Städte sind Massasauga, London und Windsor. Die bekannteste Sehenswürdigkeit der Region sind die Niagara-Fälle.

Kanadischer Schild

Der Kanadische Schild wird hauptsächlich von präkambrischen Gesteinen gebildet und zeichnet sich durch Wald- und Seenreichtum, kahle Granitkuppen und Einsamkeit aus. Im Osten ist die Grenze zu den angrenzenden Regionen schärfer ausgebildet als im Westen, wo der Schild von

Einführung

Ausgedehnte Moorflächen sind überall in Kanada zu finden; hier Kelly's Bog im Kouchibouguac-Nationalpark.

Sedimenten überlagert wird. Schon im 19. Jh. erkannte man, daß mit diesem Teil Kanadas, der fast ein Drittel der Landesfläche ausmacht, nicht viel anzufangen ist. Die flachgründigen, sauren Böden, die zahllosen Moore und die nach Norden rasch abnehmenden Temperaturen ließen keine Erschließungen zu. Landwirtschaftliche Flächen sind auf kleine, inselförmige Bereiche begrenzt (Lac St.-Jean, Clay Belt). Im 20. Jh. stand vor allem die Holznutzung im Vordergrund. Heute werden die Bodenschätze gefördert, vor allem Kupfer, Eisenerze, Uran, Zink und Gold.

Innere Ebenen (Great Plains)
Im südöstlichen Teil waren ursprünglich Langgras-Prärien typisch, während im Westen Kurzgrassteppen vorherrschten. Nach Norden gehen die Grasländer in von Bäumen durchsetze Espen-Parkländer über, ehe noch weiter nördlich der boreale Nadelwald anschließt. Die Provinzen Alberta, Manitoba und Saskatchewan als Prärie-Provinzen zu bezeichnen, ist daher nicht ganz zutreffend. Von Ost nach West steigen die Prärien entlang von Sedimentbänken aus der Kreidezeit bis 900 m an, den westlichen Abschluß bilden die Foothills, eine sanfte Hügelkette am Übergang zu den Rocky Mountains. Das Klima dieses Naturraumes, der durch Eiszeiten und Erosion hauptsächlich gestaltet wurde, ist rauh: lange kalte Winter, kurze warme Sommer und nur 90 frostfreie Tage. Die Intensivierung von Weizenanbau und Viehwirtschaft erfolgte erst seit Beginn des 20. Jh. Die Reliefformen und die fruchtbaren Böden waren dafür die ideale Voraussetzung. In der Region gibt es umfangreiche Lagerstätten an Steinkohle, Erdöl, Erdgas und bituminösen Sanden, vor allem in Alberta. Pottasche wird in Saskatchewan gefördert. In vieler Hinsicht erfüllen die Ebenen die Funktion eines nationalen Hinterlandes. Erst zu Zeiten des transkanadischen Eisenbahnbaus erlangten Gegenden in Manitoba und Saskatchewan ein wenig an Bedeutung. Heute ist im Großraum Edmonton–Calgary ein wirtschaftliches Zentrum entstanden.

Kordilleren (British Columbia)

Große Unterschiede im Relief und extrem gegliederte Naturräume von Hochgebirgen bis Regenwäldern entlang der Küsten charakterisieren den Westen Kanadas. Vergletscherte Hochplateaus, Bergketten von 3000–4000 m Höhe, tief eingeschnittene Täler entlang geologischer Bruchlinien im zentralen Teil stellten zur Zeit der Erkundung Kanadas lange unüberwindbare Barrieren dar. Erst der Bau der beiden transkanadischen Eisenbahnlinien rückte den extremen Westen näher an das Kernland heran. Seit 40 Jahren bildet der Trans-Kanada-Highway eine Verbindung zwischen den Prärien und der Westküste. Dieser Teil Kanadas floriert in den letzten Jahren wie kein anderer. Viele Kanadier, aber auch Einwanderer, vor allem aus dem asiatischen Raum, erkannten die einzigartige Lage Vancouvers am Tor zum Pazifik. Holzwirtschaft, Pelzhandel, Fischerei und Energiegewinnung sind die wirtschaftlichen Attribute der Region. Die Landwirtschaft ist auf Gebiete an der Fraser-Mündung beschränkt. Rohstoffe werden in der Region hauptsächlich gefördert und aufbereitet, aber nicht verarbeitet. In den letzten Jahrzehnten spielt der Tourismus eine immer größere Rolle: Das Gebiet zwischen den Rocky Mountains und Vancouver ist der von Touristen am meisten besuchte Abschnitt Kanadas. Vancouver als Tor zum pazifischen Raum und Umschlagplatz für die enormen Weizenreserven der Großen Ebenen gilt heute in vielerlei Hinsicht als Ort des Aufbruches. Seine Lage zwischen den Küstengebirgen und den sanften Buchten der Georgia Strait, aber auch die relativ günstigen wirtschaftlichen Voraussetzungen beflügeln nicht nur Touristen.

Der Norden (Yukon und Northwest Territories)

Der Begriff Norden umfaßt nicht genau definierte Räume, meist werden jedoch die beiden Provinzen nördlich des 60. Breitengrades damit bezeichnet. Zahlen be-

Das Columbia Icefield, das größte Eisfeld der Rocky Mountains.

schreiben eindrucksvoll den Charakter: Auf 4,4 Mio. km^2 leben nur 85000 Menschen, von denen ein Drittel Inuit, also Ureinwohner sind. Geographisch lassen sich mehrere Räume unterscheiden. Das arktische Tiefland ist in viele Inseln aufgelöst und besteht aus ordovizischen Gesteinen. Im Hohen Norden liegt das von Gletschern bedeckte Inuit-Gebirge. Den südlichen Teil nimmt der boreale Nadelwald ein, der im Yukon bis an die Beringsee reicht. Im Osten hingegen rückt die Tundra weit nach Süden, vor allem an der östlichen Hudson Bay. Die beiden größten Süßwasserseen Nordamerikas, der Große Sklavensee und der Große Bärensee liegen im nordwestlichen Abschnitt und werden von einem der größten kanadischen Flüsse, dem Mackenzie entwässert.

Ökologisch gesehen ist der Norden gegenüber menschlichen Eingriffen außerordentlich empfindlich. Doch immer mehr werden die arktischen Regionen erschlossen, um Bodenschätze zu suchen und zu fördern. Dagegen kämpfen in zunehmendem Maß die Bevölkerungsgruppen der

Einführung — 15

Die Drehähre wächst vor allem in den Randbereichen der Moore.

Inuit, die ihr traditionelles, von Fisch- und Seehundfang geprägtes Leben nicht aufgeben wollen. Nach jahrzehntelangem Bemühen zeichnet sich jedoch eine Lösung ab. In den nächsten Jahren soll der Inuit-Staat Nunavut (= »Unser Land«) mit der Hauptstadt Iqaluit als elfte Provinz Kanadas eingerichtet werden, der zwei Drittel der derzeitigen Northwest Territories einnehmen wird.

Die Vegetationszonen

Arktische Tundra

Die arktische Tundra bedeckt den zentralen und östlichen Norden oberhalb des 60. Breitengrades. Baumlose, meist mit Zwergsträuchern, alpinen Heiden und Polsterpflanzen bewachsene Landschaftsabschnitte sind für diese Zone typisch. Espen und Birken können in südlichere Bereiche einwandern, ansonsten kommen Zwerggebüsche vor. Der begrenzende Faktor ist der kalte Boden, der nur in den obersten Schichten auftaut und schon ab 20–60 cm Permafrost aufweist. Vegetationszeiten zwischen 4 und 8 Wochen geben den Pflanzen kaum Zeit zur Entwicklung. Geringes Angebot an Phosphor und Stickstoff, hohe Trockenheit an Windkanten und Staunässe im Sommer sind weitere ungünstige Faktoren. Im arktischen Tiefland sind die Böden fast vollständig mit Vegetation bedeckt; Erlen, Zwergbirken, Arktische Weiden, Heiden, Seggen, Moose und Flechten bilden die Pflanzengemeinschaften. Das massenhafte Aufblühen weniger Pflanzenarten zur selben Zeit ist ebenfalls ein typisches Phänomen der Arktis.

Im hohen Norden des arktischen Archipels liegen im Sommer die Temperaturen bei 2–5° C, die Niederschlagsmenge ist gering. Zwergsträucher werden nur noch 1–3 cm groß. Moose, Flechten und wenige Blütenpflanzen bilden die Vegetationsdecke, die lediglich zu 50% geschlossen ist. In Höhen um 100 m und im Zentrum der Inseln herrscht die arktische Wüste ohne jegliche Vegetation vor.

Borealer Nadelwald, Taiga

Der boreale Nadelwald umgibt die Nordhemisphäre südlich der baumlosen Tundra. Die Taiga ist Kanadas größte Vegetationszone, die von der Ostspitze Neufundlands bis in die Fjordtäler an der Westküste reicht. Kälteresistente Nadelbäume wie Fichten, Tannen, Föhren und Lärchen bilden dichte Nadelwälder, in denen in südlicheren Abschnitten auch Papierbirken und Balsampappeln vorkommen. Zahlreiche Seen und Flußläufe durchziehen die Waldbereiche, in Hochlagen sind Podsolböden ausgebildet. Kontinentales, subarktisches Klima mit kurzen kühlen Sommern und langen kalten Wintern herrscht vor. Dieser Nadelwaldtyp entstand vor 12–15 Mio. Jahren, als die Bäume – wie Fossilfunde belegen – in höheren Lagen des Nordens zum ersten Mal auftraten. In der zentralen borealen Nadelwaldzone sind die Böden wenig fruchtbar, im Unterwuchs gedeihen Wintergrün, Zwillingsblume und Moose. In der südlichen Übergangszone (»southern subzone«) wachsen vorwiegend Mischwälder aus sommergrünen Laubbäumen und immergrünen Nadelgehölzen. Im Westen reicht sie bis an die südlichen Rocky Mountains heran (etwa 55. Breitengrad), im Osten schließt sie an die sommergrünen Laubmischwälder etwa um den 49. Breitengrad an. Bankskiefern, Espen, Birken, Weißfichten und Balsamtannen bilden Hochland-Mischwälder. In feuchteren Lagen um Moore dominieren Schwarzfichten und Gebirgslärchen. Das typische Espen-Parkland am Übergang dieses Waldtyps in die Prärien gehört ebenfalls dieser Zone an und ist in Westkanada häufig anzutreffen. Im Osten kennzeichnen Hartholz-Laubbäume den Übergang zum sommergrünen Laubwald des St.-Lorenz-Tieflandes.

Pazifikküste

Die Vegetationszone entlang der Pazifikküste, die vom 48. bis 55. Breitengrad reicht, läßt sich durch Unterschiede in Temperatur, Niederschlagsmenge und Vegetationszeit kleinräumig untergliedern. Regenschatten, bedingt durch die den Küsten vorgelagerten Inseln, bewirken in den westlichen Gebirgen der Coast Mountains hohe Niederschlagsschwankungen. An den äußeren Küsten der Inseln und den ungeschützten Küstenabschnitten des Festlandes stocken feuchtgemäßigte Regenwälder aus Douglasien, Hemlocktannen, Sitkafichten, Zypressen, Lebensbäumen und vereinzelt Eiben. Die wichtigsten Unterwuchspflanzen sind Sträucher wie Salal, »Prächtige Himbeere« und verschiedene strauchförmige Heidelbeer- und Buckelbeerarten, die undurchdringliche Dickichte bilden. Entlang der Georgia Strait und an der Ostküste von Vancouver Island ist das Klima im Sommer trocken und heiß. Im Frühjahr blühen zahlreiche

einjährige Kräuter. Die Vielfalt der Vegetation reicht von Ohrenkakteen zu Erdbeerbäumen, die hier ihre nördliche Verbreitungsgrenze erreichen. Im Delta der Fraser-Mündung gibt es Brackwassersümpfe und Röhrichtflächen. Holznutzung vernichtet große Teile der gemäßigten Regenwälder, vor allem auf Vancouver Island. Ähnlich den tropischen Regenwäldern werden auch diese großflächig abgeholzt, um die wertvollen Holzsorten industriell zu nutzen. Dadurch werden diese äußerst reichhaltigen und uralten Ökosysteme Stück um Stück zerstört.

Cordilleren, Gebirge Westkanadas

Die Vegetation der westlichen Gebirge zwischen der Westküste und den östlichen Foothills am Übergang zu den Ebenen Albertas ist vielfältig und reicht von den alpinen Tundren der Hochgebirge über verschiedene Waldzonen bis zu gemäßigten Regenwäldern tiefer Lagen. 4 Formationen sind unterscheidbar.

Die **alpine Formation** umfaßt nur die alpinen Tundren unterhalb der Berggipfel des Yukon Territory, des Mackenzie-Gebietes und der nördlichen Regionen der Rocky Mountains. Die Vegetation besteht aus krautigen Pflanzen, Moosen, Flechten und ab und zu Arktischen Weiden.

Die **mikrothermale Nadelwaldformation** ist durch kalte Klimate charakterisiert und umfaßt die subalpinen Nadelwälder und die kontinental geprägte montane Stufe der Küstengebirge sowie der zentralen inneralpinen Gebirgsketten. Entlang der Küstengebirge wird nur die Stufe der Hemlocktannen dieser Formation zugerechnet. In den bewaldeten Tälern der inneralpinen Zone wachsen vor allem Engelmannsfichten; Felsengebirgstannen, Drehkiefern und Weißkiefern sind beigemischt. Um die Baumgrenze kommen Gebirgslärchen vor. Im nördlichen British Columbia wächst in Höhen um 1000–1500 m ein Weiden-Birken-Fichtengebüsch. In der montanen Stufe ist es im Sommer relativ warm, minde-

Einführung ——————————————————————— 17

stens 4 Monate im Jahr tritt kein Frost auf. Oberhalb des 54. Breitengrades dominieren Weiß- und Schwarzfichtenwälder, südlich davon kommen Drehkiefern und Weißkiefern hinzu, und das Klima ist durch kontinentale Einflüsse rauher.

Die **semiaride, kalte Steppenformation** umfaßt Zonen mit trockenem Klima ohne Grundwasserversorgung und ist auf Teile des Okanagan und Fraser Valley sowie den südlichen Abschnitt des Kootenay-Nationalparks begrenzt. Mit Kiefern *(P. albicaulis, P. ponderosa)* durchsetzte Federgrassteppen sind typisch, ferner gedeihen Ohrenkakteen.

Die **mesothermale Waldformation** ist auf die Tieflagen inneralpiner Täler beschränkt und durch inneralpine Regenwälder aus Sitkafichten, Lebensbäumen und Hemlocktannen gekennzeichnet. In Sümpfen wächst der auffällige Stinkkohl. Die Formation ist eine Übergangszone zwischen subalpinen Nadelwäldern und ozeanisch geprägten Regenwäldern.

Prärien

Prärien sind natürliche Grasländer, die sich in halbtrockenen Klimazonen gebildet haben. Mehrjährige Pflanzen, hauptsächlich Gräser, und wenige Sträucher prägen diese Vegetationszone, die vor allem in Manitoba, Saskatchewan und Teilen Albertas, aber auch in südlichen Tälern British Columbias vorkommt. Die Zusammensetzung der Vegetation hängt von den Temperatur- und Niederschlagsgradienten

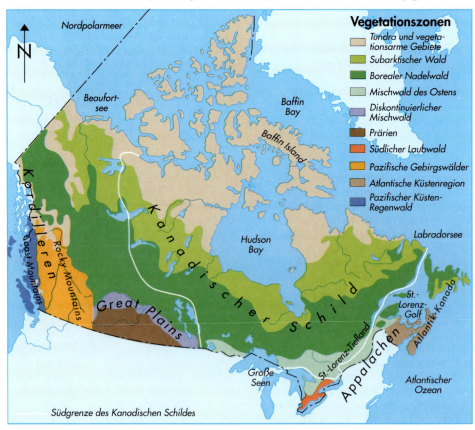

Die Götterblume blüht in feuchten Wiesen vom späten Juni bis Juli, je nach Höhenlage.

Zur Gattung der Goldrute (Familie der Korbblütler) zählen zahlreiche Arten, im Bild *Solidago altissima*.

ab. Die Temperatur fällt nordwärts, während die Niederschlagsmengen ostwärts ansteigen. Bei zunehmender Höhe, wie auf den Foothills Albertas, wirken beide Faktoren. 3 Grasland-Typen werden unterschieden: die Braunerde-Zone mit »Blue Grama«-Gras in Südwest-Saskatchewan und Südost-Alberta, die Zone mit dunklen Braunerden im Norden, Westen und Osten und die Schwingelgras-Zone auf Schwarzerden.

Die gemäßigte Laubwaldstufe des Ostens

Sie wird von sommergrünen Laubwäldern gebildet und herrscht in den gemäßigten und von südlichem Klima geprägten Teilen Ontarios und des St.-Lorenz-Tieflandes vor. Zahlreiche Laubbaumarten, bis zu 80 verschiedene, vor allem aber mehrere Ahornarten wachsen in diesen Wäldern. Auf trockeneren Böden herrschen Rot- und Weißeiche vor, während auf feuchteren Standorten Weißesche, Ulme, Zuckerahorn und andere Ahornarten gedeihen. Feuchte Wälder werden von Silberahorn gebildet, in trockenen Abschnitten gesellt sich die Weymouthskiefer hinzu. Diese Wälder können unbeeinträchtigt 500 Jahre alt und bis zu 40 m hoch werden. Auf trockeneren nördlicher liegenden Stand-

Die als Büffelbeere bezeichnete *Shepherdia canadensis* (Foto oben) wächst ebenso wie die »Chokecherry« (Foto unten) häufig im Unterwuchs der sommergrünen Laubwälder.

Einführung — 19

Dreizehenmöwen sind in ganz Kanada häufig, besonders entlang des St.-Lorenz-Stromes und im St.-Lorenz-Golf.

orten am Übergang zum borealen Nadelwald stocken Mischwälder, in denen neben den Arten des sommergrünen Laubwaldes auch Bankskiefern, Weymouthskiefern, Espen, Papierbirken und Hemlocktannen wachsen. Nordwärts werden die immergrünen Elemente immer dominanter, bis die Schwarzfichte vorkommt und den Übergang zum borealen Nadelwald anzeigt. Die sommergrünen Laubwälder sind vor allem im Frühjahr reich an blühenden Geophyten und Orchideen. Im Herbst verwandelt die Blattfärbung diese Wälder in das Farbenmeer des Indian Summer.

Die atlantische Küstenregion

Die Vegetation der Atlantikprovinzen ist ein Resultat der Eiszeiten und der menschlichen Besiedlungsgeschichte dieser Region. Typisch ist der »Acadian Forest«, ein Mischwald aus sommergrünem Hartholzwald und boreal geprägtem Nadelwald. Rot- und Weißfichten, Balsamtannen, Gelbbirken, Buchen und Zuckerahorne herrschen vor. Wind, niedrige Temperaturen und reichlicher Niederschlag kennzeichnen das Klima. Entlang der Küsten kommen buschförmige Waldabschnitte, Torfmoore und atlantische Heidegebiete vor. Schwarzfichten und Gebirgslärchen haben sich im Umfeld angesiedelt. Diese kommen zusammen mit Heiden auch auf Hügelkuppen vor. In Tälern innerhalb der Inseln sind auf tiefgründigeren Böden Zuckerahornwälder entstanden. An der Küste entlang der Bay of Fundy trifft man Salzmarschen an.

Menschlicher Einfluß hat die meisten der ursprünglichen Wälder verändert. Vor allem die Weymouthskiefern wurden großflächig geschlagen und für den Schiffsbau verwendet.

Tierwelt

Säugetiere

Im Gegensatz zu Mitteleuropa kann man Säugetiere in Kanada leicht und zahlreich sehen. Fast im gesamten Land kommen in den Waldgebieten die Schwarzbären vor, während Grizzlybären offene Berghänge, vor allem im Nordwesten bevölkern. Deshalb wird der Besucher stets mit dem Hinweis »Attention, you are in a bear country!« konfrontiert sein, der als Warnung praktisch überall angebracht ist. Kein Tier ist unter Nationalparksbesuchern stärker im Gerede als der Bär. Der Grizzly ist eine Unterart des nordamerikanischen Braunbären und kommt heute nur noch in Alberta, British Columbia, Yukon, Northwest Territories und Alaska vor. Grizzlys können bis 500 kg schwer werden, während der Schwarzbär maximal halb soviel wiegt. An den arktischen Küsten Nordkanadas kommt die größte Bärenart, der Eisbär, vor.

Weißwedelhirsche sind in den südlichen Waldzonen bis zum 55. Breitengrad heimisch, während Maultierhirsche nur im westlichen Kanada auftreten. Beide sind relativ kleine Hirscharten. Wesentlich größer und auffälliger treten die Wapitis in den südlichen Rocky Mountains und Alberta in Erscheinung. Das zweite legendäre Tier Kanadas ist der Bison, von dem heute nur noch kleine Herden in mehr oder weniger natürlichen Reservaten vorhanden sind. Nur im Mackenzie-Gebiet

Einführung

hat man die Chance, freilebende Bisons anzutreffen. Es wird ein größerer, der Waldbison, und ein kleinerer, der Präriebison, unterschieden. Auch der Gabelbock, eine Antilopenart, war in den Prärien in großen Stückzahlen heimisch; heute kommen kleine Restpopulationen noch im Grasslands-Nationalpark vor. Ein weiterer Paarhufer, das Karibu, ist bis auf die Atlantikprovinzen und das südlichste Kanada im gesamten Land verbreitet, vor allem aber in den nördlichen Tundren. Im Northern Yukon Park leben alleine 180 000 Tiere.

Oft zu sehen trotz ihrer Scheuheit sind Elche, die an Seeufern oder in Sümpfen Wasserpflanzen grasen. Kanadabiber, Bisamratten und Nordamerikanische Fischotter sind an den Stillgewässern und Flüssen heimisch. Unverwechselbar mit ihrem weißen Fell sind die Schneeziegen, die in den Rocky Mountains vorkommen, ebenso die Dickhornschafe. Die weißen Dallschafe sind im Kluane-Nationalpark die am häufigsten vorkommende Säugetierart. Rotfüchse sind im gesamten Land verbreitet, während der Polarfuchs nur in den nördlichen Tundren der Northwest Territories und des Yukon Territory vorkommen. Algonquin ist bekannt für die zahlreichen Wölfe, Timberwölfe genannt. Sie sind in Kanada noch weit verbreitet. Kojoten sind in ganz Kanada heimisch; sie ähneln auf den ersten Blick dem Wolf und werden manchmal mit diesem verwechselt. Luchse jagen in dichten Nadelwäldern ganz Kanadas, von Neufundland bis an die Nordspitze Alaskas. Den gleichen Lebensraum bewohnt der Vielfraß, jedoch nur im nördlichen Kanada und in den Rocky Mountains. Amerikanische Dachse wandern von den USA nur in die südlichsten Prärien Albertas und Saskatchewans ein. Der Berglöwe (Puma), in Kanada »Cougar« genannt, ist der stillste und gefährlichste Jäger der Gebirgswelt von Alberta und British Columbia südlich des 60. Breitengrades. 200 Jahre lang wurde er mit allen Mittel gejagt. Vor kurzem wurden diese Tiere auch in den Gebirgen von Vancouver Island gesehen.

Typisch für Kanada sind die verschiedenen »Chipmunks«, also Ziesel und Hörnchen (Kleines Chipmunk, Richard's Ziesel, Goldmantel-Ziesel, Präriehund, Grauhörnchen, Rothörnchen, Flughörnchen). Eisgraues Murmeltier und Pika kommen im Gebirge auf Geröllfeldern vor. Schneeschuhhasen bevölkern ganz Kanada, vom Süden bis Baffin Island. Waschbären gehören mittlerweile zu den Plagegeistern der Menschen, da sie gerne rund um Siedlungen nach Abfällen suchen.

Kanada besitzt die längste Küstenlinie aller Länder der Welt. Marine Säugetiere sind häufig. 15 Walarten wie Blau-, Grau-, Mink-, Finn-, Grönland-, Killer- und Buckelwal bevölkern die küstennahen Gewässer. Auch die gefährdeten Belugas leben zum Beispiel im St.-Lorenz-Strom. Seehunde, Kegelrobben, Sattelrobben, Walrosse und Seelöwen halten sich an den felsigen Atlantik- und Pazifikküsten auf.

Vögel

Das Vogelbeobachten zählt in Kanada zu den beliebtesten »Outdoor«-Aktivitäten. 650 Vogelarten aus 62 Familien wurden nachgewiesen. In der **Arktis** und auch in den Gebirgen der Rocky Mountains oberhalb von 3000 m kommen kältevertägliche Tundrenvögel vor, wie Schnee-Eule, Ohrenlerche, Schneehuhn, Pazifischer Wasserpieper, Sporn- und Schneeammer. Im **nördlichen borealen Nadelwald**, der sehr dicht mit oder ohne Unterwuchs sein kann, leben charakteristische Waldvögel wie Habicht, Fichtentyrann, Einsiedlerdrossel, Junko, Bindenkreuzschnabel und Fichtenzeisig. Raritäten sind die Schreikraniche des Wood-Buffalo-Nationalparks und die Nashornpelikane, die an einem See im Prince-Albert-Nationalpark brüten. Der **sommergrüne Laubwald** Ostkanadas schließt südlich an den Nadelwald an. Zu den über 300 Arten dieser Region zählen

Einführung   21

Der Waschbär wird seltener in »freier Wildbahn« gesichtet als in den Städten oder auf Campingplätzen.

Rotschulter- und Breitflügelbussard, Walddrossel, Streifenkauz, Waldtyrann, Carolinameise, Pappelwaldsänger, Gelbkehlvireo sowie verschiedene Zaunkönige und Spottdrosseln.

Einen wichtigen Lebensraum für Wasser- und Zugvögel stellt der **St.-Lorenz-Strom** dar. Einmal wird er als Nahrungsgebiet aufgesucht, zum anderen als leitende Verbindung zwischen Nordpolarmeer und südlichen Gebieten überflogen. Enten- und Möwenarten, Kanadagänse, Gryllteisten, Schneegänse, Reiherarten, Bekassinen, Strand- und Wasserläufer besuchen die Uferregionen und die seichten Verlandungssümpfe entlang des Stromes.

In den **Prärien** leben Präriläufer, Präriehuhn, Wiesenstärling, Truthahngeier und die in Kanada seltenen Arten Kaninchenkauz und Königsbussard.

In den **westlichen Gebirgen**, den Rocky Mountains und den Columbia Mountains, wurden 277 Vogelarten registriert, u.a. Kolkrabe, Meisenhäher, Schwarzkopfmeise, eine Vielzahl verschiedener Waldsänger (besetzen im gemäßigten Nordamerika die Nische der europäischen Laubsänger), Tyrannen, Spechte und Fichtenzeisig. In der subalpinen Region leben Alpenschneehuhn, Weißschwanz-Schneehuhn, Rosenbauch-Schneegimpel und Steinadler.

Der Einfluß des Pazifiks hat an der Westküste und in tief eingeschnittenen Tälern der Coast Mountains zur Ausbildung eines **gemäßigten Regenwaldes** geführt, in dem Halsbanddrossel, Diademhäher und Rotrückenmeise besonders charakteristisch sind.

In den borealen Waldgebieten liegen zahlreiche **Feuchtgebiete** und Seen. Diese be-

Der Kanadakranich bevölkert die nordwestlichen borealen Waldgebiete zwischen Hudson Bay und Rocky Mountains.

Kieferntangare sind in British Columbia und Alberta häufig, nur während der Brutzeit ist der Kopf rot gefärbt.

herbergen Wasservögel wie Eistaucher, Bindentaucher, Rothalstaucher, Enten und Gänse. Amerikanische Rohrdommel, Rotschulterstärling, Carolinasumpfhuhn und andere Rallen halten sich vorwiegend in Röhrichtzonen auf. Verbuschtes Land wird von Weidengelbkehlchen und Klapperammer bevorzugt. In fast allen Sumpfgebieten südlich des 60. Breitengrades kann der Kanadareiher angetroffen werden.

An den **Küsten** sind Möwen und Seeschwalben häufig; an den Stränden Atlantik-Kanadas sind zahlreiche Wasserläufer- und Regenpfeiferarten als Gäste anzutreffen, besonders der zierliche und gefährdete Flötenregenpfeifer. Papageitaucher, Baßtölpel, Ohrenscharben, Fischadler, Weißkopfseeadler, Gryllteisten und Tordalken, Eiderenten, Schellenten ergänzen die umfangreiche Liste der Küstenvögel. Abschließend sei die Weißkehlammer erwähnt, die besonders im Juli in den kanadischen Wäldern durch ihren melodiösen Gesang auffällt. Dieser klingt wie »oh dear, Canada, Canada, Canada«, weshalb dieser Vogel als »wahrlich patriotisch« bezeichnet wird.

Fische

Der Fischreichtum vor den Küsten von Neufundland und Nova Scotia zieht seit mehreren Jahrhunderten Fangflotten auch aus Europa an. Schon im 13. Jh. sollen die Basken in den St.-Lorenz-Golf gekommen sein, um Scholle, Kabeljau, Heilbutt und Hering zu fangen. Kalte Meeresströmungen aus Labrador und wärmeres Wasser des St.-Lorenz-Stroms bewirken einen enormen Fischreichtum. Doch am bekanntesten in Kanada sind sicherlich die Lachse, die alljährlich im Spätsommer die Flüsse hinaufwandern. Der Atlantik-Lachs kommt an den Küsten von Nova Scotia und Neufundland vor. In Westkanada werden 3 Arten unterschieden: Der Chinook- oder Königslachs schwimmt nur den Fraser River flußaufwärts bis ins Mount-Robson-Gebiet. Der Sockeye-Lachs oder Rotlachs ist der am meisten kommerziell genutzte Lachs und wird als »Kokanee Salmon« bezeichnet, sobald er im Süßwasser vorkommt. Der komplette Körper wird rot, während der Coho-Lachs nur rote Streifen am Körper aufweist. Kanadas Flüsse und Seen sind reich an Speisefischen wie Regenbogenforelle, Bachsaibling, Hecht, Sibirischer Äsche, »Dolly Warden« und Seesaibling, der wichtigste Speisefisch des Süßwassers.

In Kanada gibt es mehrere Schwalbenschwanz-Arten, im Foto »Two-tailed Swollowtail«.

Einführung

Reptilien und Amphibien

Von den knapp 290 in Nordamerika vorkommenden Reptilienarten sind in Kanada nur wenige beheimatet. Vor allem im Gebiet rund um die Großen Seen, also im südöstlichen Kanada bis zum südlicheren Zentralkanada, liegt die Hauptverbreitung. Aus der Familie der Nattern sind die Strumpfbandnattern die bekanntesten und häufigsten. Sie kommen nördlich bis zum 67. Breitengrad vor. Die Angehörigen dieser formenreichen Gattung sind im Süden ganzjährig aktiv, im Norden halten sie einen Winterschlaf. In Sumpfgebieten und feuchten Wäldern der Hochlagen in Süd-Québec sind Rotbauchnatter und Königsnatter verbreitet. Die Bullennatter hält sich in offenen Grasländern Südwestkanadas auf. Eine Besonderheit stellt die seltene Massasauga-Klapperschlange dar, die in den Nationalparks von Georgian Bay und Bruce Peninsula anzutreffen ist. Schildkröten leben ebenfalls rund um die Großen Seen, aber auch im St.-Lorenz-Tiefland und auf der Halbinsel von Nova Scotia. Im dort gelegenen Kejimkujik-Nationalpark gibt es das größte Schildkrötenvorkommen aller kanadischen Nationalparks. Vor allem Schmuckschildkröten, Waldbachschildkröten und Schnappschildkröten sind in allen genannten Gebieten heimisch, während Schlammschildkröten nur im Gebiet der Großen Seen vorkommen.

Die Amphibien werden vor allem durch Echte Kröten, Laubfrösche und Echte Frösche repräsentiert. Die Amerikanische Kröte bevorzugt offenes Waldland in Ostkanada, der Graue Laubfrosch kommt von Süd-Manitoba bis New Brunswick vor, Leopardfrosch und Baumfrosch sind in ganz Südkanada beheimatet, letzterer vor allem in den gemäßigten Regenwäldern an der Westküste. Molche und Salamander leben vor allem im Gebiet der Großen Seen und im Südosten Kanadas (Rotfleckenmolch, Tigerquerzahnmolch, Gefleckter Furchenmolch).

Mensch und Geschichte

Trotz der Größe Kanadas und trotz der geringen Einwohnerdichte, die in manchen Gegenden bei 1 Einwohner pro 60 km^2 liegt, hat die Besiedlung und die Landnutzung durch den Menschen in der Vergangenheit und in der Gegenwart den kanadischen Naturraum maßgeblich beeinflußt. Das dramatischste Beispiel stellen sicherlich die beinahe ausgerotteten Bisons dar. An die 60 Mio. Tiere lebten einst in den Prärien; durch Jagd wurde der Bestand jedoch in kurzer Zeit durch das Vorrücken der weißen Siedler reduziert. 1840 gab es noch 40 Mio. Bisons, 55 Jahre später waren sie bis auf weniger als 300 ausgerottet. Erst durch Schutzmaßnahmen und Bildung von Reservaten konnte diese Tierart überhaupt erhalten werden. Damals fanden dramatische Veränderungen in Zentralkanada statt, auch im Bereich der heutigen Nationalparks. Erschließungen führten vor allem auch in den Atlantikprovinzen zu Veränderungen der Lebensräume, durch Urbarmachung von Landstrichen, durch Abholzen bestimmter Holzarten und durch Umwandlung von Waldtypen im Zuge der Produktionssteigerung. Großflächige Planierungen in den Prärieprovinzen zur Schaffung von Ackerböden für den Weizenanbau führten zur Verinselung von Naturlandschaften. In Québec trugen die gigantischen Wasserkraftanlagen zu großräumigen Landschaftsveränderungen an der Bay James bei, wodurch auch Indianerstämme ihre traditionelle Heimat verloren. Zunehmende Suche und Ausbeutung von Rohstoffen bedroht die sensiblen arktischen Ökosysteme und Lebensgemeinschaften in den Nordterritorien. Das Abholzen der gemäßigten Regenwälder an der Westküste, vor allem auf Vancouver Island, bewirkt einen ungeheuren Verlust an biologischer Substanz und drängt einen äußerst artenreichen, wertvollen und vielfältigen Lebensraum an den Rand seiner Existenz.

Kanadas Nationalpark-System

Kanadas Natur besteht aus einem Mosaik an Landschafts- und Ökosystemtypen, von denen jeder einzelne charakteristische geologische, geographische, biologische und historische Besonderheiten aufweist. Diese Reichhaltigkeit bezeichnen die Kanadier als Naturerbe, »Natural Heritage«, das »verantwortungsvoll und nachhaltig zum Wohle und zur Bildung der Menschen erhalten werden muß«. »Parks Canada« verwaltet als Unterabteilung des Kanadischen Umweltministeriums seit 1964 alle Nationalparks. 1966 wurde ein Entwicklungsplan aufgestellt, der »National Park System Plan«, mit dem Ziel, den Reichtum der kanadischen Naturlandschaften zu schützen. Dazu wurde der Naturraum in 39 Regionen, »Natural Regions« eingeteilt, jede einzelne soll durch zumindest einen Nationalpark repräsentiert und beispielhaft erhalten werden.

»Parks Canada« ist innerhalb der Nationalparks für deren Unterhalt, für die Serviceleistungen, Besucherlenkung, Wegebau, Öffentlichkeitsarbeit und Schulungsmaßnahmen verantwortlich. Jeder Park wird von einem Superintendenten geleitet. Die meisten verfügen über ein Besucherzentrum, das nicht nur Informationen vermittelt, sondern auch naturkundliche Ausstellungen und/oder Multivisionsschauen über den jeweiligen Park ausrichtet.

Kanadas erster Nationalpark wurde 1885 als »Rocky Mountains Park« gegründet und später Banff genannt. Derzeit bestehen 37 Nationalparks, die aber nur 23 der 39 Natur-Regionen abdecken. Die Gesamtfläche beträgt 184 000 km^2, mehr als 2% der Landfläche. Nimmt man die Provincial Parks dazu, erhöht sich die Gesamtzahl auf 400 000 km^2. Ein National Marine Park, der Fathom Five Marine Park, schützt einen Teil des Lake Huron vor der Landspitze von Bruce. Der Saguenay-Fjord wird als zweiter Marine Park in Kürze eingerichtet sein.

Nationalparks können mit dem Zusatz »Reserve« versehen sein: South Moresby, Nahanni, Kluane, Auyuittuq und Ellesmere Island. Diese werden zwar nach dem National Park Act verwaltet, ohne aber die volle rechtliche Anerkennung zu besitzen. Da nämlich Ureinwohner weiterhin Landansprüche an diese Gebiete stellen, wird dies gemäß dem Gesetz als »Ausbeutung traditioneller Ressourcen« umschrieben. Darunter fallen alte Jagd- und Fischereirechte der Indianer und Inuit.

Provincial Parks oder Regional Parks, wie sie in Québec heißen, sind Schutzgebiete mit geringerem Schutzstatus. Sie unterstehen dem Schutz der Provinzregierungen. In ganz Kanada bestehen knapp 1300 solcher Provincial Parks.

Grundsätzlich schreibt das kanadische Nationalparkgesetz vor, die Erholungsnutzung für den Menschen nicht außer Acht zu lassen. Manche Naionalparks gaben und geben erst die Möglichkeit, die wilde und undurchdringliche Natur zu betreten und kennenzulernen. Im Zuge zunehmender Umweltzerstörung hat sich diese Auffassung heute gewandelt. Schutzgebiete müssen in ihrem Naturzustand einen Selbstwert darstellen und ökologischen und biologischen Erfordernissen folgen.

Dennoch ziehen Nationalparks Menschen an; 25 Mio. Besucher werden jährlich registriert. Die zentrale Frage, die dem Verhältnis zwischen Tourismus und Naturschutz gilt, ist dabei ungelöst.

1 Banff-Nationalpark

Ältester und bekanntester Nationalpark Kanadas; schroffe Gebirgsketten, Eisfelder, gletschergeformte Täler, smaragdgrüne Gebirgsseen wie Moraine, Peyto, Maligne, Lake Louise; Canyons, unberührte Talflüsse, großflächige Sümpfe, Hoodoos (Erdpyramiden); Heiße Schwefelquellen; Wapiti, Dickhornschaf, Elch, Grizzly, Schwarzbär, Vielfraß.

Eisfelder, vergletscherte Bergspitzen, blumenreiche Wiesen, Canyons mit tosenden Wasserfällen, weit ausladende Talflüsse zwischen großflächigen Nadelwäldern – dies sind nur einige Höhepunkte der faszinierenden Gebirgsnatur, die im Banff-Nationalpark nebeneinander vorkommen. Schon 1885 führten vor allem die landschaftlichen Reize und das Vorkommen heißer Schwefelquellen in Cave und Basin Springs am Fuße des Sulphur Mountain zur Gründung des ersten kanadischen Nationalparks, damals unter dem Begriff »Rocky Mountains Park«. Der 673 km² große Park war nach Yellowstone in den USA und Royal National in Australien der dritte Nationalpark der Welt. Heute gilt Banff zusammen mit Jasper, Yoho und Kootenay als Perle unter den kanadischen Nationalparks. Da die Schutzgebiete in den Rocky Mountains auf über 20 000 km² eine eindrucksvolle Landschaft für die Nachwelt erhalten, gelten sie gemeinsam als »World Heritage Site« der UNESCO. Sie gehören zu den größten Gebirgs-Nationalparks der Welt.

Von Norden nach Süden umfaßt Banff zwei der drei Gebirgszüge der zentralen Rocky Mountains. Die westliche, Front Range genannt, beginnt im östlichen Parkeck und verläuft als Wasserscheide und Trennlinie zwischen Alberta und British Columbia stets der westlichen Parkgrenze entlang bis zum Columbia Icefield. Hier liegen die wohl bekanntesten Attraktionen des Parks, die blaugrün gefärbten Seen Moraine Lake und Lake Louise. Beide werden von steil aufragenden Bergen umge-

Der Lake Moraine in einem Seitental bei Lake Louise zählt nicht zu unrecht zu den schönsten Gegenden Kanadas.

ben und füllen gletschergeformte Hochtalbecken aus. Bow Lake und Peyto Lake, dem die Form eines Hundekopfes nachgesagt wird, liegen im Talboden des nördlichen Abschnitts. Dazu kommen tief eingeschittene Canyons wie Johnston Canyon oder Mistaya Canyon. Im Norden schließt der Bergrücken der Parker's Ridge südlich an das Columbia Icefield an und bildet die Grenze zum Jasper-Nationalpark.
Die geologische Geschichte des Parks – wie auch jene von Jasper – geht auf eine Zeit vor 600 Mio. Jahren zurück, als sich in küstennahen Ozeanen Sedimente ablagerten und zu Kalkstein wandelten. Vor 200 Mio. Jahren brach der Kontinent Pangea auseinander und Nordamerika begann, westwärts zu wandern. Nach 25 Mio. Jahren stieß es mit einer ozeanischen Platte zusammen, und durch ungeheuren Druck falteten sich die weichen Sedimente auf. Erst vor 120 Mio. Jahren wurde die Hauptkette des Banff-Nationalparks allmählich gehoben. Als vor 85 Mio. Jahren eine weitere Auffaltung begann, wurden die Berge der Front Range zusammen mit den Küstenbergen von British Columbia gebildet. So entstanden 3 parallel zueinander laufenden Gebirgsketten, die »Front Range«, die »Main Range« und die »Western Ranges«. Die Trennlinien verlaufen in tiefen tektonischen Bruchlinien.

Den Feinschliff erhielten die Gebirge während der letzten 4 Eiszeiten, die vor 2 Mio. Jahren begannen und erst vor wenigen Jahrtausenden endeten. Noch vor 8000 Jahren lag das Bow Valley unter einer 800 m dicken Eisschicht verborgen. Nur die höchsten Gipfel ragten aus dem gefrorenen »See«, und zahlreiche Formationen deuten heute noch auf die Vergletscherung hin: U-Täler, Bergspitzen mit pyramidenförmigem Aussehen (Mount Assiniboine) und Moränenwälle, die die Gebirgsseen aufstauen (Peyto Lake und Lake Louise). Wer mehr über die Geologie der Rocky Mountains erfahren möchte, sollte einen Besuch des Informationszentrums von Lake Louise nicht versäumen. Eine interessante Multimediaschau und Ausstellung erklären die erdgeschichtlichen Hintergründe des Gebirges.

Aber auch die Ureinwohner hinterließen ihre Spuren in der Landschaft. In der Nähe der Vermilion Lakes wurde ein Camp ausgegraben, das 10 500 Jahre alt ist und von vorgeschichtlichen Stämmen betrieben wurde. Steinwerkzeuge und Tierknochen konnten gefunden werden. Um 1880 fanden durch den Bau der Eisenbahnlinie erste starke Veränderungen und Eingriffe in die Gebirgsnatur statt. Bald entstanden die schloßähnlichen Luxushotels Banff Springs und Château Lake Louise, und die Weichen für einen stets zunehmenden »Natur-Tourismus« wurden gestellt. Heute besuchen 10 Mio. Menschen jährlich die Rocky Mountain Parks, und von Bergeinsamkeit kann zumindest in den Sommermonaten keine Rede mehr sein. Abseits der Hauptrouten und außerhalb der Saison versteht man jedoch, warum William Van Horne, der Präsident von CP Rail, um die Jahrhundertwende die Gegend als »weltweites Musterbeispiel alpiner Natur« bezeichnete.

Pflanzen und Tiere

Der Park umfaßt drei Vegetationszonen: montanen Nadelwald, subalpinen Gebirgswald und alpine Tundra. Eine Wanderung durch ein Gebirgstal bis auf die vegetationslosen Grate entspricht somit dem Durchqueren von Lebensräumen auf engstem Raum, die sonst für Gebiete zwischen den Prärien und den arktischen Tundren 1600 km weiter nördlich charakteristisch sind. Nach dem Vegetationstyp richtet sich auch das Vorkommen der Tierarten, die an ihre Umgebung und das darin herrschende Nahrungsangebot angepaßt sind.

Montane Stufe der Tallagen

Der montane Nadelwald setzt sich aus Douglasien, Weißkiefern, Drehkiefern, Espen und Balsamtannen zusammen. In den offenen Wäldern, die von Gräsländern unterbrochen sind, leben Wapiti, Weißwedelhirsch (S.56) und Dickhornschaf (S.35). Entlang des Talbodens, der vom Bow River durchflossen wird, kommen Kanadareiher (S.130) und Fischadler (S.178) vor. In geschützten Seitentälern säumen Weidengebüsche, Erlen, Birken und Pappeln die Gebirgsbäche. Rosarotes Wintergrün, Fettkraut, Gelber und Weißer Frauenschuh und andere schattenliebende Kräuter bilden den Unterwuchs. Schwarzkopfmeise,

Ein häufig zu beobachtender Vogel ist der Kiefernhäher, der sich von den Zapfen der Nadelbäume ernährt.

Das Banff-Park-Museum

Im Jahre 1895, also 10 Jahre nach der Gründung des ersten kanadischen Nationalparks, entstand in einem kleinem aus Holz errichteten Häuschen das erste Besucherzentrum eines Nationalparks. An der Brücke über den Bow River begann eine Tradition, die heute die meisten nordamerikanischen National- aber auch Provinzparks auszeichnet. Die Schutzziele und die Natursehenswürdigkeiten eines Schutzgebietes werden innerhalb von didaktisch präsentierten Ausstellungen vorgestellt und den Besuchern als Vorbereitung für die Erkundung des Parks nähergebracht.

Banffs erstes Besucherzentrum ist ganz im viktorianischen Stil der Jahrhundertwende errichtet und nun ein »Museum eines Museums«. Der heutige Bau ersetzte 1903 das an derselben Stelle errichtete kleinere Holzhaus und ist als »Railroad Pagoda« in Gerüstbauweise mit einem lichtdurchfluteten Dachaufsatz konstruiert. Aus Douglasienholz gebaut, war es für die damalige Zeit mit Baukosten von $ 10 000 ein absolutes Luxusstück. Im Inneren können alle Tiere der Rocky Mountains, von Schneeziege bis Wapiti, in klassischen Schaukästen präpariert bestaunt werden. Norman Sanson war 1896 der erste Kurator, und ihm ist es zu verdanken, daß das Museum heute mehr als nur ein historischer Bau ist. Er sammelte auch Pflanzen, Gesteine, Insekten, Fossilien und manch andere Kuriositäten und fügte sie zu einer eindrucksvollen Naturausstellung zusammen.

Im Obergeschoß des Museums kann man das Präparations- und Verwaltungszimmer besichtigten, wobei alles so naturgetreu dargestellt ist, daß man den Eindruck gewinnt, Norman Sanson würde hier noch arbeiten. Im Parterre birgt der kunstvoll aus Holz gestaltete Lesesaal eine Reihe an literarischen Schätzen. Noch im Stil alter Sammelmuseen mit ungefähr 5000 Schaustücken verkörpert das Naturkundemuseum heute die klassische und stimmungsvolle Auffassung von Naturwissenschaft um die Jahrhundertwende, die mehr dem empirischen Geist der frühen Naturerforschung folgte.

Ganz in der Nähe liegt das »Cave and Basin Gebäude«, das rund um die Thermalquellen angelegt wurde und an die Nationalparksgründung erinnert. Der Discovery Trail stellt die damalige Gründung des ersten kanadischen Nationalparks vor.

Junco, Fichtenzeisig, Goldspecht (S.139) und Berghüttensänger sind die am häufigsten vorkommenden Vogelarten.
Für offene, trockenere und südexponierte Hänge ist ein blumenreiches Grasland typisch, in dem Lilien *(Lilium umbellatum)*, Wilde Rose, Mertensia und Gelbe Kokardenblume gedeihen. Kolumbianisches Ziesel (S.60), Kleines Chipmunk (S.88) und Goldmantel-Ziesel (S.34) kommen auf den felsigen Abschnitten vor und sind stets auf der Hut vor ihren Feinden, den Kojoten (S.98).
In der Nähe von Banff Townsite haben sich ausgedehnte Sümpfe gebildet, die alle Feuchtlebensräume von Schwimmblattgesellschaften über Röhrichte bis zu reifen Bruchwäldern enthalten. Die Vermilion Lakes und das anschließende Fenland sind ideale Lebensräume für Elche (S.122), Kanadabiber (S.136) und Bisamratten, für Vögel wie Rothalstaucher, Gänsesäger, Keilschwanzregenpfeifer und Bekassine.

Die Gelbe Akelei wächst vor allem in Bergwaldgebieten um 1500 m in den sonnigen Randlagen.

1 Banff-Nationalpark

◁ Von einer Aussichtsplattform sieht man auf den Peyto-See, der die Form eines Hundekopfes hat.

Bei den Vermilion Lakes nahe Banff Townsite können ▷ morgens und abends oft Tiere beobachtet werden.

Rotschulterstärlinge (S.127) sitzen an den Stielen der Rohrkolben. Wasserhahnenfuß und Wasserschlauch (S.177) kommen in Stillwasserbuchten vor. Hie und da sieht man an den weißen Stämmen der Espen Krallenspuren von kletternden Bären. Kojoten gehen auf Jagd nach Kleinsäugern wie Wühlmäusen, aber auch nach Kanadabibern.

Schwarzbären (S.201) kommen in allen Höhenlagen des Parks vor, bevorzugen jedoch die dichten Waldabschnitte, während sich Grizzlybären auf den offenen Hängen und an den Waldrändern aufhalten und im Sommer von den Talböden bis zur Waldgrenze wandern. Sie können häufig entlang des Icefield Parkway gesehen werden. Wapitis (S.70) und Maultierhirsche bleiben fast das ganze Jahr über in den talnahen Waldbereichen, obwohl Wapitis in warmen Sommern auch in Gebirgstäler aufsteigen. Im Bereich der Hoodoos und der anschließenden Campingplätze an der Tunnel Mountain Road halten sich ständig Wapitis auf.

Subalpine Stufe

Zwischen der montanen Stufe und Höhen um 2000 m sind dichte subalpine Nadelwälder aus Engelmannsfichten und Felsengebirgstannen charakteristisch, unter die sich vereinzelt Kiefern *(Pinus albicaulis)* und Gebirgslärchen mischen. Rubingoldhähnchen, Einsiedlerdrossel und Fichtenkreuzschnabel sind häufige Vogelarten dieser Region. Besonders typisch sind die blumenreichen Bergwiesen mit Anemonen, »Indian Paintbrush« und Gelben Akeleien, die den Dickhornschafen im Sommer als Weiden dienen. Die schönsten findet man im Gebiet der Sunshine Mea-

Die stolzen Wapitihirsche halten sich das ganze Jahr über rund um Banff Townsite auf.

1 Banff-Nationalpark ——————————————————————— 31

dows 20 km nordwestlich von Banff Townsite. Entlang der schnell fließenden Bäche können Grauwasseramseln gesehen werden. Das Tannenhuhn und das Felsengebirgshuhn, das ungewöhnlich in höher gelegenen Fichtenwäldern überwintert, leben in dichteren Waldabschnitten. Rothörnchen, die häufigste Hörnchenart in diesen Wäldern, sammeln Kiefernsamen als Wintervorrat.

Alpine Stufe
Über 2200 m fallen die Engelmannsfichten zunehmend aus oder gehen in windgepreßte Gebüschformen über. Die Baumgrenze und damit die alpine Stufe wird erreicht, die der arktischen Tundra gleicht. Krüppelweiden, alpine Gräser, Seggen und alpine Heiden überziehen die Felsböden. Die Vegetationszeit beträgt kaum mehr als 60 Tage pro Jahr. Trotzdem entwickeln die Pflanzen wie z.B. Arktisches Weidenröschen (S.208), Stengelloses Leimkraut (S.209), Himmelsherold, Silberwurz und Steinbrecharten im Sommer reichlich Blüten und verwandeln die Felslandschaften in ein Farbenmeer. Nur Schneeziegen (S.47) leben das ganze Jahr über in der alpinen Region über der Baumgrenze, während Waldkaribu (s.S.199) und Dickhornschaf (s.S.191) im Winter in tiefere Regionen abwandern. Mäuse, Wiesel und Eisgraues Murmeltier überwintern in Unterschlüpfen und ernähren sich von angelegten Vorräten. Pikas kommen auf Schuttfeldern bis 3000 m vor und sammeln Gräser als Winterfutter an. Rosenbauchschneegimpel, Pazifischer Wasserpieper und Ohrenlerche brüten in den alpinen Bereichen, aber nur das Weißschwanz-Schneehuhn (S.44) bleibt das ganze Jahr über der Waldgrenze. Darüber folgen die Eisfelder und Gletscher, in denen keine Tiere und Pflanzen mehr leben können.

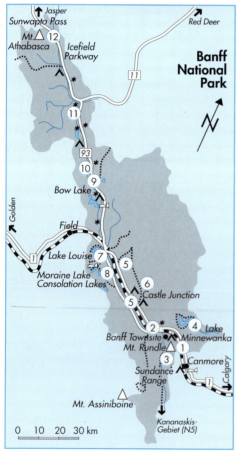

Im Gebiet unterwegs

Die drei Straßen, die den Nationalpark durchqueren, führen direkt zu den bzw. durch die landschaftlichen Schönheiten des Parks. Der Trans Canada Highway verläuft von Calgary kommend ab Canmore durch den Park und folgt dem Bow River bis Lake Louise. Dort zweigt der Icefield Parkway ab, der nach Norden zum Jasper-Nationalpark führt (Banff Townsite bis Jasper Townsite 240 km). Der Trans Canada Highway überquert nach Westen den Kicking Horse Pass zum Yoho-Nationalpark. Zwischen Banff Townsite und Lake Louise verläuft parallel zum Hwy 1 der Bow River Valley Parkway, die alte Talstraße.

Die Erdpyramiden, »Hoodoos« genannt, liegen hoch über dem Bow River unmittelbar am Tunnel Mountain Drive.

Das Grönländische Läusekraut wird wegen der Blütenform auch als »Elefantenkopf« bezeichnet.

Beliebtes Ziel einer kleinen Wanderung ist der Johnston Canyon, den man vom Bow Valley Parkway erreicht.

1 Banff-Nationalpark 33

In den Zentren Banff und Lake Louise sowie an den Parkways beginnen zahlreiche kürzere und längere Wanderrouten (siehe auch Informationsbroschüren, die in den Besucherzentren Lake Louise und Banff Townsite erhältlich sind).

Banff Townsite

Hoodoo Trail ①: 200 m, an der Tunnel Mountain Road, Hoodoos (Erdpyramiden) oberhalb des Bow River, guter Aussichtspunkt zum mäandrierenden Fluß, Elche und Hirsche in der Dämmerung, gute Aussicht auf den Mount Rundle und das untere Bow Valley. Von hier beginnt der Bow River Trail, der dem Fluß entlang zu den Bow Falls führt.

Fenland Trail ②: 2 km, Wald- und Sumpfgebiete an den Vermilion Lakes; Biber, Bisamratte, guter Platz für Vogelbeobachtung wegen des Mischgebietes aus Wald, Röhrichtflächen und Feuchtgebüschen; die alte Straße führt den Vermilion Lakes entlang und erreicht alle 3 Seen und Beobachtungspunkte; guter Blick auf den Mount Rundle.

Marsh Trail bei den Thermalquellen Cave and Basin: heiße Mineralquellen, Vogelbeobachtungsstand, Keilschwanzregenpfeifer, aus den Tropen stammende Fische, Elch, Wolf; der Discovery Trail stellt rund um die Thermalquellenanlage die Gründung des Parks um 1885 vor.

Das Goldmantel-Ziesel bevorzugt reich strukturierte Berghänge in subalpinen Lagen.

Sulphur Mountain ③: Mit der Seilbahn fährt man auf den 2200 m hohen Berg; Talblicke auf Banff Townsite, Lake Minnewanka und nach Süden ins Assiniboine- und Sundance-Range-Gebiet. Ein befestigter Weg führt durch subalpinen Nadelmischwald zum Gipfel.

Lake Minnewanka ④: 5 km nordöstlich von Banff Townsite, 24 km lange Rundfahrt von Banff zum See und zurück über das Bison Paddock nahe dem Flughafen. Eine Bisonherde kann vom Auto aus in einem lockeren Espenwald beobachtet werden.

Bow River Valley Parkway

Zwischen Banff Townsite und Lake Louise bietet der ehemalige **Bow River Valley Parkway** ⑤ eine bequeme Gelegenheit, Einblick in die Naturschönheiten von Banff zu gewinnen. Er führt zu Füßen des Castle Mountain, der ein Musterbeispiel eines vertikal geschichteten Berges darstellt, durch Espen- und Balsampappelwälder und ehemalige Talweiden. Die Panoramen auf das Tal, den wildreichen Bow River und die gegenüberliegende Bergkette rund um die Große Wasserscheide sind begeisternd. Dazu bestehen fast sichere Möglichkeiten, Dickhornschafe und Wapitis zu sehen.

Johnston Canyon ⑥: Der Weg beginnt am Parkplatz beim Johnston Creek und führt auf Brücken und Stegen 1 km durch den vorderen Canyon bis zum ersten Wasserfall. Man erreicht den in den Fels gehauenen Aussichtspunkt über eine Brücke, die den Canyon überspannt.

Lake Louise Area und Lake Moraine

Riverside Loop ⑦ in Lake Louise: Ausgehend vom Campingplatz verläuft ein 7,1 km langer Rundweg zu beiden Seiten des Bow River und stellt das Bachökosystem mit seinen Tieren und Pflanzen vor. Vom Château Lake Louise beginnt der beliebte **Lake Agnes Trail**, eine klassische Wanderung in den Rocky Mountains. Nach 3,4 km erreicht man die Teehütte am

See, die um die Jahrhundertwende von der Eisenbahngesellschaft errichtet wurde. Meisenhäher und Kiefernhäher begleiten den Wanderer. Von der Hütte aus führt ein Steig über Schutthänge zum 500 m höher gelegenen Great Beehive, einem Aussichtsberg zwischen Lake Agnes und Lake Louise. Der Abstieg verläuft durch die »Ebene der sechs Gletscher« direkt zum Château. Leichte Wanderwege verbinden den See mit dem Ort, so der Louise Creek Trail und der Tramline Trail.

Lake Moraine ⑧: Vom schönsten See der Rocky Mountains, der mit türkisblauer Farbe vor dem »Valley of the Ten Peaks« liegt und von einem Moränendamm aufgestaut wird, beginnen Wege ins Larch Valley und zum Sentinell Pass, der den Übergang ins Paradise Valley ermöglicht; subalpine Bergwälder, alpine Heidegebiete und Schutthalden; Pikas, Murmeltiere.
Ein 3 km langer Weg führt durch subalpinen Nadelwald zu den Consolation Lakes; subalpine Flora, Gebirgsvögel; Panoramablick auf den Mount Temple.

Bow Lake ⑨: Das Ufer, von dem aus man einen faszinierenden Blick über den See hat, ist direkt vom Parkplatz aus zu erreichen.

Peyto-Lake-Aussichtsweg ⑩: 1 km vom Parkplatz zur Aussichtsterrasse, die 250 m über dem Mistaya Valley liegt. Entlang des Weges werden auf Tafeln die Pflanzen und Tiere des subalpinen Waldes und der Bergwiesen vorgestellt.

Mistaya Canyon ⑪: Von der Straße beginnt ein Stichweg, der auf 500 m zum Canyon absteigt. Der Fluß hat sich kunstvoll in den Kalkstein eingeschnitten. »Mistaya« bedeutet in der Cree-Sprache Grizzlybär.

Parker's Ridge ⑫: 5 km südlich der Parkgrenze zu Jasper. Ein 2,4 km langer Gebirgspfad führt durch locker bestandenen subalpinen Engelmannsfichtenwald zur Parker's Ridge, die gewaltige Blicke auf die Berge rund um das Columbia Icefield und den Saskatchewan-Gletscher freigibt; alpine Blumenwiesen, Alpenschneehuhn.

Entlang des Bow Valley Parkway deuten Hinweisschilder auf Weidegebiete der Dickhornschafe hin.

Tierbeobachtungen
Vermilion Lakes: Wasservögel, Weißkopfseeadler, Fischadler, Wapiti, Weißwedelhirsch, Kojote, Elch, Schwarzbär.
Lake Minnewanka und Sulphur Mountain: Dickhornschafe, Ziesel und Chipmunks.
Hoodoos, Tunnel Mountain: Schwarzbären, Elche, Wapitis.
Johnston Canyon: Wapitis, Schwarzbären, Kojoten.
Bow Valley Parkway: Wapiti, Weißwedelhirsch, Maultierhirsch, Bären, Kojote, Wolf.
Gebiet um Lake Louise: Pika, Murmeltier, Marder, Baumstachler, Schneeziegen.
Icefield Parkway: Elche, Hirsche, Schneeziegen, Schwarzbär, Grizzlybär, Dickhornschaf, Wolf.

Praktische Tips

Anreise
130 km westlich von Calgary über den Trans Canada Highway, 110 km südlich von Jasper über den Icefield Parkway.

Klima/Reisezeit
Für Wanderungen und Bergtouren eignen sich besonders Mitte Juni bis Mitte September. Außer im Tal herrschen überall alpine Witterungsbedingungen; das Wetter

Am Nordrand des Banff-Nationalparks führt ein Steig zur Parker's Ridge mit Blick auf den Athabasca-Gletscher.

Der »Indian Paint Brush« kommt sehr häufig in den Bergwiesen der Rocky Mountains vor.

kann rasch umschlagen, mit Schnee muß in jedem Monat gerechnet werden. Im Sommer Höchstwerte um 25 ° C, im Winter um -15 ° C.

Unterkunft
14 Campingplätze in den Zentren und entlang der Parkways bieten 2700 Stellplätze, die dennoch im Juli und August überfüllt sind. In Banff Townsite und Lake Louise gibt es alle Einrichtungen: Motels, Hotels, Lodges, Restaurants, Geschäfte. Im Sommer sind Vorreservierungen unbedingt erforderlich. Private Lodges am Moraine Lake; Luxushotels: Banff Springs, Château Lake Louise.

Adressen
⇨ Superintendent Banff National Park, Box 900, Banff, Alberta T0L 0C0, Tel. 403-762-3324.
⇨ Central Reservations Banff, Tel. 403-762-5561.

2 Jasper-Nationalpark

Eindrucksvolle Landschaft mit Gebirgsketten, Graten und gewaltigen Gipfeln; Maligne Lake – größter Gletschersee – und Columbia Icefield – größtes Eisfeld der Rocky Mountains; heiße Thermalquellen, älteste Engelmannsfichten; Bergziegen, Wapitis, Grizzlybären, Elche, Schwarzbären.

Jasper ist der größte und der am nördlichsten gelegene aller 7 Nationalparks, die Gebiete in den Rocky Mountains schützen. Wie Banff, an den er im Süden angrenzt, umfaßt Jasper Abschnitte der östlichen Gebirgsketten Albertas. Der Park wurde 1907 gegründet und hat heute eine Größe von fast 11 000 km². Sein Name stammt von Jasper Hawes, der hier 1817 einen Handelsposten errichtete.

Zwei der drei parallel laufenden Gebirgsketten werden vom Park eingeschlossen (s. Banff-Nationalpark). Im Osten verläuft die Front Range, im Westen die Zentralkette, die beide nord-süd orientiert sind. Das breite Tal des Athabasca River, das die Gebirge trennt, ist aus einem Faltenbruch her-

Landschaft am Icefield Parkway im oberen Athabasca-Tal.

Die weißen Blüten der Silberwurz wandeln sich während der Reife zu silberfarbenen Fruchtständen.

vorgegangen. Die Berge sind durch Sedimentation, Kompression und Auffaltung entstanden, ein Prozeß, der vor 40 Mio. Jahren abgeschlossen war. Danach gestalteten Erosion und die Eiszeiten das heutige Aussehen des Parks.

Eindrucksvolle Gebirgslandschaften sind typisch für den Jasper-Nationalpark. Der weit ausladende Athabasca River, der in einem Seitental am Columbia-Eisfeld entspringt, durchfließt das Haupttal. Das Eisfeld, das in der Südecke des Parks an der Grenze zu Banff liegt, ist die größte Ansammlung an hohen Gipfeln, Gletscherzungen und Eisflächen der Rocky Mountains. Mehrere Gletscher sieht man bereits vom Parkway aus. Mit speziellen Schneemobilen kann der Besucher den Athabasca-Gletscher befahren. Die zentrale Gebirgskette, die an der Ostseite des Haupttales verläuft, spiegelt eindrucksvoll die Auffaltung der Kontinentalplatten wider. Ein Blick vom Honeymoon Lake aus nach Süden läßt vermuten, daß sich die Felsplatten erst »vor kurzem« aufgerichtet haben. Ein Musterbeispiel der Gebirgsbildung ist auch die Queen Elisabeth Range im Gebiet des Maligne Lake. Senkrechte Schichten ragen mit bizarren Graten aus den bewaldeten Talhängen. Die einzelnen erodierten Sedimentschichten wirken wie Zähne einer Säge. Der eindrucksvollste Gipfel Jaspers, der Mount Edith Cavell, ragt wie eine versteinerte Pyramide südlich von Jasper Townsite auf.

Der Maligne Lake, der größte gletschergespeiste See der Rocky Mountains, liegt in einem Paralleltal zum Athabasca Valley im östlichen Park. Er wird an allen Seiten von vergletscherten Gipfeln umgeben. Spirit Island, eine föhrenbewachsene Insel inmitten des hinteren Seeabschnittes, hat schon vor 100 Jahren Abenteurer und Naturfreunde angezogen. Ihre Lage im tiefblauen See und die dahinter aufragenden grauen Gebirgszüge der Miette Range machen das Inselchen zu einem der romantischsten Plätze in den Rocky Mountains.

Pflanzen und Tiere

Die Vegetationszonen im Jasper-Nationalpark entsprechen denen im Banff-Nationalpark (s.S.28). Drei Zonen können nach Höhenlage, Exposition, Boden und Feuchtigkeit unterschieden werden: die montanen Waldgebiete der Talbereiche und unteren Hänge mit trockenen Douglasienwäldern, der subalpine Gebirgswald mit Engelmannsfichten und Felsengebirgstannen, der bis zur Waldgrenze reicht, und die alpine Stufe mit den tundrenähnlichen Gras- und Zwergstrauchheiden und den Schuttfeldern. Darüber folgen die Gletschergebiete und die Eisfelder, die kein Leben ermöglichen.

Die montane Stufe beschränkt sich hauptsächlich auf die Talbereiche des Athabasca und Miette River und auf das Becken rund um Jasper Townsite und reicht bis 1400 m. Der typische offene Wald auf den sandigen, wasserzügigen Schwemmböden umgibt die Flußbette, die sich durch die Kraft des Wassers stets verändern. Die Sümpfe und Stillwasserbereiche sind gute Orte, um Elche (S.122),

In den alpinen Schuttfeldern findet das Eisgraue Murmeltier einen idealen Lebensraum.

Kanadabiber (S.136) und Wasservögel zu sehen. Mit Espen und Weißkiefern locker bestandene Grasländer unterbrechen die Waldbereiche an allen Orten, besonders im nordöstlichen Tal. Balsampappeln und Schwarzpappeln treten in Flußnähe auf, wo feuchtere Böden vorherrschen. Nordhänge sind von Papierbirken bewachsen, die nach Waldbränden als erste Baumart aufkommen. Eine Fahrt zum Pyramid Lake stellt eine ideale Möglichkeit dar, den montanen Waldtyp zu studieren.

Die subalpine Zone beherrscht den größten Teil des Nationalparks in Höhen um 1500–2100 m. Die Engelmannsfichte ist für die Wälder dieser Stufe typisch, im Tal vor dem Columbia-Eisfeld kommen Schwarzfichten hinzu. Eine seltene Kiefernart, »Whitebark Pine« *(Pinus albicaulis)*, kommt vereinzelt an der Waldgrenze vor. Gebirgslärchen, ein Element der borealen Wälder, wachsen nur entlang der Straße nach Miette Hot Springs. Die Straße zum Maligne Lake durchquert den subalpinen Waldtyp und gibt gute Einblicke in diesen Lebensraum.

Die baumfreie alpine Zone umfaßt die Grate und Gipfelbereiche in Höhen ab 2200 m und wird von fast jedem Gebirgspfad erreicht. Zwergsträucher, alpine Heiden und Gräser bilden Vegetationspolster, die in Senken oder im Windschutz von Felsblöcken aufkommen. In diesen Gebieten leben das ganze Jahr über die Schneeziegen (s.S.47), im Sommer weiden dort Dickhornschafe (S.35, s.S.191). Pikas (S.89) und Kleines Chipmunk (S.88) tummeln sich auf leicht bewachsenen Schutthalden. In Jasper gibt es noch eine kleine Herde der Waldkaribus (s.S.199), die auf waldfreien Hängen hoch über dem Maligne Valley in den Sommermonaten grasen. Entlang des Icefield Parkway und an dem nach Nordosten und Nordwesten führenden Yellowhead Highway können immer wieder Großsäuger beobachtet werden. Der beste Punkt, um Dickhornschafe, Wapitis (S.31) und mit Glück auch Schneeziegen zu sehen, liegt nahe der Abzweigung zu den Miette Hot Springs zwischen dem Lake Talbot und der Straßenbrücke über den Athabasca River. Im Tal sind großflächige Sumpfgebiete ausgebildet, an deren Ufer die Tiere grasen. Schneeziegen kommen hierher, um Minerallecken aufzusuchen. Aber auch Steinadler (S.190), Rotschwanzbussarde und Maultierhirsche (S.70) besuchen die waldfreien Streifen entlang der Straße.

Eine Wapitiherde (S.31) grast als Dauergast im Bereich des gleichnamigen Campingplatzes am Südende von Jasper Townsite. »Wapiti« stammt aus der Sprache der Shawnee-Indianer und bezeichnet einen Hirsch mit weißer Stirn. Schwarzbären sind im Gebiet rund um den Pyramid Lake häufig, besonders an der unerschlossenen Nordseite. Bei einem Kanuausflug ist daher Vorsicht geboten. Im Juli 1994 wurde im nordwestlichen Berggebiet ein Puma gesehen, der aus Jasper zuvor verschwunden war und aus dem Mount-Robson-Gebiet eingewandert sein dürfte. Nach 1950 waren Wölfe in den Schutzgebieten der Rocky Mountains verschwunden; heute leben wieder etwa 50 Tiere im Park. Ein Rudel nähert sich im Winter oft Jasper Townsite.

Das bewaldete Maligne Valley wurde von Ingenieuren entdeckt, die nach einer Route für die Eisenbahn suchten.

Am Ausfluß des Maligne River aus dem Maligne See brüten jedes Jahr im Frühjahr die bunten Kragenenten (S.185), die aus ihrem Winterquartier an der Westküste ins Maligne Valley kommen. Deshalb wurde der Maligne River zu einem speziellen Schutzgebiet erhoben; alle Nutzungen müssen zwischen 1. Mai und 1. Juli unterlassen werden. Der Bestand an Kragenenten gilt in Nordamerika als gefährdet, in Kanada ist ihr Vorkommen ungewöhnlich. Deshalb besteht an einem umfassenden Schutz dieser Entenart seit 1991 besonderes Interesse.

Gänsesäger bilden beim Schwimmen Formationen, hier am Patricia Lake nahe Jasper Townsite.

Schon um die Jahrhundertwende war die ausgewählte Lage der Spirit-Insel im Maligne-See bekannt.

Im Gebiet unterwegs

Jasper ist weniger erschlossen als der Banff-Nationalpark, weshalb Wanderer besonders gerne hierher kommen. Aber nicht nur die Touren ins Hinterland führen zu den Schönheiten des Parks, auch der Icefield Parkway, der von Jasper Townsite südwärts zum Columbia Icefield führt, durchquert die vielfältigen Lebensräume und Naturschönheiten des Parks. Entlang der Straße kann man die Wasserkaskaden der Athabasca und Sunwapta Falls, den romantischen Honeymoon Lake besuchen

Häufige Bäume der Bergwälder und bewaldeten Hänge sind die Felsengebirgstanne (Foto links) und die Weißfichte (Foto rechts) mit den schlanken, hängenden Zapfen.

2 Jasper-Nationalpark — 41

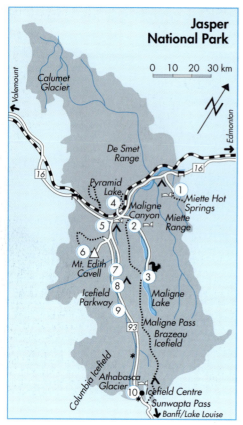

und den Blick auf die Flußlandschaften des Athabasca River sowie das beeindruckende Panorama des Athabasca-Gletschers am südlichen Dach des Parks genießen. Nebenstraßen führen zum Maligne Lake und dem tief eingeschnittenen Maligne Canyon, zum Mount Edith Cavell und den heißen Quellen von Miette Hot Springs.

Über 1000 km Wanderwege und Bergpfade geben reichlich Gelegenheit, das unberührte Hinterland kennenzulernen (siehe dazu die Broschüre »Day Hikers' Guide to Jasper«, die zusammen mit Karten im Besucherzentrum in Jasper Townsite erhältlich ist und alle Informationen zu den Tagestouren enthält).

Miette Hot Springs ①: Knapp nach dem nördlichen Parkeingang zweigt eine Seitenstraße zu den Miette Hot Springs ab. In einer kleinen Badeanstalt kann der Besucher die heißen Quellen genießen. Ein 4 km langer Pfad führt über einen Sattel durch subalpinen Nadelwald zum Flußtal des Fiddle River. Am Beginn kommt man an der Fassung der Thermalquelle vorbei.

Maligne Canyon ②: Über die Maligne Road erreicht man 11 km von Jasper entfernt den Maligne Canyon. Ein Naturlehrpfad führt entlang des bis zu 50 m tiefen Kalkstein-Canyons, einem verworrenen System aus Schluchten und Gletschermühlen; 5 Brücken überspannen die Schluchten, die 2. ist die größte. Der Maligne River, der zum Athabasca River abfließt, bildet hier mit unterirdischen Flüssen eines der größten Karstsysteme der Welt.

Maligne Lake ③: Über die Maligne Road, 48 km südlich von Jasper, erreicht man den Maligne Lake. Der mit 22 km Länge größte gletschergespeiste See der Rocky Mountains bietet eines der schönsten Landschaftspanoramen. Bootstouren bringen Besucher zur Spirit Island 14 km weit in den See, die von hoch aufragenden Bergen und dem Brazeau Icefield umrahmt wird. Der Lake Trail verläuft als Naturlehrpfad am Ostufer zum Schäffer Viewpoint, einem Aussichtspunkt mit Blick auf den See und die »Twin Peaks« Mount Charltoon und Mount Unwin. An der Westseite des Sees beginnt der beliebte Skyline Trail, der entlang der Waldgrenze auf der Maligne Range hoch über dem Maligne Valley über 44 km nach Jasper führt. Bergwiesen und Tiere des alpinen Geländes, darunter Karibus, können gesehen werden. Die Anzahl der Wanderer pro Jahr ist beschränkt und durch Quoten geregelt. Die Maligne Road führt am Medicine Lake vorbei, der alljährlich bis zum Herbst über unterirdische Ausflüsse ausrinnt und weite Schuttfächer freigibt; Wolf, Dickhornschaf.

Patricia und Pyramid Lake ④: Von Jasper Townsite erreicht man über eine 6 km lange Seitenstraße malerische, in weite Bergwälder eingebettete Seen zu Füßen des Pyramid Mountain. Zahlreiche Wanderwege erschließen das Gebiet und ermöglichen vom Rand des Plateaus Ausblicke auf das Talbecken von Jasper. Pferdekoppel; Schwarzbären, Elche.

Whistlers ⑤: Den besten Überblick erhält man bei einer Fahrt auf den 2470 m hohen Whistlers, den Hausberg von Jasper Townsite, der durch eine Seilbahn erschlossen ist. Der weitläufige Rundblick zeigt das Talbecken um Jasper, das Plateau rund um den Pyramid Lake und die südlichen Bergketten. Murmeltiere, Chipmunks und Ziesel bevölkern zahlreich die subalpinen Schuttfelder, die auch einen ersten Einblick in die Pflanzenwelt des Parks bieten. In dem alpinen, tundraähnlichen Gelände besteht die Möglichkeit, kleinere Wanderungen zu unternehmen.

Mount Edith Cavell ⑥: Eine Seitenstraße führt vom Hwy 93a über 14,5 km an den Fuß des höchsten Berges im Park (3368 m). Er unterscheidet sich durch die pyramidenförmige Spitze von allen anderen Bergen in Jasper, die noch dazu aus vertikalen Sedimentschichten besteht. Ein kleiner Naturlehrpfad führt durch alpines Gelände, das im Sommer von Arktischen Weidenröschen rot überzogen ist, und erreicht einen Aussichtspunkt auf den Cavell-Eisfall; Meisenhäher, Chipmunks, Murmeltiere.

Athabasca Falls ⑦, am Hwy 93a gelegen. Der Fluß fällt 23 m über eine quarzhaltige Sandsteinbarriere aus dem Präkambrium in die Tiefe. Wanderwege führen zu den Fällen und zum Canyon am Unterlauf, der durch Eisenoxid rot gefärbte Wände hat. Ein Abschnitt dieses Weges führt durch einen ehemaligen Canyon, den der Fluß in Urzeiten ausgewaschen hat und der irgendwann trockengefallen ist.

Am romantischen **Honeymoon Lake** ⑧ liegt ein kleiner ruhiger Campingplatz mit herrlichen Aussichten auf das südliche Tal und die »Main Range«.

Direkt vom Icefield Parkway kann man die Athabasca-Fälle sehen.

Sunwapta Falls ⑨: Das südliche Drittel des Parks wird vom Sunwapta River durchflossen, der unmittelbar nördlich in den Athabasca River mündet. Zuvor stürzt er tosend in eine Kalksteinschlucht; die Aussichtsplattform erreicht man in wenigen Minuten vom Parkplatz aus.

Columbia Icefield ⑩: Mit 336 km² das größte der Rocky Mountains, 8 Gletscherzungen gehen von ihm nach allen Seiten aus. Man kann über einen Pfad an den Rand des Athabasca-Gletschers wandern oder mit speziellen »Snowmobils« auf den oberen Abschnitt vorbei an Gletscherspalten bis zu einem Eisbruch fahren; das Besucherzentrum erklärt die Hintergründe der Gletscherbildung.

2 Jasper-Nationalpark — 43

Das Weißschwanz-Schneehuhn lebt in den felsigen Gebirgsregionen und hat das ganze Jahr einen weißen Schwanz.

Praktische Tips

Anreise
370 km westlich von Edmonton über den Yellowhead Highway 16, 412 km nördlich von Calgary über den Trans Canada Highway bis Banff und Lake Louise, über den Icefield Parkway 93 bis Jasper (von Banff 240 km).

Klima/Reisezeit
Nebenstraßen und touristische Einrichtungen haben meist von Mitte Juni bis Anfang September geöffnet. Die Maligne Tours unternehmen Bootstouren zur Spirit Island von Mitte Mai bis Anfang Oktober. Für Wanderungen sind Juli und August die besten Monate, im September kann bereits Schnee fallen.

Unterkunft
Der Park verfügt über 10 Campingplätze mit insgesamt etwa 1800 Stellplätzen, allein 1150 in Jasper, die dennoch im Juli abends stets ausgebucht sind. Lodges und Motels in Jasper Townsite, am Pyramid Lake, bei den Sunwapta Falls und am Columbia Icefield. In Jasper gibt es Geschäfte, Restaurants und ein Fitnesscenter.

Adressen
⇨ Superintendent Jasper National Park, Box 10, Jasper, Alberta T0E 1E0, Tel. 403-852-6161.
⇨ Maligne Lake Tours, 626 Connaught Drive, Jasper Park Lodge, Box 280, Jasper, Alberta T0E 1E0, Tel. 403-852-3370, Fax 403-852-3405.

Das Columbia-Eisfeld hat 8 Gletscherzungen und eine Größe von 325 km².

3 Yoho-Nationalpark

Zerklüftete Gebirgslandschaft mit hohen Felswänden; Wasserscheide zwischen Pazifik und Eismeer; Erdpyramiden; zahlreiche Wasserfälle, höchster Wasserfall Kanadas; »Burgess Shale«-Fossilien von internationaler Bedeutung; Schneeziegen, Grizzlys; blumenreiche Bergwiesen.

Yoho ist das nördlichste Schutzgebiet der Rocky Mountains von British Columbia. Im Osten grenzt es an den Banff-Nationalpark und erstreckt sich nach Westen bis zu den Wapta Falls. Das Tal des Kicking Horse River teilt das Parkgebiet in einen nördlichen und südlichen Abschnitt. Der mit 1313 km² zweitkleinste Park der Rocky Mountains ist enger und schroffer als der südlich benachbarte Kootenay. Der wilde Kicking-Horse-Gebirgsfluß ist ein kanadischer »Heritage River«, ein Fluß von historischer Bedeutung also. Yoho wurde 1886 gegründet, um zahlreiche kulturelle und historische, aber auch landschaftliche Besonderheiten der Gebirgslandschaft der zentralen Rocky Mountains zu bewahren. Der Name stammt wie andere Bezeichnungen im Park aus der Sprache der Cree-Indianer und bedeutet Wunder, Staunen und Ehrfurcht. Die höchsten Gebirgsstöcke des Parks liegen im nördlichen Abschnitt an der Grenze zum Banff-Nationalpark und werden vom Wapta- und Waputik-Eisfeld bedeckt, die zur östlichen Hauptkette der Rocky Mountains gehören. Kalke und Sandsteine, die durch Quarzit gegenüber Erosion standhafter sind, bestimmen das schroffe Aussehen. Während der Gebirgsbildung wurden sie in Blöcken angehoben und weniger aufgefaltet. Zu den Eisfeldern führt das Yoho Valley, in dem sich der Takakkaw Fall, der höchste Wasserfall Kanadas mit einer Fallhöhe von 254 m befindet. Die Twin Falls und Laug-

Der türkisblaue Emerald-See lädt zu gemütlichen Kanu-Touren in der Bergwelt Yohos ein.

45

Die Erdpyramiden im Hoodoo Creek sind die größten in den Rocky Mountains.

hing Falls stürzen ebenfalls über die senkrechten Felswände in das enge Tal.
In der Mitte des Parks, etwa auf der Höhe der zentralen Ortschaft Field, ändert sich das Bild. Hier sind die Gebirge nicht nur aus Sandstein aufgebaut, sondern enthalten Einschlüsse aus weichem Schiefergestein. Die wegen der Fossilien, vor allem aus dem Präkambrium und Kambrium, berühmt gewordenen Burgess-Schiefer erodierten im Laufe der Zeit stärker als alle anderen Gebirge der Rocky Mountains. Die versteinerten Krebse, Ammoniten und andere Weichtiere stammen aus einer Zeit vor 530 Mio. Jahren. Die unglaublich gute Erhaltung dieser Lebewesen gab den Wissenschaftlern einen außerordentlichen Einblick in den Reichtum der Fauna des Kambriums und hat deshalb Wissenschaftsgeschichte geschrieben. Die Burgess Range wurde zu einem Ort von internationaler Bedeutung und trug maßgeblich dazu bei, daß Yoho zusammen mit Banff, Jasper und Kootenay als »World Heritage Site« der UNESCO ausgezeichnet wurde. Yohos Fossilien werden heute streng geschützt und sind nicht öffentlich zugänglich. Das Besucherzentrum in Field und eine Ausstellung am Parkplatz beim Mount Field informieren über die Besonderheiten der Burgess Shale.

Yoho ist reich an weiteren Natursehenswürdigkeiten. Der Kicking Horse River bildet bei der Abzweigung zum Emerald Lake eine »natürliche Brücke« aus. Der Fluß hat sich in eine vertikale Gesteinsfalte eingeschnitten, wobei obere Schichten der Falte erhalten blieben. Emerald Lake liegt umgeben von den Berghängen des Wapta Mountain und Mount Field in einer gletschergeformten Wanne. Das blumenreiche Amiskwi Valley reicht weit nach Norden in die Gebirgsstöcke und endet mit den Amiskwi Falls in unmittelbarer Nähe zum Wapta Icefield. Am Westende des Parks beeindrucken die Wapta Falls, die tief eingeschnitten als breiter Schleier über eine Talstufe stürzen. In der Nähe liegen innerhalb einer Talung der Ottertail Range die schönsten Hoodoos der Rocky Mountains. Hoch über dem Tal ragen die aus Gletscherschluffmaterial aufgebauten Erdpyramiden aus dem steilen Hang und werden von flachen Steinen bedeckt. Dadurch wird das weiche Moränenmaterial vor Erosion geschützt.

Eines der schönsten alpinen Wandergebiete befindet sich rund um den Lake O'Hara, der als türkisblauer Gebirgssee in einem Talbecken im östlichen Park liegt. Die Berge Victoria, Hungabee und Opabin grenzen direkt an Banff an, über den Wenckchemna Pass gelangt man ins Gebiet von Lake Louise und Lake Moraine. Im Norden des Cataract Brook, der das Tal ausgewaschen hat, ragt der majestätische Cathedral Montain auf. In den weiten Gebirgswäldern leben die meisten Grizzlys des Parks. Die Enge des Bergtales gab beim Bau der Eisenbahnlinie große Probleme auf, da enorme Höhenunterschiede auf nur kurzer Strecke bewältigt werden mußten. Man lö-

Die Schneeziege

Tief in den Berggebieten der Rocky Mountains vom nördlichen Montana bis in den Kenai-Fjords-Nationalpark in Alaska haben diese eindrucksvollen Tiere ihre Heimat. Die scheuen Schneeziegen *(Oreamnos americanus)* fallen durch ihr ganzjährig weiß gefärbtes Fell auf, das aus einem dicken Unterfell und bis zu 10 cm langen, zottigen Deckhaaren besteht. Dieses Fell, spezielle Hufe und ein außerordentlicher Gleichgewichtssinn befähigen die Tiere, die steile und rauhe Bergwelt der Rocky Mountains über der Waldgrenze zu bewohnen. Eis, Schnee und Fels sind der angestammte Lebensraum. Man schätzt, daß heute zwischen 50 000 und 100 000 Tiere am »Rande zwischen Himmel und Erde« leben. Temperaturen um -50° vertragen die Tiere ebenso wie lange Schneebedeckung und große Schneehöhen. Während Karibus oder Dickhornschafe im Winter in geschütztere Tallagen abwandern, bleiben Schneeziegen das gesamte Jahr über in den Hochgebirgen. Nur Schlechtwetter im Sommer und das Verlangen nach Mineralien läßt die Schneeziegen zu Salzlecken in die Täler kommen. Die Schneeziege ist keine echte Ziege, sondern ist mit der Gemse verwandt. Männchen wie Weibchen haben einen Spitzbart und kegelförmige Hörner. Gräser, Flechten und junge Triebe von Bäumen gehören zu ihrer Nahrung.

Die Vorfahren der Schneeziegen sind vor 100 000 Jahren aus Asien über die Beringstraße nach Alaska eingewandert. Die Eiszeit und wahrscheinlich Raubtiere drängten sie in diese Höhen, wo sie ihre unwirtliche, aber sichere Nische fanden. Mit ihren kurzen Beinen, schweren Schultern und spreizbaren, gepolsterten Hufen klettern sie kunstvoll in fast senkrechten Felswänden herum oder halten sich auf alpinen Geröllfeldern auf. Zum Schlafen suchen sie den Schutz von überhängenden Felsblöcken oder -terrassen auf und drücken sich mit dem Rücken dicht an den Felsen. Im Sommer kann man kleinere Herden bei Bergwanderungen sehen. Muttertiere haben in den ersten Wochen eine enge Bindung zu ihren Jungen. In der Herde grenzt jede »Nanny«, wie die weiblichen Schneeziegen genannt werden, ihr Revier ab. Es beträgt ungefähr 3 m im Umkreis und darf von keiner anderen Ziege betreten werden. Muttertiere beschützen ihren Nachwuchs vor Feinden wie Adler, Vielfraß oder Grizzly, aber auch vor Abstürzen bei Wanderungen über steile Hänge oder Rinnen. Die männlichen Tiere sind Einzelgänger. Nur zur Paarungszeit begleiten sie für wenige Tage das »auserwählte« Weibchen, ehe sie in die Einsamkeit der Berge zurückkehren.

ste es mit den heute viel bestaunten Spiral Tunnels: Von originell gestalteten Aussichtsterrassen lassen sich die extrem langen Lastzüge beobachten, die gleichzeitig in den Tunnel einfahren und ein paar Meter höher am gleichen Hang wieder aus dem Berg kommen. Die Geländestufe zu Füßen des Mount Stephen wird mit zwei solcher Tunnels überwunden.

Pflanzen und Tiere

Yohos Tier- und Pflanzenleben unterscheidet sich nicht wesentlich von jenem in Banff oder Jasper (s. Banff-Nationalpark). In den Tälern und auf den unteren Berghängen wachsen Nadelwälder aus Engelmannsfichten und Felsengebirgstannen. Entlang des Cataract Creek am Weg zum Lake O'Hara lassen sich die Übergänge zu den subalpinen Bergwäldern gut studieren. Auf den Gebirgsterrassen oberhalb des Sees stocken Gebirgslärchen, auf die in den baumfreien Zonen blumenreiche Bergwiesen mit Windröschen und Orchideen folgen. Eisgraues Murmeltier (S.39)

◁ Das Gebiet rund um den Lake O'Hara gehört zu den schönsten Bergwandergebieten der Rocky Mountains.

Die Takakkaw Falls sind mit fast 300 m Höhe die höchsten Wasserfälle der Rocky Mountains. ▷

und Pika (S.89) tummeln sich zwischen den Felsblöcken. Am Weg zum Mount Odoray kommt man ebenfalls an reichblühenden Bergwiesen vorbei. Über lockere Gebirgslärchenbestände sieht man zum Lake O'Hara hinüber. In den Tannenwäldern nordwestlich des Lake O'Hara, rund um das Duchesnay Basin, leben die meisten Grizzlybären des Parks. Im Sommer werden Wanderwege wegen zu hoher Bärenaktivität oftmals gesperrt.
Entlang der Straße zum Takakkaw Fall sind häufig Schneeziegen und Murmeltiere zu sehen. Die subalpinen Nadelwälder, die an den Hängen und in Bereichen von häufigen Lawinenabgängen nur buschförmig wachsen, enthalten Beerensträucher, Wildblumen und Zwergsträucher. Entlang der Straße zum Ausgangspunkt des Amiskwi Valley Trail kommt man an einer Salzlecke vorbei, die in der Morgen- und Abenddämmerung von Hirschen, Dickhornschafen (S.35) und Elchen besucht wird. Schwarzbären (S.201) leben im Gebiet rund um den Hoodoo Campground. Im nahen Moor rund um die Deerlodge Cabin gibt es große Kanadabiberdämme. Im Torf konnten Stämme der Grannenkiefer gefunden werden, die zu den ältesten Bäumen der Welt zählt. In Kalifornien werden diese Bäume 5000 Jahre alt, Yohos Kiefern erreichten gerade 500 Jahre.

Im Gebiet unterwegs

Zahlreiche Wanderwege führen zu den Naturschönheiten des Parks, die vom Trans Canada Highway oder den Nebenstraßen ausgehen. Der Hwy 1 durchquert,

◁ Das Windröschen überzieht die Bergwiesen im Juli mit seiner weißen Blütenpracht.

3 Yoho-Nationalpark ——————————————————— 49

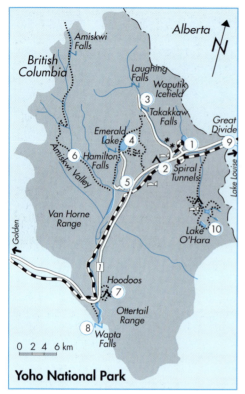

Yoho National Park

von Banff kommend, parallel zum Kicking Horse River den gesamten Park. Bald nach dem Kicking Horse Pass erreicht man die Aussichtsterrasse der **Spiral Tunnels** ①, die direkt an der Straße liegt. Im Sommer verkehren laufend Züge, so daß man das Schauspiel leicht abwarten kann. Diese Terrasse bietet auch schöne Einblicke in das Yoho-Tal. Bei der Abzweigung zur 13 km langen Straße zum Takakka-Fall weist eine Freiluft-Ausstellung auf die **Burgess Shale** ② hin, die oberhalb am Mount Field zutage tritt.

Auf einem 1 km langen Weg, der von Informationstafeln gesäumt ist, kann man zu den **Takakkaw-Fällen** ③ wandern. Aussichtspunkte bieten gute Möglichkeiten, den schleierförmigen Fall zu sehen, der von einem 280 m hoch über dem Tal gelegenen Plateau herabstürzt. Beim Parkplatz beginnen beliebte Wanderrouten zu den **Twin Falls** (8,5 km vom Parkplatz in einer Richtung, ebener Weg durch subalpinen Tannenwald bis zum Talschluß). Das Yoho Valley wurde schon um 1890 von Begsteigergruppen aufgesucht, die mit der neu errichteten Bahnlinie ins Tal kamen. Beliebt ist hier auch der Iceline Trail, der vom Takakkaw-Fall durch Fichtenwald und Moränengelände zum Emerald-Gletscher und auf Kämme rund um den Vice President Mountain führt.

Wenige Kilometer westlich von Field, das mit 300 Einwohnern die einzige Ortschaft im Park ist, in der auch das Besucherzentrum steht, zweigt eine 8 km lange Straße zum **Emerald Lake** ④ ab. Rund um den tiefblauen See führt ein Naturlehrpfad, der verschiedene Waldtypen und die Verlandungszonen des Sees vorstellt. Baumstachler, Hirsche und Elche leben in diesem Gebiet. Auch hier beginnen mehrere Wanderrouten ins Hinterland des Parks, so zum 4,5 km entfernten **Hamilton Lake**, einem Gletschersee inmitten eindrucksvoller Gebirgslandschaft, oder zum Yoho-Paß, der den Übergang zum Emerald-Gletscher und zum Takakkaw-Fall erlaubt. Die Emerald Lodge betreibt einen luxuriösen Beherbergungsbetrieb mit öffentlichem Kanuverleih. An der Abzweigung vom Trans Canada Highway befindet sich der Aussichtspunkt zur **Natural Bridge** ⑤.

Der Baumstachler hält sich in Nadelwäldern auf und ist meist nur nachts oder in der Dämmerung aktiv.

50   3 Yoho-Nationalpark

Durch das blumenreiche **Amiskwi Valley** ⑥ führt ein 24 km langer Forstweg, der bis zur Amiskwi River Crossing mit dem Mountainbike befahren werden kann. Danach erreicht ein Wanderpfad den Amiskwi Pass.

Beim **Hoodoo-Campingplatz** ⑦ im Westen des Parks führt ein 2,2 km langer steiler Pfad in den Hoodoo Creek zu den Erdpyramiden. Ein kleiner Naturlehrpfad, Deerlodge Trail, erklärt auf der 1,5 km langen Runde ein Moorgebiet, den umliegenden Wald, die Deerlodge Cabin, eine Blockhütte, die 1904 die erste Aufsichtshütte in Yoho war, und die wichtigsten Lebewesen wie Moorschneehuhn und Kanadabiber. Den Moorrand bilden Balsampappel-, Fichten- und Kiefernbestände.

An der Westgrenze zweigt eine kurze Stichstraße zum **Wapta-Falls-Parkplatz** ⑧ ab, von dem ein 2,4 km langer Weg (in einer Richtung) zu den Fällen des **Kicking Horse River** führt. Von einem Aussichtpunkt blickt man tief ins Tal auf den 30 m hohen Fall; der Weg an dessen Basis ist steil, feucht und schlüpfrig.

Die kontinentale **Wasserscheide**, »Great Divide« ⑨, liegt direkt an der Grenze zu Banff am Kicking Horse Pass. Ein Denkmal und ein kleiner, künstlich angelegter Bach erklären die Sehenswürdigkeit: Nach Westen münden alle Flüsse in den Pazifik, nach Osten fließen sie über das Mackenzie-Flußsystem in das nördliche Eismeer. Unmittelbar nach der Wasserscheide, die auf der alten Verbindungsstraße nach Lake Louise liegt, befindet sich der Parkplatz zum **Lake-O'Hara-Gebiet** ⑩. Ein Shuttlebus, der im Sommer ausgebucht ist und nur Wochen zuvor reserviert werden kann, überbrückt die 11 km lange Fahrstraße zur Lodge, die auf einer Halbinsel des Sees errichtet wurde. Hier beginnt ein gut ausgebautes Wanderwegnetz, das alle Gipfel, Seen und Berghänge der Umgebung erschließt. Der beliebteste Rundweg führt um den See selbst und an der Südostspitze zum Opabin-Plateau. Die 5,6 km lange

Der Meisenhäher wird jedem Besucher der Rocky Mountains durch sein zutrauliches Verhalten auffallen.

Runde steigt vom See aus 280 Höhenmeter durch Felsengebirgstannenwald an und erreicht das lärchenbestandene Hochplateau, auf dem mehrere kleine Seen und Anemonenwiesen liegen. Der Opabin Prospect, ein Aussichtsberg, der 300 m senkrecht zum See hin abbricht, ermöglicht einen unverstellten Blick auf das Lake-O'Hara-Plateau und den Mary Lake. An der Ostseite steigt ein Pfad zum Lake Oesa auf. Andere Wege erreichen Lake McArthur, die Bergwiesen rund um den Linda Lake und den McArthur Pass. An den nördlichen Hängen der Wiwaxy Peak oberhalb des Lake O'Hara können Schneeziegen angetroffen werden. Der Kiosk an der Bushaltestelle am Lake O'Hara verkauft eine kleine Wanderkarte mit den wichtigsten Wanderrouten.

Praktische Tips

Anreise
Yoho ist von Lake Louise aus über den Trans Canada Highway leicht zu erreichen, 80 km westlich von Banff, 54 km östlich von Golden.

Am Westrand des Yoho-Parks stürzt der Kicking Horse River über die Wapta-Fälle in die Tiefe.

Klima /Reisezeit
Für Wanderungen eignen sich Juni bis September, für Winteraktivitäten März bis Mai.

Unterkunft
3 größere Campingplätze, Hoodoo Creek, Chancellor Peak und Takkakaw Falls mit insgesamt 196 Stellplätzen. Am Lake O'Hara besteht ein Platz mit 30 Zeltplätzen. Private Lodges bieten luxuriöses Wohnen und Essen an: Emerald Lake Lodge, Lake O'Hara Lodge, West Louise Lodge. Der Alpine Club of Canada betreibt mehrere Berghütten; Chalet am Twin Fall, Cathedral Mountain Chalets in der Nähe des Kicking-Horse-Campingplatzes.

Busdienst zum Lake O'Hara
Der Shuttlebus zum Lake O'Hara muß im Sommer mehrere Tage oder gar Wochen vorreserviert werden. Über einen 13 km langen Waldpfad kann man auch zum See wandern, wofür man 2 1/2 h Gehzeit einplanen sollte. Für die Rückfahrt ins Tal sind keine Reservierungen notwendig, die Busse verkehren, solange Fahrgäste befördert werden müssen. Reservierungstelefon: 604-343-6433, Stornierungen: 604-343-6344. Beachten Sie, daß im Yoho-Park die Pazific Time gilt (- 1 Stunde).

Adressen
⇨ Superintendent Yoho National Park, Box 99, Field, B.C. V0A 1G0, Tel. 604-343-6324.
⇨ Alpine Club of Canada, Box 1026, Banff, Alberta T0L 0C0, Tel. 403-762-4481.

Die Kolkraben gehören zu jenen Vögeln, die in den Rocky Mountains am zahlreichsten gesehen werden können.

4 Kootenay-Nationalpark

Gletschergeformte Landschaften, schroffe Bergketten, dicht bewaldete Talböden, unberührte Flußläufe, Thermalquellen, Mineralquellen, Canyons, Karstformationen; Wapiti, Weißwedelhirsch, Dickhornschaf, Puma, Wolf, Grizzlybär; Kokanee-Lachse; Douglasien; einziger Park in British Columbia mit Getschern und Kakteen.

Der Kootenay-Nationalpark gehört zum Schutzgebietskomplex, der zusammen mit Jasper, Banff, Yoho und kleineren Gebieten mit geringerem Schutzstatus den Naturraum der südlichen Rocky Mountains umfaßt. Er grenzt im Osten direkt an den Banff-Nationalpark und erstreckt sich südwärts bis Radium Junction im Tal des Columbian River. Im Osten schließt er an den Mount Assiniboine Provincial Park an. Ähnlich wie Banff wurde auch Kootenay unter Schutz gestellt, um die heißen Quellen, die entlang der Bruchlinien in allen Abschnitten der Rocky Mountains bis ins Yukon-Gebiet auftreten, zu erhalten. Sie treten hier in der südlichsten Parkecke, im Sinclair Canyon zutage. Dabei handelt es sich um Sickerwasser, das durch Risse innerhalb der Faltenbrüche bis auf 2415 m in die Erdkruste absinkt, wo es bis zum Siedepunkt erhitzt wird. Der heiße Dampf entweicht durch andere Faltenrisse und wird beim Aufsteigen wieder zu Wasser abgekühlt. An der Oberfläche beträgt die Temperatur immerhin noch zwischen

Der Valley Viewpoint im westlichen Parkabschnitt ermöglicht einen weiten Rundblick auf den Kootenay-Nationalpark.

53

Das gelbgefärbte Läusekraut *Pedicularis bracteosa* gedeiht vor allem in feuchten subalpinen Wiesen.

30 und 40 ° C. Auf seinem Weg reichert es sich mit Mineralen und Gasen an; die Quellen im Kootenay-Nationalpark enthalten schwach radioaktives Radium. Untersuchungen haben ergeben, daß das Wasser 3 Monate benötigt, um erwärmt wieder an die Oberfläche zu kommen. Zum Vergleich: Im Yellowstone-Nationalpark dauert die Zirkulation 5 Jahre.

Die Kräfte, die zum Entstehen der Rocky Mountains geführt haben, werden im Park in Form von eindrucksvollen geologischen Formationen augenscheinlich: Redwall Fault und der Sinclair Canyon unmittelbar bei Radium Hot Springs beispielsweise. Direkt über dem Parkway steigen senkrechte rotgefärbte Wände auf, die ihre Farbe durch oxidiertes Eisen erhalten haben. Bei den Paint Pots im nördlichen Parkabschnitt tritt eine kalte Quelle aus, in deren Wasser ebenfalls Eisen gelöst ist. Es sind tümpelartige Becken entstanden, die von braunrotem Ockerschlamm eingefärbt sind. Schon die Indianer maßen diesem Ort eine mythische Bedeutung bei und verwendeten den Ocker, um Handel zu treiben. Als Kootenay 1920 zum Nationalpark erklärt wurde, wurde der Abbau verboten. Heute liegen hier noch verrostete Maschinen und Karren.

Kootenay hat ein etwas sanfteres Landschaftsbild als die zentralen Parks Jasper und Banff. Eine schroffe Bergkette, die Mitchell Range, schließt das weite und fast vollständig bewaltete Haupttal nach Osten hin ab. Die geschlossenen Talwälder werden lediglich von den McLeod-Wiesen etwa in der Mitte des Parks und vom breiten Flußbett des Kootenay River durchbrochen. Nach dem Vermilion-Paß an der Grenze zu Banff mündet der Tokumn Creek ins Haupttal. An seinem Unterlauf hat er einen tiefen Canyon in den grauen Kalkstein geschnitten, in dem auch Anteile an Quarzit und Dolomit enthalten sind. Im Westen des Parks ragen die vom Kalkstein grau gefärbten Ketten der Vermilion Range und der Brisco Range auf und begrenzen den Park zum Tal des Columbian River hin. Den schönsten Ausblick auf das Tal hat man direkt vom Highway aus: Vom Kootenay Valley Viewpoint überblickt man den Park weit nördlich bis zur Vermilion Crossing. Nach dem Durchqueren des Sinclair Canyon erreicht man die südliche Parkgrenze, das Iron Gate. Ein enger Durchlaß führt in das breite Tal des Columbian River.

Pflanzen und Tiere

Der Norden des Parks unterscheidet sich durch die klimatischen Bedingungen vom Süden. Der südliche Abschnitt, der am Westabfall der Rocky Mountains liegt, ist trockener und exponierter, die Wälder werden aus Douglasien gebildet, wobei in Bereichen des südlichen Kootenay River Valley keine geschlossenen Wälder vorkommen. An sandigen Stellen wächst der Zerbrechliche Ohrenkaktus, der im Juni und Juli gelb blüht. Im Norden des Parks fällt aufgrund der Nähe zu den zentralen Ketten der Rocky Mountains mehr Niederschlag, wodurch Mischwälder aus Engelmannsfichten und Felsengebirgstannen (S.41) vorherrschen. Im Frühjahr blühen Moosglöckchen (S.125), »Glacier Lily« *(Erythronium grandiflorum)* und zahlreiche andere der 990 im Park vorkommenden Pflanzenarten.

Das Aufeinandertreffen zweier Lebensräume hat zur Folge, daß im Park zahlreiche Tier- und Pflanzenarten vorkommen. Da die Schneelagen im südlichen Teil so gering sind, daß weidende Tiere auch im Winter die Vegetationsdecke freilegen können, leben hier Weißwedelhirsch (S.56), Maultierhirsch (S.70), Wapitihirsch (S.31) und Dickhornschaf (S.35). Sie sind auf den Hängen rund um den Mount Wardle und den Sinclair Canyon häufig. Schneeziegen halten sich das ganze Jahr über im Gebiet des Mount Wardle auf. Rosenbauchschneegimpel, Helmspecht, Tannenhuhn (S.159) und Townsendwaldsänger sind häufig gesehene Vertreter der 195 im Park vorkommenden Vogelarten.

Bei Kilometer 68, wenn der Parkway in das obere Tal des Kootenay einbiegt, durchquert er ein Weidegebiet der Wapitihirsche. Nördlich des Wardle Creek befindet sich eine Salzlecke, die Elche, Wapitis und Maultierhirsche anzieht, im Sommer vor allem im Morgenrauen und in der Dämmerung. Da Schwarzbären (S.201) überall im Park vorkommen, sollte man z.B. bei einer Wanderung zum Dog Lake vom McLeod Campground aus durch dichten Mischwald auf eine Begegnung gefaßt sein. Maultierhirsche grasen in den McLeod Meadows und auf den Wiesen des Prospector's Valley entlang des Kaufmann Lake Trail im nördlichen Park. Im Sommer blühen dort Gelbe Akelei (S.30), »Indian Paintbrush« (S.36), Gefranstes Herzblatt und Asternarten.

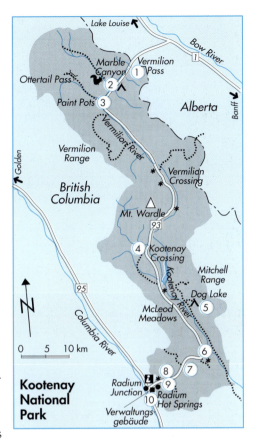

Im Gebiet unterwegs

Mehr als 200 km Wanderwege gehen vom zentralen Parkway, Hwy 93, der vom Vermilion-Paß bis Radium Junction den gesamten Park durchläuft, aus. Knapp westlich des **Vermilion-Passes** ① sieht man durch ein Tal auf die Zunge des Stanley-Gletschers, den man auf einem Pfad in einer Halbtagestour erreicht. Der Fireweed Trail führt auf 800 m durch das Waldbrandgebiet von 1968. Im Juni wird der bizarr wirkende »Wald«, der aus verkohlten Baumstämmen besteht, durch die roten Stauden des Weidenröschens förmlich überflutet. Entlang des Weges erhält man Informationen, wie sich ein Wald nach dem Buschfeuer wieder erholt.

4 Kootenay-Nationalpark — 55

◁ Die Flußläufe der Rocky Mountains beindrucken durch ihre Unberührtheit, so zum Beispiel der Kootenay River.

Die Paint Pots dienten Indianern als Quelle für Ocker; ▷ heute sind sie als Natursehenswürdigkeiten geschützt.

Der kurze **Marble Canyon Nature Trail** ② folgt einer Bruchlinie im Kalkstein, in die sich der Tokumn Creek 36 m tief eingegraben hat. Die Brücken, die den engen Canyon überspannen, erlauben atemberaubende Tiefblicke auf das durch Gletscherstaub milchig gefärbte Wasser. Die stets feuchten Wände des Canyons und der ausgewaschenen Grotten sind von Moosen, Farnen und Pflanzen arktischer Herkunft bewachsen. Die Tafeln entlang des 20-minütigen Weges geben darüber Auskunft.

Unmittelbar südlich des Marble Canyon führt ein 1,5 km langer Naturlehrpfad zu den **Paint Pots** ③, die rot, gelb und ocker leuchten. Aus den im Wasser gelösten Eisenteilchen sind tuffähnliche Gebilde entstanden, die am Rand der Tümpel aufgewölbt sind. Die Kootenay- und Stoney-Indianer gewannen aus den Pots Farbpigmente für Kriegsbemalungen und zum Färben der Stoffe. Entlang der ockerfarbenen Rinnsale wächst das Gewöhnliche Fettkraut, eine fleischfressende Pflanze mit violetten Blüten. Eine der beliebtesten Mehrtagesrouten beginnt bei den Paint Pots und führt über 54 km der nordwestlichen Parkgrenze im Bereich der Grate und Gipfel der Vermilion Range entlang, überschreitet den Rockwall-Paß und quert zwei Taleinschnitte, um über den Ottertail Trail wieder zum Parkway abzusteigen. Bei **Kootenay Crossing** ④ vereinen sich Vermilion River und Kootenay River. Beim

◁ Außen: Der tief in den Kalk eingesenkte Marble Canyon kann auf schmalen Pfaden erkundet werden.

◁ Mitte: Der Kronwaldsänger lebt an Gebirgsbächen und in den daran anschließenden Nadelwäldern.

◁ Unten: Der Weißwedelhirsch kann eindeutig nur an der weißen Schwanzspitze bestimmt werden.

Im Westrand des Kootenay-Parks bildet der Sinclair ▷ Canyon förmlich ein steinernes Eingangstor.

Der Vielfraß, in Kanada »Wolverine« genannt, ist ein gefährlicher Räuber, der fast jedes kleinere Säugetier jagt.

Paß in den Park. Von Calgary 299 km bis Radium Hot Springs; aus Westen kommend von Cranbrook 160 km über Hwy 95 bis Radium Junction.

Klima/Reisezeit
Die günstigste Zeit für Wanderungen und Bergtouren ist Mitte Juni bis Ende September. Im Juli und August bietet die Parkleitung Führungen und Informationsveranstaltungen an.

Campingplatz bei den McLeod Meadows beginnt ein 5 km langer Weg zum **Dog Lake** ⑤, der auf einer Terrasse über dem Tal zu Füßen der Mitchell Range liegt. Der **Kootenay Valley Viewpoint** ⑥ befindet sich direkt am Parkway und gewährt unverstellte Aussichten auf den Fluß und den nördlichen Park. **Olive Lake** ⑦, ein kleiner See mit Picknickplätzen, liegt direkt am Parkway am Übergang zum Sinclair Canyon. Der **Sinclair Canyon** ⑧ kann von der Straße aus leicht eingesehen werden. Von Parkplätzen aus wandert man rund um die dunkelrot gefärbten Felswände. **Radium Hot Springs** ⑨ ist heute eine Badeanstalt mit großen Schwimmbecken und Servicegebäuden. Unmittelbar nach Süden anschließend führt die Straße durch das weiß-rot gefärbte **Iron Gate** ⑩, das Blicke in das weitläufige Columbia River Valley freigibt. Einst floß ein Bach durch das »Tor«, dort, wo heute die Straße verläuft.

Unterkunft
Im Park gibt es 3 Campingplätze (Redstreak, McLeod Meadows, Marble Canyon) mit insgesamt 401 Stellplätzen. 11 einfache Campingplätze sind entlang der Wanderwege eingerichtet, der größte am Floe Lake mit 18 Zeltplätzen. Private Unterkünfte stehen am Vermilion-Paß und in Radium Hot Springs zur Verfügung.

Adressen
⇨ Superintendent Kootenay National Park, Box 220, Radium Hot Springs, B.C. V0A 1M0, Tel. 604-347-9615.

Blick in die Umgebung

Mount Assiniboine Provincial Park
Der 3618 m hohe Berg wird als das Matterhorn Kanadas bezeichnet. Die pyramidenförmige Spitze bildet das Zentrum der Gebirgslandschaft, die im Westen vom Kootenay- und im Osten vom Banff-Nationalpark begrenzt wird. **Lake Magog** bildet einen weiteren Zielpunkt des Gebietes. Boreale Nadelwälder aus Tannen und Drehkiefern, Gebirgslärchen und alpine Polsterpflanzen sind in der äußerst reizvollen Gebirgslandschaft typisch. Das Gebiet ist nur über längere Wanderungen zwischen 17 und 27 km zugänglich (S.213).

Praktische Tips

Anreise
Der Kootenay Parkway, Hwy 93, stellt die einzige Straßenverbindung zum Park dar. Sie zweigt zwischen Banff und Lake Louise im Banff-Nationalpark vom Trans Canada Highway ab und führt über den Vermilion-

5 Glacier- und Mount-Revelstoke-Nationalpark

> Steile, rauhe Bergketten, weitläufige Gletscher und Eisfelder, Gebirgsseen; tiefe, enge Täler, im Winter gewaltige Schneemengen; subalpine Bergwälder, alpine Flora, inneralpine Regenwälder, Sumpfgebiete und Bruchwälder; Waldkaribu, Grizzlybär, Schwarzbär, Schneeziege; Fichtenzeisig, Rosenbauchschneegimpel.

Die beiden benachbarten, aber nicht zusammenhängenden Nationalparks schützen zwei Abschnitte des Selkirk-Gebirges, die zum Naturraum der Columbian Mountains gehören und älter sind als die östlich anschließenden Rocky Mountains. Der Revelstoke-Nationalpark gilt oft als die »Kleine Schwester« von Glacier, obwohl sich das Erscheinungsbild aufgrund der Lage innerhalb des Gebirgsstockes unterscheidet.

Der Glacier-Nationalpark umfaßt 400 Gletscher und ein Dutzend Gipfel mit über 3000 m Höhe. Die Täler sind enger und steiler als in den Rocky Mountains, und Schneehöhen um 17 m in den Wintermonaten sind für den Park nicht außergewöhnlich. Selbst nicht vergletscherte Bergrücken apern im Sommer nicht oder nur an wenigen Tagen im August aus.

Mount Revelstoke liegt 18 km westlich des Glacier-Parks. Die sanfteren Berghänge und Hochplateaus weisen darauf hin, daß die Columbian Mountains hier ihre westlichen Ausläufer haben und allmählich in das Zentralplateau von British Columbia übergehen. Die blumenerfüllten Wiesenhänge, die Tannenwälder und die tiefblauen Gebirgsseen des auf 1800 m liegenden Hochplateaus werden von eindrucksvollen Bergpanoramen und dem Clachnacudainn-Eisfeld umgeben. Der Woolsey Creek bildet die Ostgrenze des Parks, und nach Süden ziehen weitläufige Hänge ins Tal des Columbian River. Im Tal des Illecillewaet River, der im Süden den Park begrenzt, wachsen inneralpine Regenwälder, die bereits den klimatischen Einfluß des nicht mehr weit entfernten Pazifik erkennen lassen.

Die in Nordsüdrichtung verlaufenden Bergketten waren immer schon Barrieren für die Menschen. Das zentrale Nadelöhr am Weg zwischen der Pazifikküste und den östlichen Prärien war und ist der Rogers-Paß im Herzen des Glacier-Nationalparks. Schon 1885 wurde die Eisenbahnlinie über den Paß errichtet, um Menschen und Güter vom Landesinneren zum Ozean und vor allem nach Vancouver zu transportieren. Seit 1962 führt parallel zur Eisenbahnlinie der Trans Canada Highway durch das enge Tal und über den Rogers-Paß.

Die Alaska-Spirea wächst auf Bergwiesen mit mineralischen Böden und bildet kleine Polster zu etwa 10 Blüten.

Der Mount-Revelstoke-Nationalpark ist vor allem wegen der blumenreichen Bergwiesen besuchenswert.

Erst vor 175 Mio. Jahren begannen sich die Selkirk-Gebirge aufzufalten. Zuvor hatten sich in küstennahen Buchten über Jahrmillionen Sedimente angesammelt, die durch enormen Druck zu Schiefer und Quarzit umgewandelt wurden. Diese widerstandsfähigen Gesteine bauen heute die schroffen Gipfel wie Mount Tupper, Rogers und Sir Donald auf. In den Bruchlinien der Gebirgsfalten entstanden tief eingeschnittene Täler. Der Beaver River fließt innerhalb des Purcell-Grabens, der die Selkirk von den Purcell Mountains trennt. Der Columbia River an der Westseite des Revelstoke-Parks liegt innerhalb der Kompression zwischen den Selkirk Mountains im Osten und den sanften Monashee Mountains im Westen. Alle diese Gebirgszüge gehören zusammen mit den im Norden der Parks anschließenden Caribou-Bergen zum Naturraum der Columbian Mountains.

Die Gletscher der Parks werden von Schneefällen gespeist, die zu den ergiebigsten der Welt gehören. Besonders im Glacier werden die gewaltigen Naturkräfte der Lawinen und Schneewächten deutlich. Beim Bau der Eisenbahnlinie mußten die Menschen gegen diese Bedrohungen ankämpfen, und es verging kein Jahr ohne größere Unfälle. Dies führte zum Bau des Caunaught-Tunnels, der auf 8 km den Rogers-Paß unterquert. Heute können Besucher das Denkmal, das zu Ehren von A.B. Rogers, dem Erbauer der Bahnlinie,

Das Columbia-Ziesel hat niemals Streifen und unterscheidet sich dadurch von anderen Zieseln gleicher Größe.

Schroffer und enger als Mount Revelstoke ist der Glacier-Nationalpark mit den ins Tal reichenden Gletschern.

errichtet wurde, am höchsten Punkt des Passes besuchen. Zusammen mit dem Besucherzentrum des Nationalparks vermittelt es einen anschaulichen Eindruck von den Mühen und Gefahren, die die Menschen um die Jahrhundertwende zu bewältigen hatten. Heute gilt der Abschnitt des Trans Canada Highway, der quer durch den Glacier-Park führt, als eine der eindrucksvollsten Gebirgsstraßen der Welt.

Pflanzen und Tiere

Glacier-Nationalpark

Das rauhe Klima, die Steilheit des Geländes und die hohen Schneemengen lassen eine geschlossene Vegetationsdecke nur im unteren Bereich der Täler zu. Die tief eingeschnittenen und dicht bewaldeten Täler ziehen wie grüne Adern um die rauhen, vergletscherten Gebirgszüge. Engelmannsfichten und Felsengebirgstannen

(S.41) bilden die Hangwälder, die jedoch zu einem Fünftel von Lawinenstrichen durchschnitten werden. Diese ziehen von der Waldgrenze bis zu den Talböden und werden im Frühjahr von Licht liebenden Pflanzen rasch bewachsen. Vor allem die tiefwurzelnde Grünerle kann hier aufkommen, weil sie großen Schneedruck aushält und auch mechanische Schäden durch abgehende Lawinen überleben kann. Im Frühjahr überziehen gelbblühende

Als »Mountain Daisy« wird das hochwüchsige violettblühende Kanadische Berufkraut bezeichnet.

5 Glacier- und Mount-Revelstoke-Nationalpark — 61

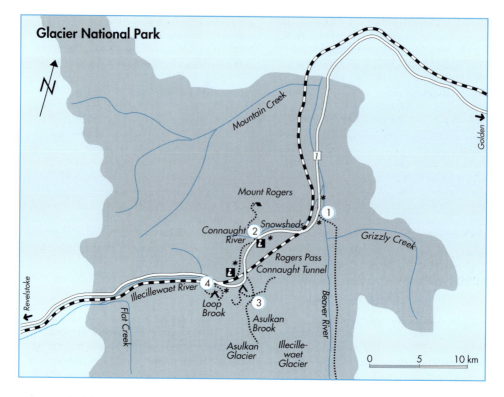

Hundszahnlilien *(Erythronium grandiflorum) die Hänge,* während die Waldbereiche noch tief verschneit sind. Das frühe Nahrungsangebot zieht Mönchswaldsänger und Dickichtwaldsänger, aber auch Kleinsäuger wie Hirschmäuse und Rotbacken-Wühlmäuse an. Mitte Mai kommen die Schneeziegen aus den Winterquartieren, um an den frischen Zweigen der Erlen zu äsen. Grizzlys (S.193) und Schwarzbären (S.201) bevorzugen die Wurzeln der Pflanzen innerhalb der Lawinenstriche, aber auch frische Löwenzahnblätter. Waldkaribu (S.199), Elch (S.122) und Vielfraß (S.58) leben das gesamte Jahr über in den dichteren Waldbereichen. Eine kleine Elchherde bevölkert das Tal des Beaver River im Osten des Parks.
Über der Waldgrenze gibt es nur noch vereinzelte Vegetationspolster aus Steinbrecharten und Blauheide, die meisten Flächen bestehen aus nacktem Fels und Eisfeldern. Weißschwanz-Schneehuhn (S.44) und Rosenbauchschneegimpel leben ebenso hier, wie die Schneeziegen (s.S.47), von denen etwa 300 Tiere vorkommen. Ihr einziger Feind ist der Steinadler (S.190), der vereinzelt nach Jungtieren jagt. Schneeziegen können das gesamte Jahr über an der Ostseite des Rogers-Passes vom Highway aus gesehen werden. Pika (S.89) und Eisgraues Murmeltier (S.39) leben zwischen den Steinblöcken der Schutthänge.

Mount Revelstoke
Geringere Höhen, mildere Temperaturen und höhere Feuchtigkeit bewirken eine reichere Vegetation. Vor allem die Wälder im Tal des Illecillewaet River setzen sich aus Hemlocktannen und Riesenlebensbäumen (S.80) zusammen. Eichen- und

Frauenhaarfarne kommen im Unterwuchs vor. An Stellen, wo mehr Sonnenlicht den Boden erreicht, stehen dichte Bestände von Pazifischer Eibe und Igelkraftwurz. Dieser Strauch aus der Familie der Efeugewächse hat großflächige, ahornähnliche Blätter, kerzenförmige rote Früchte und stachelbesetzte Blattstiele. Der Giant Cedar Trail am Ostrand des Parks führt durch ein Musterbeispiel eines solchen Waldes, der auch als inneralpiner Regenwald oder »Columbian Forest« bezeichnet wird.

In sumpfigen Bereichen entlang des Illecillewaet River sind Bruchwälder aus Pappeln und vereinzelten Zedern entstanden mit einem Dickicht aus Schachtelhalmen, Seggen und »Skunk Cabbage« im Unterwuchs. Der Stinkkohl, eine Sumpfpflanze aus der Familie der Aronstabgewächse, bildet Blätter aus, die überlang werden. Der Naturlehrpfad des Skunk Cabbage Trail erschließt einen derartigen Lebensraum.

Zwischen 1500 und 1900 m muß der dort aufkommende subalpine Wald aus Engelmannsfichte, Felsengebirgstanne und der Hemlocktanne Tsoga mertensiana 8 Monate Schneelage ertragen. Farne, »Huckleberry« und Weiße Alpenrose wachsen im Unterwuchs. Bartflechten hängen von den Zweigen und bilden im Spätwinter eine Nahrungsquelle für das Waldkaribu (S.199), das im Park immer seltener wird. Eine Herde von 30 Tieren hält sich in den Wintermonaten nahe der Waldgrenze rund um den Mount Revelstoke auf. Über 2000 m lösen sich die Gebirgswälder zu alpinen Bergwiesen auf, die vor allem im Juli und Anfang August in allen Farben blühen: »Indian Paintbrush« (S.36), Arnika, Großblättrige Lupine, Bergbaldrian, Margerite und Hundszahnlilie.

Von den 235 Vogelarten, die im Park vorkommen, überwintern nur 30. Diademhäher, Rotaugenvireo, verschiedene Drosseln, Waldsänger und Tyrannen sind in diesen Wäldern, die kolumbianische Regenwälder genannt werden, die häufigsten. Zehntausende Fichtenzeisige kommen zusammen mit Bindenkreuzschnabel und Fichtenkreuzschnabel im späten Herbst in den Park, um Samen von den

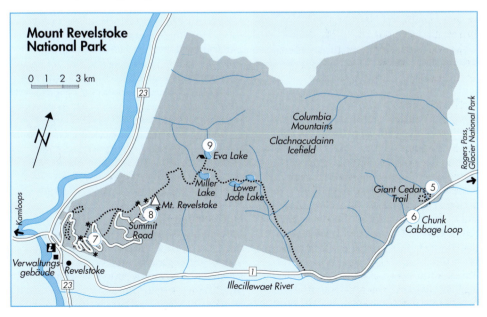

5 Glacier- und Mount-Revelstoke-Nationalpark

Die Arktische Lupine gehört zu den häufigsten Pflanzen der Bergwiesen in den westlichen Rocky Mountains.

Im Gebiet unterwegs

Beide Parks erreicht man am besten über den Trans Canada Highway, der den Glacier-Park durchquert und den Mount-Revelstoke-Park an der Südgrenze streift. Im Glacier-Park gehen fast alle Wanderwege vom Highway aus, auch Campingplätze und Aussichtsplätze liegen an der Straße. Über die 30 km lange Summit Road, die von Ende Juli bis Anfang September geöffnet ist, erreicht man das Plateau des Mount Revelstoke. Entlang der Straße liegen zahlreiche Aussichtspunkte auf den Columbian River, den Illecillewaet River und die Monashee Mountains.

Glacier Park
Durch das **Beaver Valley** ① führt ein 42 km langer Weg (eine Richtung) entlang des Baches durch Bestände von tausendjährigen Engelmannsfichten und Riesenlebensbäumen. Am Paß, in der Nähe des Besucherzentrums, kann der Besucher entlang des 1 km langen **Abandoned Rails Trail** ② alte Bahnanlagen und Lawinenschutzmaßnahmen besichtigen, die vor der Errichtung des Connaught-Tunnels notwendig waren. 1910 starben hier 62 Menschen in einer gewaltigen Lawine. Der **Avalanche Crest Trail** beginnt nördlich des Campingplatzes, durchquert auf 4,2 km Hemlocktannenwälder und subalpines Gelände und erreicht einen herrlichen Aussichtspunkt auf den Rogers-Paß. Er gilt als einer der landschaftlich reizvollsten Pfade des Parks.
Der **Meeting of the Waters Trail** ③, der beim Illecillewaet-Campingplatz beginnt, führt zuerst über alte Bahnbrücken und vorbei an Resten des Glacier House, das um die Jahrhundertwende als Zentrum für die Alpinisten galt. Unterwegs kommt man an den Oberlauf des Illecillewaet River

Nadelbäumen aufzunehmen. Im Frühjahr brechen sie zu den Brutplätzen auf, die in den westlichen Gebirgen liegen. Grauwasseramseln leben an allen kleineren Bächen und Kaskaden im Park, besonders entlang des Illecillewaet River und des Meeting of the Waters Trail im Glacier-Nationalpark. Wegen der hohen Schneelage im Winter sind die Wälder für die typischen Großsäuger der Rocky Mountains nicht zugänglich. Weißwedelhirsch (S.56), Wapiti (S.31) und Maultierhirsch (S.70) kommen daher nur in den buschreichen Talböden und den Tiefland-Hangwäldern vor. Entlang des Illecillewaet River sind Kanadabiber (S.136) und Bisamratten zu beobachten.

Der »Stinkkohl« (englisch »Skunk Cabbage«), ein Aronstabgewächs, bildet eine gelbe Schaublüte und bis zu 150 cm lange Blätter aus.

und des Asulkan Brook, Gletscherbäche, die im Sommer nachmittags stark anschwellen. Der **Glacier Crest Trail** steigt auf 4,8 km durch dichten Bergwald zu einem Gipfel auf, von dem aus der Blick auf den Illecillewaet-Gletscher und die Selkirk Mountains frei wird. Der **Loop Brook Trail** ④, ein 1,6 km langer Rundweg, stellt die berühmten Serpentinen vor, die die erste Eisenbahnstrecke zum Überwinden der Höhenunterschiede bewältigen mußte. Entlang des Weges bietet sich ein herrlicher Blick auf die vergletscherte Nordwand des Mount Bonney.

Mount Revelstoke

Direkt vom Highway geht der 500 m lange **Giant Cedars Trail** ⑤ aus, der auf Holzstegen einen gut ausgebildeten inneralpinen Regenwald durchquert. Streifenkauz, Rothörnchen, Helmspecht und Goldmantel-Ziesel, die nach Trüffeln suchen, können beobachtet werden. Tafeln entlang des Weges informieren über Tiere und Pflanzen. Nur wenig südlich führt der **Skunk Cabbage Trail** ⑥ durch ein Sumpfgebiet am Illecillewaet River. Er überquert auf Holzstegen das hochwüchsige Röhricht, in dem der Stinkkohl und zahlreiche andere Sumpfpflanzen vorkommen, und erreicht dann das Ufer des Flusses. Der dort errichtete Aussichtsturm gilt als der beste Vogelbeobachtungspunkt. Entlang des Weges können Kanadabiber, Bisamratten und Rosenbrust-Kernknacker gesehen werden.

Weitere Wege beginnen an der **Summit Road** ⑦ wie z.B. – bei der ersten Kehre – der Inspiration Woods Trail, der auf 2 km durch einen typischen Feuchtwald der Columbian Mountains aus Hemlocktannen, Weißkiefern und Douglasien führt. Im September und Oktober wachsen hier Pilze in großer Menge.

Am Ende der Straße, wo ein kleines Besucherzentrum und ein Parkplatz errichtet wurden, wandert man entweder zu Fuß die letzten 2 km zum Gipfelplateau oder nimmt den Shuttlebus, der im Juli und August kostenlos bereitsteht. Der **Mountain Meadows Nature Trail** ⑧ beginnt direkt beim oberen Parkplatz und stellt auf einer 1 km langen Runde alle Blumen der Bergwiesen wie »Indian Paintbrush«, Bergbaldrian, Berufskraut, »Glacier Lily« *(Erythronium grandiflorum)*, Frühlingsschönheit *(Claytonia lanceolata)*, Lupine, Arnika vor. Talblicke und Panoramen ergänzen den lohnenswerten Rundgang. Am Rückweg zum Parkplatz kommt man am Heather Lake und an einem kleinen Beobachtungsturm für Buschfeuer vorbei. Schilder entlang des Weges erklären Blumen und Naturdenkmäler.

Hier beginnen auch leichte Wanderungen, die über das Hochplateau zum **Miller Lake** (5,4 km vom Parkplatz), einem Toteissee, und zum **Eva Lake** ⑨, 6 km in einer Richtung, führen. Der tiefblaue Bergsee ist im August ein beliebter Zielpunkt für Wanderer, wenn Astern, Lupinen und »Indian Paintbrush« in voller Blüte stehen.

Der Blauhäher gehört zu den typischen Vögeln der Gebirgszüge westlich der Rocky Mountains.

Im Tal des Illecillewaet River ist ein spezieller Typ des gemäßigten Regenwaldes ausgebildet, hier mit »Devil's Club«.

Praktische Tips

Anreise
Der Rogers-Paß liegt 350 km westlich von Calgary am Trans Canada Highway. Für die Anreise, die durch den Banff- und Yoho-Park führt, müssen 5–6 Stunden reine Fahrzeit eingeplant werden. Mount Revelstoke liegt 30 km westlich des Glacier-Parks, ebenfalls am Trans Canada Highway. Von Vancouver über Kamloops zu den Parks über den Hwy 1.

Klima/Reisezeit
Die Parks sind ganzjährig geöffnet, für Bergtouren sind Juli und August die einzig möglichen Monate. Im Spätwinter sind Schitouren im Gebiet beliebt (vor allem Asulkan-Gebiet im Glacier-Park).

Unterkunft
3 Campingplätze im Glacier-Park mit insgesamt 380 Stellplätzen, im Sommer besonders am Rogers-Paß schon nachmittags überfüllt. Die Glacier Park Lodge auf der Paßhöhe ist das ganze Jahr über geöffnet. Im Mount-Revelstoke-Park bestehen keine Unterkunftsmöglichkeiten und Campingplätze, eine kleine Schutzhütte ist am Eva Lake für die Öffentlichkeit zugänglich. Motels, Hotels, Lodges und Hütten gibt es in Revelstoke und Umgebung reichlich.

Adressen
- Superintendent Glacier und Mt. Revelstoke National Parks, Box 350, 301 Campbell Avenue, Revelstoke, B.C. V0E 2S0, Tel. 604-837-5155.
- City of Revelstoke, Parks and Recreation Department, Box 170, 600 Campbell Avenue, Revelstoke, B.C. V0A 1H0, Tel. 604-837-9351.
- Glacier Park Lodge, Rogers Pass, B.C. V0E 2S0, Tel. 604-837-2126.

6 Waterton-Lakes-Nationalpark

> Rauhe Gebirgsketten, die unmittelbar aus der Prärie aufragen; Kalte Seen in gletschergeformten Tälern, der tiefste See der kanadischen Rockies; Red Rock Canyon; Prärielandschaft mit Bisonreservat, Tannen- und Espenwälder, Bergwiesen; Wapiti, Grizzlybär, Schwarzbär, Schneeziege, Dickhornschaf; Weißschwanz-Schneehuhn.

Der Waterton-Lakes-Nationalpark liegt in der südwestlichsten Ecke Albertas und gehört mit dem südlich auf amerikanischem Staatsgebiet angrenzenden Glacier-Nationalpark zum Waterton-Glacier International Peace Park, der 1932 als erster in der Welt gegründet wurde. Das Parkthema charakterisiert zugleich die Landschaft: »Wo die Prärien auf die Berge treffen«.

Nirgendwo sonst in Kanada sind diese beiden entgegengesetzten Ökosysteme auf so engem Raum verbunden. Die südlichsten Ausläufer der kanadischen Rocky Mountains ragen unvermittelt ohne Vorberge oder vorgelagertes Hügelland aus der Ebene auf. Innerhalb von nur 1 km steigt die Höhe um 1200 m an, von den Grasebenen zu den schroffen und bizarren Gipfeln. Dazwischen liegen die Seen, Lower, Middle und Upper Waterton, die dem Park den Namen gaben. Sie sind durch schmale Landzungen voneinander getrennt, die die heroischen Namen Bosporus und Dardanellen tragen.

Die Graslander befinden sich im nordöstlichen Abschnitt des Parks und sind mit den typischen Präriegräsern bewachsen. Unmittelbar beim Eingang zum Park wurde ein Bisonreservat angelegt, in dem eine Herde der Präriebisons gehalten wird. Hier

Das Panorama des Upper Waterton Lake mit dem Prince-of-Wales-Hotel.

67

In einem Gehege wird am Parkeingang eine kleine Herde Bisons erhalten, die ehemals in den Prärien zahlreich waren.

erscheinen sie besonders eindrucksvoll in ihrem typischen Lebensraum, den man mit dem Auto durchfahren kann. Hangaufwärts folgen Buschwälder aus Espen und Prärierosen. Die Umgebung der 3 Seen ist mit dichten Douglasien- und Drehkiefernwäldern bewachsen, an den Ufern sind breite Verlandungszonen ausgebildet. Das kalte Klima der subalpinen Zone bevorzugt die für die Rocky Mountains typische Engelmannsfichte. Über der Waldgrenze, wo Felsen und Eis vorherrschen, kommen nur alpine Rasengesellschaften auf.

Das Tal des Bauerman Creek wartet mit farbreichen Gesteinsformationen auf. Verschiedene Einschlüsse färben den Fels im Red Rock Canyon rot, gelb und weißlich. Die Gesteine entstanden vor mehr als 1 Mrd. Jahren, als sich Sedimente in diesem Bereich unter hohem Druck zu Sandstein, Kalkstein und vor allem Argillit verwandelten. Er erhält seine karminrote Farbe von oxidierten Eisenpartikeln. Der Sandstein und weißer Quarzit liefern die hellen Farbanteile, während der Kalkstein gräulich und gelbbraun wirkt. Noch ältere Gesteine treten am Cameron-Fall in der Nähe von Waterton Townsite zutage. Es sind 1,5 Mrd. Jahre alte Dolomite und Kalksteinbänke, die als älteste Gesteine in den Rocky Mountains gelten.

Vor 175 Mio. Jahren begann die Gebirgsbildung der Rocky Mountains. Über 50 Mio. Jahre dauerte die Auffaltung der Sedimente, die sich im Meer zu 1,6 km dicken Schichten abgelagert hatten. Die Berge des Waterton Lakes Park werden von einer Gesteinsfalte gebildet, die sich über jüngere Schichten geschoben hatte. Dieser gewaltige Gesteinsbogen reicht 160 km vom Marias Pass im südlichen Glacier Park bis zum Crow's Nest Pass nordwestlich von Waterton. In erdgeschichtlich jüngerer Zeit formten die Gletscher die Oberfläche des Parks. Es entstanden die scharfen Ketten und Becken, die »Cirques« genannt werden. Die V-Täler wurden zu breiten U-Tälern ausgeweitet, in die heute die malerischen Seen eingebettet liegen, wie z.B. der Upper Waterton Lake, der mit 150 m der tiefste See der Rocky Mountains ist. Vor allem die Lage der Seen in Verbindung mit den riegelartigen Bergketten, die verheißungsvolle

Blicke nach Süden erlauben, verleihen dem Park seine Faszination, die von der Einsamkeit der angrenzenden Prärien verstärkt wird.

Pflanzen und Tiere

Der Park besitzt Prärien, Espen-Parkland, Feuchtgebiete, subalpine und alpine Bereiche. Deshalb wachsen mit 900 Arten mehr als die Hälfte aller in Alberta vorkommenden Blütenpflanzen im Park. Im nordöstlichen Abschnitt trifft man zuerst, wenn man von Calgary aus den Park erreicht, auf die Prärie. Im Frühjahr und Sommer blühen Lupinen, Astern und die rosaroten Gebüsche der Prärierose zwischen Hafer- und Schwingelgräsern. Kojoten jagen hier nach Zieseln. Im Herbst sind hier auch Maultierhirsche anzutreffen. Im Südosteck des Parks in der Nähe des Belly Creek und am äußeren Abschnitt des Vimy Peak Trail werden die Grasländer von Espen durchsetzt – das für die Prärien typische Espen-Parkland. Schneebeeren, Prärierosen und Mahonien, die östlich der Rocky Mountains nur hier vorkommen, bilden ein dichtes Gebüsch. Weißwedelhirsch (S.56), Schwarzkopfmeise, Kragenhuhn (S.170) und Schneeschuhhase (S.208) sind hier beheimatet.
Vor allem im Herbst besuchen zahlreiche Wasservögel den Park, die auf ihrem Zug von Zentralkanada zum südlichen Pazifik in den Teichen und Sümpfen der Umgebung ihre Nahrung suchen. Am Lower Waterton Lake und am Maskinonge Lake können Indianerbläßhühner, Kanadagänse (S.168), Gelbschenkel (S.157), Schwarzkopfruderenten (S.131) und Zwergschwäne gesehen werden. Die Teiche rund um den Maskinonge-See sind mit Wasserlinsen, Laichkrautarten und Tannenwedel bewachsen. Elche finden hier Leckerbissen, und Bisamratten ernähren sich von den Schachtelhalmen, Rohrkolben und Simsen, die in den Verlandungszonen wach-

sen. Auch Leopardfrosch (S.171) und Gewöhnliche Strumpfbandnatter (S.110) kommen hier vor, und Keilschwanzregenpfeifer sowie Drosseluferläufer sammeln auf Schlickflächen Libellenlarven. Kanadabiber (S.136) sind vor allem am Belly River zu beobachten.
In den Bergtälern und auf den anschließenden Hängen wachsen Wälder aus Drehkiefern und Douglasien, die einen reichen Strauchunterwuchs aus Kleinblütiger Brombeere, Felsenbirne, Büffelbeere (S.19), »Chokecherry« (S.19) und Waldrebe besitzen. Im Herbst bieten diese Sträucher den 50 Schwarzbären (S.201) des Parks wichtige Nahrungsquellen. Pumas kommen im Gebiet rund um den Bertha Lake vor. Rund um den Cameron Lake, der in einem der stillsten und reizvollsten Täler der Rocky Mountains umgeben von steilaufragenden Felswänden liegt, beginnt die subalpine Zone. Dickhornschafe (S.35) sind hier beim Upper Rowe Lake anzutreffen, während sich die ungefähr 200 Grizzlybären auf den vom Tal ansteigenden Berghängen aufhalten. Goldmantel-Ziesel (S.34) und Eisgraues Murmeltier (S.39) leben zwischen den Felsblöcken, Diademhäher (S.75), Halsbanddrossel und Kiefernhäher (S.28) in den Bergwäldern aus Engelmannsfichten, Lärchen, Felsengebirgstannen (S.41) und Kiefern (Pinus albicaulis). In den Übergangsbereichen von den lichten Wäldern zu den offenen Alpingrasheiden gedeiht eine der eindrucksvollsten Gebirgspflanzen, das Bärengras, das im Juni und Juli mit den cremeweißen Blütenköpfen dichte Bestände ausbildet. Schneeziegen ernähren sich von seinen Blättern, während Dickhornschaf (S.35) und Wapiti (S.31) die Blüten bevorzugen. Bärengras ist in keinem anderen Nationalpark Kanadas zu finden. Trollblumen, Hahnenfußarten und Enziane kommen zusammen mit dem Bärengras vor.
In der alpinen Zone der unteren Gipfelbereiche widerstehen niederwüchsige Gebirgslärchen den widrigen klimatischen

Durch Argillit und andere mineralische Einlagerungen hat sich das Gestein des Red Rock Canyon bunt gefärbt.

Der Maultierhirsch fällt durch einen gedrungeren Körper, das gräuliche Fell und die schwarze Schwanzspitze auf.

Das Bärengras mit den schmuckvollen Blütenköpfen kommt in Kanada nur im Waterton-Lakes-Gebiet vor.

Der erste Waterton-See liegt direkt am Übergang von den Prärien zu den Gebirgen.

Am Ende des Akamina-Tales liegt der eindrucksvolle Cameron-See.

Bedingungen. Der Boden ist mit Flechten und Polsterpflanzen, wie Stengellosem Leimkraut (S.209), Steinbrecharten und Blauer Himmelsleiter, einem Sperrkrautgewächs, überzogen. Nur wenige Tage im Sommer erstrahlen diese Bereiche in ihrer Blütenpracht. Rosenbauchschneegimpel, Pazifischer Wasserpieper, Weißschwanz-Schneehuhn (S.44), Pika und Eisgraues Murmeltier ertragen die der Arktis ähnlichen Lebensbedingungen. Steinadler (S.190) können rund um den Carthew Lake und Schneeziegen (S.47) beim Goat, Crypt und Bertha Lake beobachtet werden.

Im Gebiet unterwegs

Viele Sehenswürdigkeiten des Parks sind von der Straße aus zugänglich. Unmittelbar dort, wo sich die Nordgrenze mit dem Hwy 6 trifft, zweigt das **Bison Paddock** ① ab. Der Hwy 6 führt bis Waterton Townsite, teilt sich aber zuvor in den Chief Mountain International Parkway, der im Osten des Parks in Richtung Montana führt. Entlang dieser Straße wird ein Aussichtspunkt, **Valley Viewpoint** ②, erreicht; von der Anhöhe aus kann das Gebiet des Parks eingesehen werden. Der Park besitzt 48 Wanderwege, die von den Hauptstraßen aus beginnen.

In **Waterton Townsite** ③ zweigt die Akamina Road ab, die durch den Cameron Creek zum 16 km entfernten **Cameron Lake** ④ führt. Direkt beim Ausstellungskiosk am Seeufer beginnt der **Summit Lake Trail**, der durch einen 300 Jahre alten Wald aus Engelmannsfichten und Bärengraswiesen führt. Der Lake Shore Trail verläuft 1,6 km dem Ufer des Cameron Lake entlang. Von hier aus kann man Grizzlybären an den Berghängen beobachten. Im Besucherzentrum liegt zu diesem Weg die lehrreiche Broschüre »Spotlight on the Subalpine« auf. Entlang des **Akamina Parkway** ⑤ sind Aussichtspunkte auf den Cameron River angelegt.

Vor der Mündung des Blakiston Creek zweigt der Red Rock Canyon Parkway ab, über den man den Red Rock Canyon und die Blakiston Falls erreicht. Die Straße

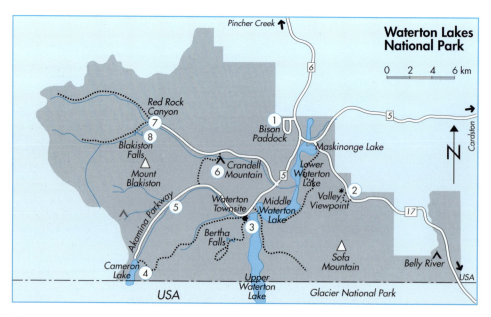

führt über 14 km in den nordwestlichen Abschnitt des Nationalparks. Vom Crandell-Campingplatz führt ein Wanderweg zum **Crandell Lake** ⑥ und hinüber in den Cameron Creek. Beim Parkplatz am **Red Rock Canyon** ⑦ beginnt ein kurzer Weg zum Canyon selbst und verläuft entlang der rot-grün-gelb gefärbten Felswände. Informationstafeln geben Erklärungen zum Naturraum. Nach Südwesten beginnt der Tamarack Trail, der gleich den **Blakiston-Wasserfall** ⑧ erreicht, danach aber 36 km über den Rowe Lake zum Akamina Parkway führt. Dieser Pfad gilt als einer der schönsten Höhenwanderwege der kanadischen Rocky Mountains.
Entlang des **Carthew-Alderson Trail**, der über 20 km von Waterton Townsite zum Cameron Lake führt, lernt man alle Vegetationszonen des Parks kennen, genießt Ausblicke auf die Waterton Lakes und auf die Gletscher. Mitte des Sommers begegnet man inmitten der blühenden Bärengras-Bergwiesen rund um den Summit Lake Maultierhirschen. Unter dem Motto »The changing forest« steht der südlich von Waterton Townsite beginnende **Bertha Trail**, der auf 2,5 km den Bergwald durchquert und herrliche Blicke auf den Upper Waterton Lake bietet.

Berglöwen oder Pumas sind selten geworden, jedoch nicht in den südlichen Rocky Mountains.

Praktische Tips

Anreise
264 km südwestlich von Calgary und 130 km südwestlich von Lethbridge; über den Hwy 2 von Calgary nach Süden in Richtung Fort McLeod, über Hwy 3 nach Pincher Creek, über Hwy 6 zum Park.

Klima/Reisezeit
Der Park ist zwar das ganze Jahr geöffnet, für Ausflüge und Bergtouren eignen sich aber Juni bis Mitte September am besten. In der zweiten Septemberhälfte kann der erste Schnee fallen. Sommer mäßig warm, in größeren Höhen alpine Bedingungen.

Unterkunft
3 Campingplätze, in Waterton Townsite, Crandell und Belly River, insgesamt 300 Stellplätze; Motels, Hotels und Restaurants in Waterton Townsite, vor allem das Prince of Wales Hotel, ein 7 stöckiges Holzgebäude mit 81 Zimmern, das auf einer Gletscherterrasse hoch über dem Middle Waterton Lake steht (Tel. 403-226-5551).

Adressen
↪ Superintendent Waterton Lakes-National Park, Waterton Park, Alberta T0K 2M0, Tel. 403-859-2224.

Blick in die Umgebung
Im Süden schließt auf US-amerikanischer Seite der Glacier-Nationalpark an. Man erreicht diesen von Belly River aus über den Chief Mountain International Highway, der direkt zum Besucherzentrum nach St. Mary führt. Der 4100 km^2 große Park wird vor allem von den gewaltigen Bergen der Lewis Range dominiert und gehört zum gleichen Naturraum wie der Waterton Lakes Park. Weltberühmtheit erlangte die Going-to-the-Sun Road, die über 80 km durch den Park und über den Logan-Paß (2036 m) führt und zahllose Blicke in die sagenhafte Bergwelt bietet.

7 Pacific-Rim-Nationalpark

Einsame Sandstrände am Pazifik, undurchdringliche feuchtgemäßigte Regenwälder, 70 km langer, einsamer Westcoast Trail; zahllose Buchten und Inselchen der Broken Island Group; Grauwale, Orkas, Seehunde, Kalifornische Seelöwen, Weißkopfseeadler; Schwarzbären.

Der erste Nationalpark an der kanadischen Pazifikküste umfaßt in drei voneinander getrennten Teilen eindrucksvolle Abschnitte der Westküste von Vancouver Island. Das dramatische Aufeinandertreffen von Land und Meer ist allerorts zu spüren, und der kalte und unwirtliche Pazifische Ozean bestimmt das Aussehen des Parks. Der dem Tagesbesucher zugängliche Sektor von Long Beach liegt im Norden des Parks und wird von einsamen Buchten und kilometerlangen Sandstränden dominiert, die für Kanada untypisch erscheinen. Die Küstenlinie bilden Baumriesen der feuchtgemäßigten Regenwälder. Südlich davon liegt im Barkley Sound die »Broken Island Group«, eine Anhäufung kleiner kiefernbewachsener Inseln und Inselchen. Noch südlicher, wieder am Festland von Vancouver Island liegend, zieht der einsame West Coast Trail jährlich Tausende Abenteurer an. Von Port Renfrew verläuft dieser Weg über die sandigen Buchten und die fast undurchdringlichen Küstenwälder bis Bamfield. Dieser Pfad wurde um die Jahr-

Die Küstenregenwälder mit dem dichten Unterwuchs aus Farnen und Immergrünen Heidelbeeren sind echte Urwälder.

hundertwende angelegt, um Schiffbrüchige zu bergen; heute ist er eine der bevorzugtesten Wildnistouren Kanadas.

Vor 200 Mio. Jahren entstand Vancouver Island aus lavaspeienden Vulkanen, die unter der Wasseroberfläche des Pazifik lagen. Jedoch befand sich der Entstehungsort auf den Breiten des heutigen Mexiko. Durch die Verschiebung der Kontinentalplatten wurde die Insel nordwärts transportiert. Während dieser Drift entstand auch das Festland rund um die Rocky Mountains. Vancouver Island war mit den heute 500 km nördlich liegenden Queen Charlotte Islands und den Wrangell Mountains im südlichen Alaska verbunden. Die Abschnitte des heutigen Pacific Rim wurden vor 42 Mio. Jahren an den Inselkern angefügt.

Der nördliche Abschnitt des Nationalparks wird als Long Beach Unit bezeichnet und umfaßt einen schmalen Küstenstreifen zwischen Ucluelet im Süden und Tofino im Norden. Weit gezogene Sandbuchten wie Florencia Bay, Wickaninnish Beach, Long Beach und Schooner Bay werden von undurchdringlichen gemäßigten Regenwäldern umgeben. Radar Hill am Nordrand erlaubt einen Rundblick über den Park. Der zerklüftete Küstenabschnitt entlang des Tofino Inlet wird von der Grice Bay eingenommen.

Die Broken Island Group im Barkley Sound südwestlich von Long Beach besteht aus über hundert Inselchen, die zusammen 58 km^2 einnehmen. Manche Inseln sind spärlich mit Vegetation überzogen; nur Kiefern können auf den felsigen Böden den steten pazifischen Stürmen wi-

◁ Die Küste von Long Beach und Wickaninnish Beach sind typische Küstenlandschaften der West Coast.

Der Diademhäher kommt nur in den küstennahen Bereichen Westkanadas vor, besonders in den Regenwäldern. ▷

7 Pacific-Rim-Nationalpark 75

Die Bananenschnecke bevorzugt die schattigen und stets feuchten Moosböden der Regenwälder.

derstehen. Der dritte Abschnitt von Pacific Rim wird von der Nationalparksverwaltung als naturbelassenes und unerschlossenes Wildnisgebiet geführt und ist nur über den 70 km langen West Coast Trail zu erreichen.

Pflanzen und Tiere

Die schmalen Küstenstreifen des Nationalparks umfassen im wesentlichen die sublitorale Tiefwasserzone, die Gezeitenzone zwischen höchstem und tiefstem Wasserstand, die Küstenzone aus Sandbänken und Treibholzanlagerungen und die Küstenwaldzone. Der Ozean beeinflußt das gesamte Erscheinungsbild des Parks. Die

»Whalewatching« wurde zur Besucherattraktion auf Vancouver Island, hier ein Schwertwal oder Orka.

kalten Winterstürme und der auch im Sommer kühle Ozean bestimmen das ausgeglichene Klima ohne Frost und extreme Hitze.

Das Leben im Meer entlang der Küsten des Pacific Rim ist reichhaltiger als in anderen temperierten Gewässern. Das Sublitoral bleibt auch bei Ebbe von Wasser bedeckt und wird von Seeanemonen, Seesternen, Seeigeln, Krabben und Seetangen bevölkert. Die Zwischengezeitenzone kommt nur bei Flut unter Wasser zu liegen. Pflanzen und Tiere müssen sich weniger an die Trockenheit, als an die regelmäßig wiederkehrenden Wellen des einströmenden Wassers gewöhnen. Kalifornische Muscheln haften in dichten Bänken an den Felsen, Seesterne und Seeigel benützen Saugnäpfe, um nicht ausgeschwemmt zu werden. In felsigen Küstenabschnitten sind Gezeitentümpel ausgebildet, so am Wickaninnish Beach. Das Sublitoral kann am besten am Wya Point am Südrand der Florencia Bay beobachtet werden.

Die häufigsten Seevögel des Parks sind Mantelmöwen, die zusammen mit den Meerscharben auf White Island, Sea Lion Rocks und Florencia Bay nisten. Weißkopfseeadler (S.182) kommen in der Broken Island Group und in den Buchten rund um Tofino vor. Papageitaucher (S.143), Gryllteiste (S.154) und der Klippenausternfischer, der nur an der kanadischen Westküste vorkommt, suchen in Buchten wie der Pachena Bay entlang des West Coast Trail nach Muscheln. Auf den sandigen Stränden können Langschnabel-Schlammläufer, Schlammtreter und Marmorschnepfen gesehen werden. Viele dieser Vögel überwintern im Park zusammen mit Tausenden Kanadagänsen (S.168), 16 000 Enten und 75 Trompeterschwänen, die die schlammigen Buchten der Grise Bay und des Tofino Inlet schätzen.

Die felsigen Küstenbereiche und Buchten beheimaten zahlreiche Meeressäuger. 17 000 Grauwale ziehen jährlich an der West Coast vorbei, vor allem von Februar

Grauwale im Pacific-Rim-Gebiet

Grauwale wurden zu ganzjährigen Gästen im Gebiet des Pacific Rim vor Vancouver Island. Diese riesigen Meeressäuger mit Längen um 13 m und einem Körpergewicht um 30 Tonnen ziehen jährlich aus der Beringsee im Norden Alaskas den Küsten entlang in die tropischen Gewässer Mexikos, um zu kalben. Etwa 15 Tiere bleiben aus nicht genau erforschten Gründen in der Bucht des Clayoquot Sound nördlich von Tofino und können auf speziell angebotenen Bootstouren beobachtet werden.

Normalerweise beginnen die Wale Mitte Februar nordwärts zu schwimmen, zuerst die Männchen, 6 Wochen später die Weibchen mit den Jungtieren. Die Tiere legen 60–80 km Wegstrecke pro Tag zurück. Unterwegs fressen einige Tiere nur an bestimmten Orten, so in den Gewässern rund um Vancouver Island. Krebstiere *(Ampelisca, Onuphis elegans, Holmesimysis)* gehören zur bevorzugten Nahrung, die sie am Grund des Nordpolarmeeres vorfinden. Im Oktober brechen sie von dort wieder auf, um auf gleicher Route in ihre Winterquartiere zu schwimmen. Die Jungtiere wiegen bei der Geburt 25 kg. Weibliche Grauwale, die selbst keine Jungen haben, helfen beim Füttern der anderen mit.

Was Grauwale dazu brachte, ganzjährig in den Buchten rund um Tofino zu bleiben, ist nicht genau bekannt. Wahrscheinlich treffen mehrere Umstände zusammen; wichtige Gründe sind sicherlich die reichen Nahrungsreserven im Clayoquot Sound und entlang der Riffs von Vancouver Island. Beobachtungen dokumentieren, daß manche Wale jedes Jahr auf ihren Wanderungen regelmäßig an die Küsten des Pacific-Rim-Nationalparks kommen, um Nahrung aufzunehmen. Manche verbringen auch den Winter hier und schließen sich im Frühjahr wieder nordwärtsziehenden Herden an.

Bis zum 18. Jahrhundert jagten vor allem die Basken die Grauwale, die seit 1947 per Gesetz geschützt sind. Man schätzt die Population heute auf 18 000 Tiere. Für die Nuu-chah-nulth people, die an der Westküste lebten, waren die Grauwale »heilige Tiere«, denen sie große Ehrfurcht entgegenbrachten. Heute sind die Meeressäuger Attraktionen für Nationalparkbesucher.

Der Pazifische Laubfrosch lebt auf den bodennahen Stämmen im Regenwald.

Die Schattenblume, ein Liliengewächs, wird auch als »Falscher Salomonssiegel« bezeichnet.

bis Mai, um von der Baja California zu ihren Sommerplätzen an den Küsten vor Alaska (Beringsee) zu gelangen. 40 Grauwale können das gesamte Jahr über beobachtet werden. Sie halten sich im Clayoquot Sound nördlich von Tofino auf, um nach Würmern, Weichtieren und Krebsen zu tauchen. Orkas, Finnwale und Buckelwale besuchen seltener die Buchten rund um den Park.

Seehunde und Seelöwen bevölkern Inselchen und Felsküsten in der Grise Bay, in der Browning Passage und entlang von Long Beach. Am Green-Point-Campingplatz steht ein Fernrohr zur Beobachtung bereit. Nördliche See-Elefanten, die größer sind als die Seelöwen, kommen in der Broken Island Group und im Barkley Sound vor. Die kleineren und dunkleren Kalifornischen Seelöwen drängen sich auf Felsen von Wouwer Island und in der Half Moon Bay zusammen.

Von den 20 Landsäugetieren des Parks sind Rothörnchen, Amerikanischer Nerz und Waschbären (S.22) die häufigsten, die vor allem in den Waldbereichen gesehen werden können. Schwarzbären (S.201) suchen die Sandstrände nach Tangen und toten Fischen ab.

Die hohen Niederschläge des Gebietes, jährlich 3000 mm, und das kühle und gemäßigte Klima sind für das Entstehen der feuchtgemäßigten Regenwälder verantwortlich, die die küstennahen Waldbereiche einnehmen. Baumriesen wie Sitkafichten, Westamerikanische Hemlocktannen, Purpurtannen und Rotzedern erreichen Stammdurchmesser von mehr als

Die Kalifornischen Seelöwen, die schnellsten Meeressäuger, halten sich gerne auf küstennahen Felsen auf.

Kleine Inselgruppen wie die Broken Island Group gehören zum Nationalpark; hier Inselchen im Clayoquot Sound.

4 m und werden 1200 Jahre alt. In den reich strukturierten Wäldern wächst ein dichter Unterwuchs aus Farnen, Moosen und Flechten, die zum Teil epiphytisch an den Baumstämmen aufwachsen oder von den Zweigen hängen. Nur 10 Prozent des Sonnenlichtes fällt auf den Boden, genug, um Salal-Sträucher, Rote Bukelbeere, Schattenblume, Westliche Eibe, Traubenholunder, Immergrüne Heidelbeere und Sträucher der Prächtigen Himbeere aufkommen zu lassen. Kanada-Hartriegel (S.123), Hundszahnlilien *(Erythronium revolutum)*, Schwertfarne, Hirschzungenfarne, Lakritzenfarne und Schattenblumen wachsen im Unterwuchs. Entlang der Bachgräben wächst der Stinkkohl (S.65), ein Aronstabgewächs, das metergroße Blätter ausbildet. Diademhäher, Kiefernhäher (S.28), Bananenschnecken und Pazifischer Laubfrosch sind die häufigen Tierarten der Regenwälder.
Entlang der Steilküsten der Florencia Bay machen die auf den Boden gepreßten und windgefegten Baumformen die starken Winde deutlich, die vor allem in den Wintermonaten auf die Vegetation einwirken. Im Hinterland sind Hochmoore ausgebildet, die von Kiefern, Gelbzedern, Grönlandporst, Vielblättriger Lorbeerrose, Vierkantiger Moosbeere, Krähenbeere (S.200), Seggen und Torfmoosen bewachsen sind. Diese Moore sind während der Eiszeit vor 13 000 Jahren in mit Schluff gefüllten Gletscherwannen entstanden. Sie werden von den Kolumbianischen Schwarzwedelhirschen und Diademhähern aufgesucht.

Rippenfarne gedeihen zahlreich im Unterwuchs der feuchtgemäßigten Regenwälder.

7 Pacific-Rim-Nationalpark

◁ Seeotter halten sich in den Buchten rund um Vancouver Island auf.

Das Hinterland des Nationalparks ist gebirgig, zerklüftet ▷ und wird von tiefen Bachschluchten durchschnitten.

Im Gebiet unterwegs

Der Tagesbesucher erreicht am besten die West Coast Unit. Kleinere Wanderwege führen zu den wichtigsten Punkten des Parks. Gleich beim Eingang befindet sich ein kleines Informationszentrum, das größere ist in einem Holzbau untergebracht, das direkt auf der Felsküste des Wickaninnish Beach steht.
Florencia Bay ③ wird auf einer kleinen Seitenstraße erreicht; ein Pfad führt vom Parkplatz die Steilküste hinab zum Sandstrand. Von hier gelangt man auch zum Wya Point. Ein 2,5 km langer Pfad führt vom gleichen Parkplatz der Küste entlang zur **Wickaninnish Bay** ④ und endet direkt beim Informationszentrum, in dem auch ein exklusives Restaurant untergebracht ist. Diesen Strand erreicht man auch über eine weitere Seitenstraße, von der auch der **Shorepine Bog Trail** ⑩ abzweigt. Dieser kurze, 500 m lange Naturlehrpfad, der auf Holzstegen angelegt und rollstuhltauglich ist, führt durch ein typisches küstennahes Hochmoor.
Direkt am Park Highway liegen die beiden Rundwege, die auf Brücken und Holzwegen den Besuch des **feuchtgemäßigten Regenwaldes** ⑤ ermöglichen. Nach Süden führt eine 1,4 km lange Runde durch einen ehemals bewirtschafteten Regenwald, die nördliche, 1 km lange Schleife erschließt einen unberührten Waldteil. Diese äußerst lohnenden Wege stellen die einzige Möglichkeit dar, in das Dickicht der Riesenwälder vorzudringen.
Combers Beach und **Long Beach** ⑥ liegen direkt am Park Highway. Vom Long-Beach-Parkplatz wird auch die **Schooner Bay** ⑦ über einen 2,5 km langen Waldpfad erreicht. Zum **Radar Hill** ⑧ führt eine kleine Seitenstraße. Bei klarem Wetter lohnt sich der Rundblick auf den nördlichen Parkabschnitt und die landeinwärts aufragenden Küstengebirge.
In **Tofino** ⑨ bieten einige Unternehmen das beliebte »Whalewatching« an. Mit Beobachtungsbooten und schnellen Schlauchbooten (Zodiacs) fährt man durch die Browning Passage zum Clayoquot Sound, um die Grauwale zu beobachten. Auf der Fahrt sieht man auch Weißkopfseeadler, Seelöwen, Seehunde und Seevögel.
Die **Broken Island Group** ② erreicht man von Ucluetet aus mit Fährschiffen oder mit Seekanus. Der **West Coast Trail** ① kann von Port Renfrew aus begonnen werden. Eine Registrierung beim Nationalpark Service ist erforderlich. Für den 77 km langen Pfad sind zumindest 7 Tage einzuplanen, sämtliche Ausrüstungsgegenstände müs-

◁ Lebensbäume sind hauptsächliche Waldbildner in den feuchtgemäßigten Regenwäldern.

Am von Treibholz erfüllten Strand der Florencia Bay werden bei den Stürmen Tange und Krustentiere angespült. ▷

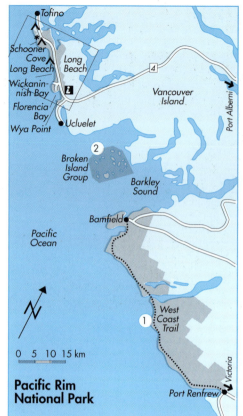

Pacific Rim National Park

Klima/Reisezeit
Der Park kann das gesamte Jahr über besucht werden. 120 Regentage; Temperaturen im Winter um 5 ° C, im Sommer um 25 ° C. Januar bis April sind die günstigsten Monate für Seeadler, März und April für Grauwale. Die Regenwälder blühen im Mai.

Unterkunft
Im Park besteht ein Campingplatz, Green Point, mit 94 Stellplätzen. Zahlreiche Motels, Hotels, Restaurants und Campingplätze in Tofino und Ucluelet. Einfache Campingplätze gibt es auf 8 Inseln der Broken Island Group und entlang des West Coast Trail. Hier muß das Trinkwasser mitgebracht werden.

Adressen
▻ Superintendent Pacific Rim National Park, Box 280, Ucluelet, B.C. V0R 3A0, Tel. 604-726-7721.

Blick in die Umgebung

Strathcona Provincial Park
Das Zentrum von Vancouver Island wird

sen mitgebracht werden. Karten und detaillierte Wanderführer sind in regionalen Buchläden erhältlich (Bruce Obee, The Pacific Rim Explorer, Whitecap Books, Vancouver).

Praktische Tips

Anreise
Vancouver Island erreicht man mit den regelmäßig verkehrenden Fähren von Horseshoe Bay oder Swarts Bay nach Nanaimo. Anfahrt über den Hwy 4 über Port Alberni nach Ucluetet und Tofino, von Nanaimo aus 168 km bis Ucluetet. Nach Port Renfrew über Hwy 14, 106 km südöstlich von Victoria.

Riesenschachtelhalme füllen feuchte Gräben innerhalb der Regenwälder.

82 _____ 7 Pacific-Rim-Nationalpark

Pacific Rim National Park, Ausschnitt

vom Strathcona Provincial Park eingenommen. Über den Hwy 28 erreicht man den Park von Campbell River aus. Im Park gibt es ursprüngliche gemäßigte Regenwälder, subalpine Bergwälder und Alpinbereiche der Küstengebirge. Wanderpfade erschließen das Gebiet des Buttle Lake, eines 30 km langen Sees, führen zu Gletschern, Eisfeldern, in Flußtäler und einsame Berggebiete (Lupine Trail, Marble Meadows, Flower Ridge Trail zu 1500 m hoch liegenden Berggebieten mit blühenden Wiesen im Juli/August).

Telegraphe Cove

Im Noden von Vancouver Island zweigt 10 km südlich von Port Hardy eine Straße zur Telegraphe Cove ab. Das reizvolle Küstendörfchen bildet den Ausgangspunkt für Walbeobachtungen in der nördlichen Georgia Strait. Diese wird regelmäßig von Gruppen von Orkas (Schwertwalen) durchschwommen. Das ganze Jahr über sind die Chancen gut, springende Orkas wie auch Buckelwale, Pazifische Weißseitendelphine, Seehunde, Weißkopfseeadler und Meerscharben zu sehen. Unter den Bootsstegen haben sich Seeotter angesiedelt.

Cathedral Grove

Am Hwy 4 zwischen Parksville und Port Alberni liegt der Cathedral Grove oder Macmillan Provincial Park. Auf kleinen Rundwegen zwischen 800 Jahre alten Douglasien, Hemlocktannen und Rotzedern kann man einen gemäßigten Regenwald kennenlernen, der jedoch nicht so ursprünglich und artenreich ist wie jener im Pacific Rim Park. Die Bäume sind bis 75 m hoch und stocken am Talboden des gletschergeformten Cameron Valley.

7 Pacific-Rim-Nationalpark

8 Garibaldi Provincial Park

> Regenwälder, blühende Bergwiesen, hochalpine Gletschergebiete, tiefblaue Gebirgsseen, Vulkanberge, versteinerte Vulkanschlote, und Felssturzgebiete; Schneeziegen, Bären, Wölfe, Steinadler; artenreiche Gebirgsflora.

Der Garibaldi Provincial Park schützt einen eindrucksvollen Abschnitt der westkanadischen Coast Mountains nördlich von Vancouver. Entsprechend den Bergketten läßt sich der Park in vier Abschnitte gliedern. Im Süden liegen die Diamond Head Area und die Mamquam Mountains. Nordwärts schließen die McBride Range und die Black Tusk Area an, die zwischen Lake Garibaldi und dem Garibaldi-Gletscher zusätzlich unter einem besonderen Schutzstatus stehen. Nördlich des Cheakamus Lake verläuft die Fitzsimmons Range, die mit dem Whistler Mountain (2135 m) – einem bekannten Schigebiet – ihre höchste Erhebung besitzt. Im nördlichsten Teil des Parks liegen schließlich Weartt Mountain und Weartt-Gletscher.

Die äußere Gestalt des Parks wurde durch Feuer und Eis geformt. Vulkane bauten die meisten Berge auf, Gletscher und andere Erosionsvorgänge schufen bizarre Bergformen, tief eingeschnittene Täler und schuttreiche Berghänge. Der Black Tusk mit seinem seltsamen Aussehen z.B. ist ein Schlot eines Vulkans, der mit hartem Basalt gefüllt war. Die weichere äußere Hülle des Vulkans wurde durch Erosion abgetragen. Heute ragt nur noch ein schwarzer Basalt-Zylinder aus dem schuttübersäten Bergrücken. Besonders die Region zwischen Garibaldi-Gletscher und Cheakamus Lake wird vom Wechsel aus schwarzen Vulkanbergen, gleißenden Gletschern und tiefblauen Gebirgsseen bestimmt. Mount Garibaldi ist mit 2678 m bereits von ewigem Eis überzogen.

Die Coast Mountains entstanden vor 85 Mio. Jahren aus flachen Granithügeln. Geologische Aktivitäten im Meeresboden vor der Küste bewirkten die Auffaltung der Berge. Magma drang zwischen die Platten im Ozean und bewegte sie nordwärts. Durch Risse konnte dieses bis in die Gegend des heutigen Parks vordringen und an der Oberfläche Vulkane ausbilden. Nur in wenigen Mio. Jahren wurden die Küstenhügel zu Bergen umgewandelt. Die Vulkanberge, die das heutige Aussehen

◁ Senecio triangularis, ein Greiskraut, wächst an Bergbächen.

Rechts oben: Eine der schönsten Wanderrouten führt ▷ zum Garibaldi-See, der von Gletschern des Garibaldi Névé gespeist wird.

Rechts unten: Der Gipfel des Black Tusk besteht aus Basalt ▷ eines ehemaligen Vulkanschlotes.

Das Perlpfötchen *(Anaphalis margaritacea)* wächst in Felsspalten und ist mit den Katzenpfötchen verwandt.

Der Rauhfußkauz ist in den westlichen Gebirgen und der borealen Nadelwaldzone Kanadas verbreitet.

des Parks bestimmen, sind knapp 10 000 Jahre alt. Der Ausbruch des Mount Price hatte die Enstehung des Lake Garibaldi zur Folge. Ein Gletscher stoppte die abfließende Lava und bewirkte die Entstehung von »Barrier«, eines natürlichen Dammes, der im Rubble Creek 460 m aufgetürmt wurde. Das Erdbeben von 1855 ließ den westlichen Teil des Barrier in Form einer gewaltigen Steinlawine in den Rubble Creek stürzen. Heute noch ist die Wunde in der Landschaft zu sehen.

Eine weitere besondere Gipfelform entstand südlich des Lake Garibaldi. Als Lava unter dem Eis eruptierte, schmolz sie einen Kanal in das Eis. Es bildete sich ein Berggipfel, der einer Schichttorte gleicht und nur dreimal auf der ganzen Welt vorkommt. Der steilwandige und plateauartige Gipfel wird »The Table« genannt.

Die Nähe zum Pazifik ist an den westlichen Hängen des Parks spürbar. Die fast auf Meeresniveau herabziehenden Täler sind mit artenreichen Mischwäldern bewachsen, in denen vor allem Baumarten der feuchtgemäßigten Regenwälder vorkommen. Bei der Tour durch den Rubble Creek zum Lake Garibaldi durchwandert man die einzelnen Höhenstufen: Ab 1100 m folgt ein fichtenbeherrschter Gebirgswald, der auf den plateauartigen Hängen in blumenreiche Bergwiesen übergeht. Erst um 1500 m überziehen vegetationslose schwarze Schuttfelder die Berghänge, die zu Schneefeldern und Gletschern emporsteigen.

Pflanzen und Tiere

Die Täler und unteren Berghänge, vor allem am Westabfall entlang des Cheakamus Valley, sind mit Wäldern aus Westamerikanischen Hemlocktannen, Rotzedern und

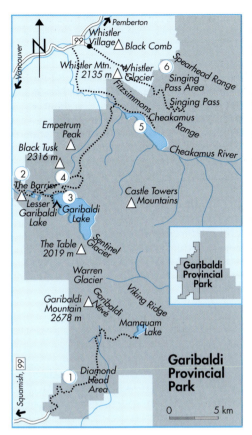

1600 m in die Gipfelregionen reicht. Der Wald ist auf zerstreut wachsende buschförmige Felsengebirgstannen reduziert. Im Unterwuchs bilden Weiden, Traubenholunder, Schwarze Himbeere und Weiße Alpenrose undurchdringliche Dickichte. Auf plateauartigen Hängen, wie zu Füßen des Black Tusk, laufen die Bergwälder in subalpine Wiesenbereiche aus, die ab Ende Juni von einer unvergleichlichen Blütenpracht beherrscht werden. Die erste Blüte ist vom Weiß und Gelb der Anemonen, Schnee-Hahnenfuß, Osterglocken und Berglilien gekennzeichnet. Rotes Heidekraut und Schuppenheide gedeihen auf den Bergheiden. Im August folgt eine zweite, noch farbenprächtigere Blüte in Rot, Gelb und Blau: rotblühender »Indian Paintbrush« (S.36), Kanadisches Berufkraut, Arktische Lupine (S.64), Arnika, Schmalblättriges Weidenröschen und Grüner Germer.

Die Säugetiere und Vögel des Garibaldi-Gebietes nützen einen kurzen, warmen Sommer. Wühlmäuse suchen die Seeufer und Tümpel nach den Samen der Seggen ab, der ersten frischen Nahrung der Region. Eisgraue Murmeltiere (S.39), die in hochalpinen Bereichen hier 9 Monate Winterschlaf halten, kommen im Juli aus den Felshöhlen, um Samen des vergangenen Jahres und Wilden Lauch aufzusammeln. Während Schneeziegen (S.47) das ganze Jahr über auf den Gipfelhängen verbringen, suchen die Schwarzbären (S.201) gerne die Wälder auf. Im Herbst halten sie sich an die Beeren der Heidelbeer- und Buckelbeer-Sträucher. Auf den subalpinen Schutthängen tummeln sich Pikas, Schneeschuhhasen (S.208), Goldmantel-Ziesel (S.34) und mehrere Chipmunk-Arten. Steinadler, Rotschwanzbussarde und Eckschwanzsperber halten sich im Spätsommer ein paar Wochen im Park auf. In den tieferliegenden Bergwiesen können zu dieser Zeit auch Weißkopfseeadler (S.182) nach Wühlmäusen und Zieseln jagen. Schwarzkopfmeise, Meisenhäher (S.51),

Douglasien bestockt. Diese Arten gehören den feuchtgemäßigten Regenwäldern an, die entlang der Westküste und auf Vancouver Island vorkommen (vgl. auch S.79). Die 400 Jahre alten Bäume sind bis zu 60 m hoch mit einem Umfang von 9 m. Der Unterwuchs ist reich an Hirschzungenfarn, Schwertfarn, Roter Buckelbeere, Schattenblume und Immergrüner Heidelbeere. Epiphytische Flechten und Moose überziehen jeden Stamm bis hoch in die Baumkronen. Rosarotes Wintergrün, Moosglöckchen (S.125), Königslilie, Korallenwurz (S.119) und Kanada-Hartriegel (S.123) mischen sich als Elemente der borealen Nadelwälder hinzu.

Im Gegensatz dazu steht die subalpine Zone, die bei 1000 m beginnt und bis

8 Garibaldi Provincial Park

»Barrier« heißt ein Felssturzgebiet am Weg zum Garibaldi-See, das vor 150 Jahren durch ein Erdbeben entstand.

Helmspecht, Junko, Braunrückenmeise, Zwergdrossel, Einsiedlerdrossel und Tannenhuhn (S.159) bevorzugen die bewaldeten Hänge am Übergang zu den subalpinen Bergwiesen, während der Rosenbauchschneegimpel von felsigen Anhöhen aus diese Wiesen überblickt.
Der Herbst beendet das Jahr auf den Hängen und in den Wäldern rund um die Seen mit einem letzten Farbenspiel. Die Weiden und Bergebereschen erstrahlen in leuchtendem Gelb und die Buckelbeer-Sträucher werden karminrot. Früh im November beginnt der Winter mit einer dichten Schneedecke, die bis Mitte Juni liegenbleibt.

Im Gebiet unterwegs

Von Vancouver führt der Hwy 99 mit dem verheißungsvollen Beinamen »Sea to Sky« durch eine der spektakulärsten Küstenlandschaften von British Columbia. An der Ostseite des Howe Sound gelangt man ins Tal des Cheakamus River, das zwischen den mächtigen Granitwänden der Coastal Mountains nach Norden führt. Man erreicht den Park ausschließlich zu Fuß, innerhalb der Grenzen bestehen keine Straßen. An 5 Punkten entlang des Highways beginnen Wege in den Park. Vom südlichen Squamish Valley führt der Elfin Lake Trail auf 11 km ins **Diamond-Head-Gebiet** ① und zur Opal Cone, einer Vulkanformation zwischen Garibaldi- und Lava-Gletscher.
Etwas nördlicher zweigt der **Rubble Creek** ② ab; auf dem 9 km langen Weg wandert man durch das südöstlich verlaufende Tal zuerst zum »The Barrier« mit lohnenden Tiefblicken und weiter zum türkisfarbenen Garibaldi-See. Er liegt eingebettet zwischen Gletschern und Vulkanbergen und verdeutlicht eindrucksvoll das Parkthema

Das Winterlieb, ein Wintergrüngewächs.

Das Kleine Chipmunk ist an seinem gestreiften Kopf zu erkennen.

88 — 8 Garibaldi Provincial Park

Der kleine, rundohrige Pika lebt vor allem zwischen den Felsblöcken der Berghänge und Felssturzlandschaften.

»Feuer und Eis«. Am **Garibaldi-See** ③ wurde ein kleines Informationshäuschen errichtet, das über die Natur im Park Auskunft gibt. Weitere Wege führen auf die nördlichen Berghänge, zuerst zu den 2 km entfernt liegenden Black Tusk Meadows und weiter zum Gipfel des **Black Tusk** ④. Über die Panorama Ridge tritt man in ein Tal ein, das über 14 km dem Helm River entlang zum Cheakamus Lake leitet. Den **Cheakamus Lake** ⑤ erreicht man von einer Seitenstraße aus, die etwa 15 km nach Black Tusk nach Süden abzweigt. Der 3 km lange Weg ist fast eben und durchquert einen Küstenregenwald. Auf weiteren 4 km, der Nordseite des Sees entlang, erreicht man den Singing Creek. Zum **Singing Pass** ⑥ zweigt eine Straße in Whistler Village ab. Vom Parkplatz sind 9 km Weg über Bergwiesen zum Paß zu bewältigen.

Nur erfahrenen und geübten Bersteigern ist die Überquerung des **Garibaldi-Eisfeldes** (Nevé) vorbehalten. Auf dieser 3-Tagestour überquert man ausgehend vom Garibaldi-See das Eisfeld, die Nordostflanke des Mount Garibaldi, die Opal Cone, um schließlich ins Mamquam Lake Valley abzusteigen. Zahlreiche Touren im Hinterland des Parks sowie unmarkierte Langlaufloipen ermöglichen einen Besuch im Spätwinter.

Praktische Tips

Anreise
Von Vancouver über den Hwy 99 Richtung Whistler Mountain, zwischen 90 und 130 km ab Vancouver.

Klima/Reisezeit
Zum Wandern eignen sich Juli bis September am besten. Ab Mitte bis Ende Oktober kann der erste Schnee fallen, der im Gebirge bis ins späte Frühjahr liegenbleibt. Für Schitouren eignen sich besonders der späte März bis Mitte Mai. Das Klima im Sommer ist gemäßigt mit nicht allzuviel Niederschlag.

Unterkunft
2 Campingplätze in der Diamond Head Area (Elfin Lake, Red Heather), 1 Campingplatz am Garibaldi Lake direkt am See mit 50 Stellplätzen. Taylor Creek mit 90 Stellplätzen, 2 Plätze am Cheakamus Lake mit insgesamt 40 Plätzen, 2 Plätze entlang des Singing Pass Trail, 1 Platz mit 10 Stellplätzen am Wedgemount Lake. Motels und Hotels im Whistler Village, Squamish und Brackendale.

Adressen
⇨ Ministry of Parks, Alice Lake Provincial Park, Box 220, Brackendale, B.C. V0N 1H0, Tel. 604-898-3687.
⇨ Whistler Resort Association, Box 1400, Whistler, B.C. V0N 1B0, Tel. 800-634-9622 oder 604-932-4222.

Blick in die Umgebung
Die **Shannon Falls** befinden sich 41 km nördlich der Horseshoe Bay direkt östlich des Hwy 99. Das Wasser fällt 120 m über Granitwände herab, die Klippen sind von Douglasien und Rotzedern umgeben. Besonders spektakulär bei Schneeschmelze und im Abendlicht.
Brackendale am Hwy 99, km 47,8, bei der Brücke über den Manquam River: Tausende Weißkopfseeadler im Januar/Februar.

9 Prince-Albert-Nationalpark

Espen-Parkland, boreal geprägte Ebenen mit inselförmigen Steppen-Grasländern, boreale Nadelwälder; Flüsse mit Nordamerikanischen Fischottern; Präriebison, Waldkaribu; 235 Vogelarten; zweitgrößte Kolonie des Nashornpelikans in Kanada.

Der Prince-Albert-Nationalpark wurde im Zentrum Saskatchewans angelegt, um einen typischen Abschnitt der südlichen borealen Ebenen und Plateaus dieser Provinz zu bewahren. Das sehr flache Gelände steigt nur am nordöstlichen Rand leicht an, wo es gerade 120 m höher liegt als die Umgebung. Ein Drittel des 3875 km² großen Parks wird von Seen eingenommen, die zwischen ausgedehnten Espen- und Nadelwäldern liegen. Als Rest der Prärievegetation haben sich im südwestlichen Abschnitt des Parks steppenähnliche Grasländer erhalten, die für den Besucher nicht zugänglich sind. Der boreale Nadelwald wird von Hochmooren durchsetzt, an deren Rändern vor allem die feuchtigkeitsliebende Schwarzfichte und die Gebirgslärche vorkommen.

Der Park wurde bewußt an der Übergangszone von den südlichen zu den nördlichen Lebensräumen angelegt, weil solche Zonen immer reich an Lebewesen sind. Dazu kommt, daß die Umgebung des Parks durch den Menschen weitgehend verändert wurde, und die Tiere und Pflanzen im Park einen überlebenswichtigen Rückzugsraum vorfinden. Der eigentliche Anlaß für die Gründung des Parks 1927 lag jedoch im Wunsch, für die Bevölkerung ein Naherholungsgebiet zu errichten, das Natur und Freizeit verbinden sollte. In den Sommermonaten zeigen sich heute deutlich die Folgen dieser Bestrebungen; dennoch enthält der Park äußerst wertvolle Lebensräume.

Sanfte, undramatische Landschaften prägen den Nationalpark. Die Waskesiu-Hügel, Endmoränen der großen eiszeitlichen Vergletscherung, bestimmen das zentrale Gebiet. Hier befinden sich die größeren Seen wie Waskesiu, Kingsmere und Crane Lake, die von den Gletschern ausgeschürft wurden. Südwestlich von Waskesiu durchfließt der Spruce River mäandrierend den Mud Creek, der aus einem ehemaligen Schmelzwasserkanal hervorging. Kleinere Gletscherwannen findet man überall im

Igelkolben sind in den zahllosen stehenden Gewässern des Nationalparks häufig.

Am Waskesiu River kann man den Amerikanischen Fischotter von einer Aussichtsplattform aus beobachten.

Park. Diese als »Kettle« bezeichneten Feuchtgebiete haben sich zu artenreichen Tümpeln entwickelt. Ein typischer Tümpel, der Boundary Bog in unmittelbarer Nähe von Waskesiu, kann auf einem eindrucksvollen Naturlehrpad besucht werden. Die Besonderheit liegt darin, daß sich diese Wanne innerhalb eines Schmelzwasserkanals ausgebildet hat.
Nördlich von Waskesiu deuten terrassenförmige und im Halbkreis angelegte Hügel auf eine weitere glaziale Bildung hin, die »Kames«. Schmelzwasserströme haben Schürfmaterial abgelagert. Durch das Zurückweichen der Gletscher haben sich diese Flüsse immer tiefer eingesenkt, wodurch die Terrassierung entstanden ist. Der Waskesiu River Trail stellt dieses Phänomen eindrucksvoll vor.
Die größte Besonderheit des Parks findet sich im Norden: Rund um den Lavallee Lake gibt es eine Kolonie des Nashornpelikans, die die zweitgrößte in ganz Kanada ist. Diese Zone, das einzige Schutzgebiet für Pelikane in Kanada, ist ganzjährig für Besucher gesperrt und liegt auch weit ab von jeder touristischen Nutzung.

Pflanzen und Tiere

Die Grassteppen im südwestlichen und südlichen Abschnitt des Parks bilden die nördlichste Ausdehnung der Prärien von Saskatchewan. Hier leben Kleinsäuger wie Amerikanischer Dachs, Hörnchen, (z. B. Streifenbackenhörnchen) und Mäuse, die sich von den samenreichen Gräsern ernähren. Daran schließt offenes Espenwaldgebiet an, das mit den Präriewiesen

Espenwälder sind für diesen Nationalpark am Übergang von den Prärien zum borealen Nadelwald typisch.

9 Prince-Albert-Nationalpark

Am Lavallee-See brüten in den Sommermonaten Nashornpelikane in einer der größten Kolonien Nordamerikas.

als Espen-Parkland bezeichnet wird. Charakteristisch sind lockere Espenhaine, in denen auch Papierbirken und Pyramidenpappeln vorkommen. Die Espen konnten rasch aufkommen, als der Bestand der Bisons zurückging und die Prärien verbuschten. Heute sind Espen die ersten Keimlinge nach Waldbränden und liefern eine wichtige Nahrung für Wapiti, Weißwedelhirsch, Kanadabiber (S.136), Schneeschuhhase (S.208), Tannenhuhn und andere Tierarten, die an die offenen Wälder angepaßt sind. 1969 wurde eine Herde von 50 Präriebisons (S.68) vom Elk-Island-Nationalpark nach Prince Albert umgesiedelt, die bereits 1890 hier ausgerottet waren. Heute können rund 75 Tiere im Südwesten des Parks beobachtet werden.

Richard's Ziesel ist ein emsiger Bewohner der trockenen und offenen Grasländer.

Zum typischen Erscheinbungsbild der Landschaft zählen die »Kettleponds«, gletschergeformte Sumpfwannen.

Das Christophskraut - »Baneberry« - mit Fruchtständen.　　　Der Boundary Bog Trail, ein interessanter Naturlehrpfad.

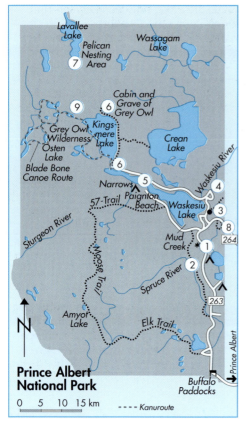

Meisenhäher (S.51), Tannenhuhn (S.159), Hemlock- und Tigerwaldsänger erreichen hier große Individuenzahlen.

In den sanften Hügeln rund um Waskesiu kommen Schwarzbären (S.201) und Rotfüchse vor, während die Sümpfe und Moore von Kanadabibern (S.136) und Bisamratten bevorzugt werden. Am Waskesiu River nördlich des Sees kann man mit Glück den Nordamerikanischen Fischotter beobachten. Eine Aussichtsplattform direkt an der Straße weist auf sein Vorkommen hin. Die ausgedehntesten Verlandungs- und Sumpfzonen sind rund um den Lavallee Lake ⑦ im Norden des Parks entstanden. Hier lebt eine Kolonie von 7000 Nashornpelikanen zusammen mit Ohrenscharben und Kanadareihern.

Eistaucher (S.121), Rothalstaucher, Fischadler (S.178) und Weißkopfseeadler kommen an allen größeren Seen des Parks vor. Seerosen und Schwimmender Knöterich überziehen die Wasserflächen, an den Ufern sind Schwingrasen ausgebildet. Wollgräser und Seggen, Sumpfblutauge, Fieberklee, Zwergbirken und Torfmoose kommen in den Übergangsmooren vor, während die Hochmoore von Wasserschlauch (S.177), Rundblättrigem Sonnentau (S.180), Trompetenblatt (S.138), Rosmarinheide und Moosbeere (S.209) überzogen werden. Spitzmäuse und die nordischen Sumpflemminge finden hier ihren Lebensraum und werden vom Rauhfußkauz (S.86) und Bartkauz (S.198) gejagt. Im Winter zieht eine Herde von 25 Waldkaribus durch den Norden des Parks, um die Gegend nach Flechten abzusuchen. Rund 60–80 Wölfe sind ständig im Park beheimatet.

Boreal geprägter Mischwald ist typisch für das nordwärts reichende Gebiet des Parks. Espen und Weißfichten (S.41) wachsen auf wasserzügigeren Böden, während Gebirgslärche und Schwarzfichte die staunassen Böden rund um die Sümpfe bevorzugen. Auf sandigen Böden im Zentrum und im östlichen Park stocken Bankskiefer und Balsamtanne. Dieser Wechsel der Baumarten beeinflußt direkt die Ausbildung des Unterwuchses und das Vorkommen der Tierarten. Kanada-Hartriegel (S.123) und Haselnuß sind im Espenwald Nahrungsquellen für Elche und Hirsche, während auf den moosreichen Nadelwaldböden das Rosarote Wintergrün und die Moosglöckchen vorkommen. Rothörnchen,

Im Gebiet unterwegs

Waskesiu Townsite ③ bildet das Zentrum aller Aktivitäten. Man erreicht das Örtchen über den Hwy 263, der vom Süden kommend am östlichen Rand des Parks verläuft. Weitere Straßen folgen nördlich und südlich den Ufern des Waskesiu Lake, der Hwy 264 führt nach Osten aus dem Park. Insgesamt bestehen 150 km Wanderwege, die von den Endpunkten der Straße ins Hinterland führen. Kleinere Naturlehrpfade geben Aufschluß über die Lebensräume des Parks. Beim Spruce River beginnt ein kleiner Pfad, der zum **Highland-Tower-Aussichtspunkt** ① führt (bester Vogelbeobachtungspunkt des Parks und weites Panorama über den südlichen Abschnitt) und den Espenwald erklärt. Dieser setzt sich im **Spruce River Highland Trail** ② fort, der zu den schönsten Wanderrouten des Parks zählt. Im Juni blühen zahllose Pflanzen entlang des Weges, im Herbst werden die sanften Hügel in leuchtende Farben getaucht.

An der Nordseite des **Waskesiu Lake**, wo der gleichnamige Fluß mündet ④, sind Plattformen und Informationsschilder zum Beobachten des Nordamerikanischen Fischotters eingerichtet. Über die Kingsmere Road erreicht man die Halbinsel **Narrows** ⑤ und den Ausgangspunkt zum **Grey Owl Trail** ⑥, der zur einstmaligen Hütte dieses kanadischen Dichters und zum Kingsmere Lake führt.

Ein sehr lohnender 2 km langer Naturlehrpfad durchquert die Übergangszone vom Laubwald zum borealen Nadelwald und kommt am **Boundary Bog** ⑧ vorbei, der ein Musterbeispiel für eine Gletscherwanne darstellt. Am Beginn des Weges sind in Kästen hervorragende Broschüren aufgelegt, die die Tiere, Pflanzen und Lebensräume entlang des Pfades vorstellen.

Der Park wird auch von Kanuten geschätzt, die vor allem die **Bagwa** und **Blade Bone Canoe Route** ⑨ befahren. Diese kann man entweder am Kingsmere River oder direkt von Waskesiu aus beginnen.

Praktische Tips

Anreise

Den Park erreicht man von Osten über den Hwy 2 von Prince Albert (85 km) und Saskatoon (225 km), von Westen von Edmonton aus über den Yellowhead Highway (16) bis North Battlefort, Hwy 40 bis Shellbrook, Hwy 240 und 263 bis Waskesiu (gesamt 685 km).

Klima/Reisezeit

Der Park ist das gesamte Jahr geöffnet; zum Wandern und Kanufahren eignen sich Mai bis September; im Juli und August stark überfüllt.

Unterkunft

Waskesiu bietet Hotels, Motels (300 Betten), Restaurants, Geschäfte und große Campingplätze mit 550 Stellplätzen; weitere 15 kleine Campingplätze im gesamten Park. In Waskesiu befindet sich das »Nature Center« mit einer Ausstellung zur Natur des Parks (mit Buchladen).

Adressen

➪ Superintendent, Prince Albert National Park, Box 100, Waskesiu Lake, Saskatchewan S0J 2Y0, Tel. 306-663-5322.

In den staunassen Röhrichtzonen findet die Sumpfcalla ideale Lebensbedingungen.

10 Riding-Mountain-Nationalpark

Waldreiches Hügelgebiet Südwest-Manitobas mit einer Mischung aus Prärie, borealem Nadelwald und artenreichen Laubwäldern; Espen-Parkland, zahlreiche Moore und Sümpfe; Elche, Kanadabiber, Eulen und Greifvögel; ausgedehnte blumenreiche Präriewiesen.

Dieser Nationalpark befindet sich im südlichen Zentrum von Manitoba und bedeckt einen fast 3000 km² großen Teil des Manitoba-Tieflandes. Riding Mountain bezeichnet eigentlich keinen Berg, sondern eine hügelige Landschaft, die sich etwa 300 m inselartig aus den großen Ebenen Manitobas erhebt und aus der Ferne wie ein Gebirgszug wirkt. Erdgeschichtlich gesehen entstand der Park zugleich mit den Rocky Mountains, also vor 85 Mio. Jahren. Der als »Manitoba Escarpment« bezeichnete Gebirgszug besteht aus härterem Silikatgestein und wurde daher weniger stark abgetragen als der den Park umgebende Kalkstein. Während der letzten Eiszeit lag das Gebiet des Parks am Rande eines riesigen Schmelzwassersees, der von North Dakota bis zur Hudson Bay reichte.

Vom Süden kommend beginnt der Park mit wellenförmigen Geländestufungen. In flachen Felswannen sind Seen entstanden, von denen der Clear Lake der größte ist. An diesem See befindet sich auch das Zentrum des Parks. Die kleine Siedlung Wasagaming ist Sitz der Nationalparkverwaltung und bietet dem Besucher zahlreiche Geschäfte und Übernachtungsmöglichkeiten. Das Informationszentrum war zur

Sumpfwannen, sogenannte »Kettleponds« sind wie hier nördlich von Wasagaming überall im Park zu finden (mit Beständen von *Helianthus* sp.).

Gründungzeit des Parks 1933 zusammen mit Banff das einzige in Kanada. Es wurde im englischen Tudorstil errichtet und ist heute Teil des »Wasagaming Historic Walk«, eines Geschichtslehrpfades, der die Entwicklung des 1880 entstandenen Dörfchens vorstellt. Beim Informationszentrum kann man einen Schaugarten mit 700 verschiedenen Pflanzen der Region besichtigen.

Nach Norden steigt der Park kontinuierlich an und erreicht rund um den Moon Lake seinen höchsten Punkt. Boreale Nadelwälder, die von Sumpftälern und Hochmooren durchbrochen werden, bestimmen das Landschaftsbild. Vom knapp an der nördlichen Parkgrenze gelegenen Agassiz-Aussichtsturm wird die eigentümliche Ausformung des Gebietes augenscheinlich: Bewaldete Hänge fallen steil und unmittelbar in die anschließende Ebene ab. Dieser Eindruck setzt sich auch an der Ostseite fort. Dort haben Bäche tiefe Täler ausgewaschen, die in die Ebene auslaufen und den Blick auf das angrenzende Flachland freigeben. Kleinere Geländestufen, die mit artenreichen Laubwäldern überzogen sind, deuten auf die einstige Lage an einem eiszeitlichen See hin.

Der westliche Teil des Parks besteht aus Prärien, sanfteren Hügeln mit espenbewachsenen Plateaus und blumenreichen Graslandschaften, die bereits rund um den Lake Audy beginnen und sich zum Birdtail Plateau an der Westgrenze fortsetzen. Während das Zentrum und der Osten des Parks durch 2 Highways erreichbar sind, ist der Westen den Wanderern vorbehalten.

Pflanzen und Tiere

Die 3 Lebensräume des Nationalparks bieten charakteristischen Tier- und Pflanzenarten von Ost-, West- und Nordkanada Lebensraum. Der südliche Teil umfaßt Laubwaldbereiche aus Espenwäldern, Manitoba-Ahorn und Eichen. Im westlichen Teil vermischen sich Espenwälder und Grassteppen zum Espen-Parkland, einem für die kanadischen Tiefebenen charakteristischen Vegetationstyp. Der nördliche Teil zeigt deutliche Einflüsse der nordkanadischen Ökosysteme, für die boreale Nadelwälder mit Weißfichte (S.41) und Balsamtanne typisch sind. Die Besonderheit von Riding Mountain liegt aber in seiner Inselfunktion. Da die Ebenen rund um den Park bereits fast vollständig in Ackerland umgewandelt wurden, finden Tiere und Pflanzen nur noch hier unbeeinträchtigte Lebensräume und wichtige Rückzugsgebiete vor.

Die Prärien und das Espen-Parkland beginnen westlich des Clear Lake und reichen bis an die Westgrenze des Parks. Offene Grasländer mit zahlreichen hochwüchsigen Stauden wie Kahler Aster, Schwarzem Sonnenhut, Drummonds Distel, Schafgarbe, der Goldrute *Solidago rigida*, Waldlilie, Präriewermut und Prärierose bestimmen das Bild. Kojoten jagen hier nach Zwergmäusen, Taschenratten, Chipmunks und Grauhörnchen (S.128). Östlich des Lake Audy wurde eine kleine Präriebison-Herde (S.68) angesiedelt, die vom Auto aus beobachtet werden kann.

Die Prärieflächen werden von kleineren und größeren Tümpeln unterbrochen, die auf die Entstehung des Geländes durch die eiszeitlichen Gletscher zurückgehen. Diese als »Potholes« bezeichneten Wasserflächen sind Paradiese für Wasservögel wie Blauflügelenten, Gänsesäger, Vallisneriaenten und Stockenten. Der Ominik Trail direkt bei Wasagaming führt mit schwimmenden Stegen über ein typisches Pothole. Auf Aussichtskanzeln, die direkt zwischen Röhricht und Wasserflächen liegen, lassen sich vor allem auch die Kanadabiber aus nächster Nähe beobachten. Das Zentrum des Parks ist bis an die Nordgrenze von borealem Nadelwald bewachsen, der aus Weißfichten (S.41), Gebirgslärchen, Bankskiefern und Balsamtannen

10 Riding-Mountain-Nationalpark ———————————————— 97

Kojoten schätzen das offene Espen-Parkland für ihre Streifzüge und Jagdgänge.

zusammengesetzt ist. Besonders entlang des Hwy 10 wird auf der Fahrt nach Norden der Wechsel der Ökosysteme parallel zum Ansteigen des Geländes deutlich. Ungefähr ab dem Grayling Lake werden die Laubbaumarten zusehends durch Nadelbäume ersetzt. Kurz vor dem Moon Lake erschließt der Boreal Island Trail einen besonders gut ausgeprägten Nadelwald. Im Unterwuchs finden sich ebenfalls Pflanzen der nördlichen Tundren wie Krähenbeere), Grönländischer Porst (S.211), Moosglöckchen (S.125) und Moosbeere (209). In den dichten und undurchdringlichen Waldflächen kommen Elche, Maultierhirsche (S.70), Manitobahirsche, Wölfe (S.120), Luchse (S.176) und Fichtenmarder ebenso vor wie Rotschwanzbussard, Habicht, Bartkauz (S.198), Kragenhuhn (S.170), Schwarzkopfmeise, Breitflügelbussard, Buntfalke und Helmspecht.

Die Seen in der borealen Zone werden von Eistaucher (S.121) und Rothalstaucher) im Sommer als Brutplätze genützt. Fischadler (S.178) können am Kinosao Lake beobachtet werden und Weißkopfseeadler (S.182) am Moon Lake und Lake Audy.

Junge Nashornpelikane (S.92) besuchen regelmäßig im Sommer den Clear Lake. Der im östlichen Teil des Parks liegende Laubwald ist durch einen reichen Unterwuchs gekennzeichnet. Zahlreiche Gebüscharten wie Heckenkirschen, Hasel-

Die Kahle Aster gehört zu den typischen Hochstauden der Prärien.

◁ Blumenreiche Prärielandschaften und offene Grasländer sind typisch für Riding Mountain.

▽ Die Indianernessel wächst häufig in den strauchigen Randbereichen der Espenwälder.

Der Schwarze Sonnenhut, ein Korbblütler, wird im Englischen »Black Eyed Susan« genannt.

△ *Solidago rigida*, eine Goldrute, blüht im August.

◁ Die Prachtscharte bevorzugt feuchteres Espen-Parkland.

10 Riding-Mountain-Nationalpark — 99

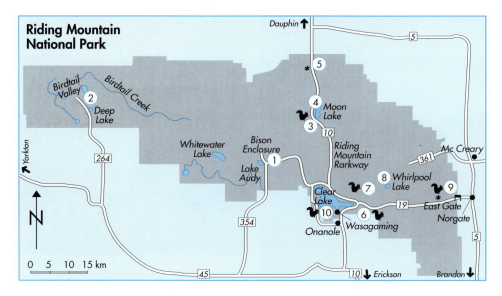

erlen, Felsenbirnen und Virginische Traubenkirschen bilden zusammen mit Amerikanischer Ulme, Eschenahorn, Eichen, Balsampappel und Pyramidenpappel ein undurchdringliches Laubdickicht. Die Beeren der Sträucher bieten im Spätsommer nicht nur den Schwarzbären, sondern auch den Backenhörnchen, Grauhörnchen (S.128) und Mäusen eine wichtige Nahrungsquelle. In den Ästen ertönt das »cherta, cherta, cherta« des Pieperwaldsängers, ferner kommen Baltimoretrupial, Rosenbrust-Kernknacker, Goldzeisig und Gartentyrann vor. Die Stämme werden vom Kletternden Spindelstrauch, einer Liane, bewachsen, die als »Bittersweet« einem Teil des östlichen Abhanges den Namen gab. Im Unterwuchs kommt der giftige Scharfe Sumach vor; die Berührung der Blätter kann zu Ausschlägen führen.

Im Gebiet unterwegs

Am eindruckvollsten hat Grey Owl, ein kanadischer Naturdichter, der um 1929 in einer Hütte nördlich des Clear Lake einen Sommer verbrachte, den Park beschrieben: »Ein Land voll schattiger und versteckter Wege, verborgener Flüsse und einsamer Seen, ein Gebiet voll leichtfüßiger Tiere, die geräuschlos über einen Teppich aus Moos ziehen. Und hier herrscht Stille, intensiv, vollendet und alles einschließend«. Heute ist Riding Mountain bewegter. Fast 500 000 Besucher halten sich vorwiegend im Sommer im Park auf, die die reiche Natur und die gut ausgebauten Freizeiteinrichtungen genießen.

Alle 3 Lebensräume des Parks können mit dem Auto erreicht werden. Der Hwy 10 führt von Wasagaming in den Norden des Parks, wodurch man Clear Lake, Moon Lake, den borealen Nadelwald und die Birken- und Balsampappelwälder der Nordseite erreicht. Der Hwy 19 führt zum Gorge Creek im Osten des Parks. Auf Stichstraßen gelangt man zum Whirlpool Lake und zum Indianerreservat am Katherine Lake.

32 Wanderwege ermöglichen es dem Besucher, in die Natur des Gebietes vorzudringen; 15 davon können nur in mehreren Tagen bewältigt werden.

4 Naturlehrpfade wurden eingerichtet; die

Broschüren dazu erhält man im Informationszentrum. Dort wird auch ein Wanderführer verkauft, der genaue Beschreibungen und Tourenkarten zu allen Wegen des Parks enthält.

Östlich des **Lake Audy** ①, am Verbindungsweg zum Gunn Lake und zum Birdtail-Plateau, kann mit dem Auto ein Bisonreservat durchfahren werden. Mehrere Wegabschnitte mit einer Gesamtlänge von ca. 60 km führen durch die Prärielandschaften des **Birdtail Plateaus** ②. Entlang der Wege sind einfache Campingplätze vorhanden; die Zufahrt zum Ausgangspunkt der Wanderungen erfolgt über den Hwy 254 von Rossburn aus.

2 Wege erschließen den borealen Nadelwald. Ein als Rundgang angelegter 1 km langer Naturlehrpfad verläuft südlich des Moon Lake durch einen beispielhaften Nadelwaldabschnitt, **Boreal Island** ③. Die Tafeln entlang des Weges und auf der Aussichtsplattform am Beginn beschreiben die Besonderheit dieses Waldtyps inmitten der Prärielandschaft. Ohne Erklärung, aber ebenso eindrucksvoll, kann man auf dem 9 km langen **Moon Lake Trail** ④ rund um den gleichnamigen See wandern. Etwa 5 km vor der Nordgrenze wurde westlich des Hwy 10 der **Agassiz Lookout Tower** ⑤ errichtet. Der Turm ragt leicht über die Baumkronen und eröffnet den Blick auf die nordwärts anschließenden Ebenen. Wegen der rasch wechselnden Lebensräume entlang des Weges ist der **Arrowhead Trail** ⑥ östlich von Wasagaming besonders lohnenswert. Für den 3,5 km langen Naturlehrpfad erhält man im Informationszentrum eine kleine Broschüre, die über die Bäume, Pflanzen und Tiere dieses Gebietes Aufschluß gibt. Der Weg führt an einem Waldteich, »Kettle Pond« genannt, vorbei, an dem vor allem die zahlreichen Libellen auffallen. In der Nähe des Arrowhead Trail beginnt der Richtung Norden ziehende **Brulé Trail** ⑦, der – ebenfalls durch eine Broschüre unterstützt – die Regeneration eines durch Waldbrand zerstörten Waldstückes vorstellt. Der 4,2 km lange Weg erreicht den Kinosao Lake, von einer Aussichtsplattform lassen sich Wasservögel beobachten. In unmittelbarer Nähe liegt der **Whirlpool Lake** ⑧, einer der zahlreichen Seen, die durch die Eiszeit entstanden sind.

Am östlichen Rand des Parks verläuft am Ende des Gorge Creek der **Burls and Bittersweet Trail** ⑨ als 2 km langer Rundweg durch den artenreichen Laubwald. Auf Tafeln entlang des Weges und mittels einer Broschüre werden alle Baum- und Straucharten sowie einige Tiere dieses Ökosystems vorgestellt.

Der **Ominik Trail** ⑩ führt über ein »Pothole« südlich des Clear Lake; der 1 km lange Rundgang erklärt mit Hinweistafeln diesen Lebensraum, am Wendepunkt ist ein Beobachtungsstand errichtet.

Praktische Tips

Anreise
Man erreicht den Park über den Yellowhead Highway 16, von Winnipeg 235 km bis Wasagaming; nach Minnedosa zweigt man auf den Hwy 10 ab.

Klima/Reisezeit
Der Park kann ganzjährig besucht werden. Die beste Reisezeit für Aktivitäten im Freien ist zwischen Mai und September.

Unterkunft
Campingplätze und Motels stehen in Wasagaming zur Verfügung; dort sind auch Geschäfte und Restaurants vorhanden. Kleinere Campingplätze wurden am Moon Lake, Katherine Lake, Whirlpool Lake und Lake Audy eingerichtet (insgesamt fast 700 Stellplätze).

Adressen
⇨ Riding Mountain National Park, Wasagaming, Manitoba R0J 2H0, Tel. 204-848-2811.

10 Riding-Mountain-Nationalpark

11 Pukaskwa-Nationalpark

Wild zerklüftete Steilküsten am Oberen See, undurchdringliche Küstenurwälder; die ältesten Gesteine des Kanadischen Schildes; ausgedehnte Moore und Moorseen; wilde Flußschluchten; unberührtes Tier- und Pflanzenleben; Elch, Wolf, Luchs; Weißkopfseeadler, Steinadler; Frauenschuh, Nordisches Zweiblatt.

Obwohl der Pukaskwa-Nationalpark relativ weit im südlichen, besiedelten Teil Kanadas liegt, ist er völlig unberührt. Die Zufahrtsstraße erreicht nur den äußersten Rand des Parks, das Innere ist lediglich durch einen einzigen Wanderpfad erschlossen. Thema des Nationalparks sind die uralten Gesteinsformationen des Kanadischen Schildes, die durch die Urkräfte des Oberen Sees (Lake Superior), dem größten der »Großen Seen« gestaltet wurden. Dazu kamen vulkanische Aktivitäten, die eine Abfolge aus erstarrter Lava und uraltem Granit entstehen ließen. Schon beim ersten Rundgang im Park wird dieses Naturphänomen augenscheinlich.

Pukaskwa läßt sich nur richtig verstehen, wenn man sich mit den Einflüssen befaßt, die der Lake Superior auf den Park ausübt. Der See mit seiner ungeheuer großen Wassermenge erreicht das Jahr über eine Durchschnittstemperatur von lediglich + 4° C, die höchste Temperatur im Küstenbereich wurde mit 13° C gemessen. Diese Kältewirkung beeinflußt den Park nachhaltig. Trotz heißer Sommertage kühlt die dünne Erde, die den Kanadischen Schild überzieht, in der Nacht rasch aus und schafft für die Lebewelt auch im Sommer unwirtliche Bedingungen. Es entstanden dichte, strauchreiche boreale Fichtenwälder. Stets wehen kalte und zum Teil äußerst

Vulkanische Gesteine mischen sich an den wild zerklüfteten Küsten mit Granit und Quarz, hier am Pulpwood Harbour.

starke Winde, die vom Westen auf die Küste auftreffen.
Aber dennoch strahlt Pukaskwa einen eigentümlichen Reiz aus. Die bizarren Küstenlandschaften, die zahllosen, tief eingeschnittenen Buchten, die feucht-kühlen Küstenurwälder, die Sandstrände und nicht zuletzt die unzähligen geologischen Besonderheiten des Parks machen den Aufenthalt zu einem ausgefüllten Naturerlebnis. Grundsätzlich müssen wir zwischen einer Küstenzone und dem Hinterland unterscheiden. Entlang dem etwa 100 km langen Uferstreifen an der Ostseite des Oberen Sees verläuft der einzige, ausgebaute Weg des Parks. Unebenes Gelände, ständig feuchter Boden, schlüpfrige Felsen und abschüssige Hänge charakterisieren die Landschaft, die dieser Weg durchquert.

Das Hinterland, undurchdringlich und unerschlossen, kann am besten über die größeren Flüsse erreicht werden, vor allem über den White River, Swallow River und Pukaskwa River. Diese bildeten zum Teil tief eingeschnittene Canyons aus, die entlang des Küstenpfades mit Hängebrücken überquert werden. Die höchste Erhebung, der Tip Top Mountain, erinnert an die »Pukaska-People«, einen Indianerstamm, der früher in dieser Gegend lebte.
Das Auftreten von Vulkan- und Granitgestein entlang der Küste auf engstem Raum gibt Aufschluß über die geologische Vergangenheit. Dazu kommen wassergefüllte Toteislöcher (»Potholes«), die von Gletschern in die Granitkuppen des Kanadischen Schildes eingearbeitet wurden. Weiter findet man die sogenannten »Pukaskwa

Pits«, steingeformte Wannen, die auf Ureinwohner zurückgehen dürften, die vor 3000 Jahren das Gebiet bewohnten. Diese archäologischen Besonderheiten sind aus größeren Kieselsteinen aufgebaut und werden heute streng geschützt. Ihre genaue Herkunft ist jedoch nicht gänzlich geklärt.

◁ Der einsame Pukaskwa-Nationalpark am Oberen See ist unwirtlich, rauh und kühl.

Die kühlen Wälder sind reich an Orchideen; im Foto ▷ die Norne.

11 Pukaskwa-Nationalpark   103

In den einsamen, kühlen Wäldern am Oberen See lebt der Amerikanische Uhu.

Pflanzen und Tiere

Der Großteil des Parks wird wegen des kühlen Klimas von einem borealen Nadelwald mit großen Weißfichtenbeständen (S.41) eingenommen. Der Unterwuchs ist kraut- und farnreich, in geschützteren Tallagen kommen Birken- und Weidengebüsche hinzu. An exponierten Stellen, die dem Wind unmittelbar ausgesetzt sind, können keine Bäume aufkommen. Hier gedeihen Pflanzenarten, die sonst nur in den arktisch-alpinen Tundren 1000 km nördlicher zu finden sind. Zwergsträucher wie Schuppenheide, Moosbeere und Heidekrautarten bilden den Bewuchs. Die kühlen Wälder beherbergen Orchideen wie Norne, Franklins Frauenschuh, Korallenwurz (S.119), Großblättriges Knabenkraut und das seltene Nordische Zweiblatt. Im Hinterland, wo der kalte Wind nachläßt, mischen sich zu den Fichten auch Zedern und Espen. Der Urwaldcharakter wird durch farn- und moosbewachsene Steinblöcke verstärkt. Im Gebiet rund um die Hattie Cove konnten sich in einer geologischen Falte tiefgründigere Böden ausbilden, in denen artenreichere Nadelwälder aus Balsamtannen, Harzkiefern und Papierbirken vorkommen. Die stets feuchten Böden sind mit dichten Polstern aus Torf- und Waldmoosen überzogen, in feuchten Mulden gedeihen Hochstauden und Riedgräser. Hier wächst die seltene Distelart *Cirsium pitcherii*, die nur an den Großen Seen vorkommt und im Pukaskwa die nördliche Verbreitungsgrenze hat. Diese Pflanze wird vor allem durch die heftigen Stürme an den Küsten bedroht. Eine kleine Kolonie konnte in der Horseshoe Bay nahe der Hattie Cove von Mitarbeitern des Nationalparks angesiedelt werden. Die dichten und unberührten Wälder sind die Heimat zahlreicher Tiere. Eine größere Herde des Waldkaribus (s.S.199) hält sich ständig im Park auf. Dazu kommen Schwarzbären (S.201), Elche (S.122), Wölfe (S.120), Luchse (S.176) und kleinere Säugetiere wie Vielfraß (S.58), Hermelin, Hörnchen und Spitzmäuse. Die rauhen, felsigen Küsten bieten dem Weißkopfseeadler (S.182) und dem Steinadler (S.190) einen idealen Lebensraum, die Sandstrände der Horseshoe Bay und der Superior Bay besuchen Regenpfeifer- und Watvogelarten (z. B. Sandstrandläufer). Diese Strände dürfen deshalb nicht betreten werden.

Im Park gibt es zahlreiche Moore, Sümpfe und Moorseen, die in den gletschergeschliffenen Felsmulden entstanden sind.

Ein Sandstrandläufer in der Horseshoe Bay.

Das beste Beispiel dafür ist der Halfway Lake unmittelbar bei der Hattie Cove. Ein Naturlehrpfad erklärt die Verlandungszonen, Bruchwälder, und kahlen, vegetationslosen Kuppen rund um den See sowie die in diesen Lebensräumen beheimateten Tier- und Pflanzenarten.

Im Gebiet unterwegs

Für den Tagestouristen bietet das Gebiet von **Hattie Cove** ① mit dem Besucherzentrum und drei Naturlehrpfaden die Gelegenheit, alle Lebensräume sowie die geologischen Besonderheiten des Parks kennenzulernen. Hattie Cove ist eine tief in die Küstenlinie eingeschnittene Bucht, die nur einen kleinen, verwinkelten Zugang zum See hat. Das flache Wasser erwärmt sich im Sommer weit mehr als im See. Auf Aussichtsplattformen direkt beim Besucherzentrum werden die ersten Hinweise auf die Natur des Parks gegeben.
Der Southern **Headland Trail** ⑦ beginnt beim Besucherzentrum und führt auf leichte Anhöhen zwischen Horseshoe Bay und Pulpwood Harbour. Entlang des Weges erklären Tafeln die verschiedenen geologischen Phänomene des Parks: Gebänderte Quarzeinsprenkelungen im Granitgestein, Vulkaneinschlüsse, erstarrte Lavaflüsse und Gletschermühlen. Die Länge des Weges beträgt etwa 1 km, Gehzeit 1/2 Stunde.
Der Halfway Lake Trail ② beginnt an der Nordwestseite des Campingplatzes und führt auf 2 km rund um den Halfway Lake, der in einer Gletschermulde liegt. Der westliche Teil des Sees ist flach und entsprechend reich an Verlandungszonen, die mit Röhricht und Feuchthochstauden bewachsen sind. Der östliche Teil, der von höheren, fast kahlen Granitkuppen umgeben wird, ist weit tiefer. Entlang des Weges, der lohnend durch die verschiedenen Verlandungsstadien und Moorwälder führt und die kahlen Kuppen in stetem Auf und

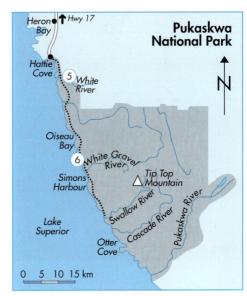

Ab überquert, sind Tafeln angebracht, die die Tier- und Pflanzenarten sowie die Ökologie des Sees erklären.
Der **Beach Trail** führt vom Campingplatz des Parks zu den Sandstränden der **Horseshoe Bay** ③ und der **Superior Bay** ④. Zuerst wird der Küstenwald durchquert, der hier hauptsächlich aus Birken, Weißfichten (S.41) und Espen besteht. Der Unterwuchs

11 Pukaskwa-Nationalpark

Ein 58 km langer Wanderweg, der Coastal Trail, bildet den einzigen Zugang zum Hinterland von Pukaskwa.

Der Park kann auch mit dem Kanu erforscht werden. Entweder paddelt man der Küste entlang, über 110 km in einer Richtung oder man wählt einen der Flüsse des Hinterlandes aus. Für den White River, der 7 km südlich von Hattie Cove in den Lake Superior mündet, und für den Pukaskwa River ganz im Süden des Parks hat das Besucherzentrum detaillierte Routenkarten aufgelegt. Entlang des Pukaskwa River stehen 4 einfache Campingplätze zur Verfügung.

Praktische Tips

ist reich an Torfmoosen. Weiße Sandstrände säumen die Küste. Der sensible Bereich der Küstenlinie in der Horseshoe Bay samt dem dahinter liegenden, dünenähnlichen Gelände darf nicht betreten werden. Stege leiten zu einer Plattform, von der aus die gesamte Bucht einsehbar ist. Der etwas mehr als 1 km lange Weg kann in 3/4 Stunden bewältigt werden.

Östlich des Besucherzentrums beginnt der **Coastal Trail** ⑥, der 58 km der Küste entlang nach Süden führt. Dieser Weg ist zum Teil befestigt, mit Stegen und Brücken versehen, dennoch aber schwierig zu begehen. Der durchwegs feuchte Boden und das unwegsame Gelände erlauben nur ein langsames Vorwärtskommen. Wer eine längere Etappe zurücklegen will, muß sämtliche Ausrüstungsgegenstände im Rucksack mitführen. Entlang des Weges sind 10 einfache Campingplätze angelegt, die zwischen 4 und 7 km auseinander liegen. 7 km von Hattie Cove entfernt hat sich der **White River Canyon** ⑤ tief in die Küste eingeschnitten; er wird mit einer Hängebrücke überquert. Wanderer müssen sich im Besucherzentrum registrieren lassen und sich nach dem Zustand des Weges erkundigen.

Anreise
Der Park liegt 325 km nordöstlich von Thunder Bay und 426 km nordwestlich von Sault St. Marie; vom Trans Kanada Highway (Hwy 17) zweigt die Straße 627 zur Hattie Cove ab.

Klima/Reisezeit
Die beste Reisezeit liegt zwischen Juni und August. Die Tagestemperaturen liegen dann zwischen 15 und 23° C, die Niederschlagshäufigkeit ist gering. Im Juni und Juli muß man mit zahllosen Mücken rechnen. Der Park schließt Anfang September.

Unterkunft
Im Park steht ein Campingplatz mit 67 Stellplätzen und ausreichendem Komfort zur Verfügung. Einfache Motels, Hotels, Restaurants und Geschäfte findet man in Marathon. 5 km nördlich des Parks liegt die Indianersiedlung Heron Bay mit einer Tankstelle.

Adressen
➪ Pukaskwa-Nationalparkverwaltung, Hwy 627, Heron Bay, Ontario P0T 1R0, Tel. 807-229-0801.

12 Bruce Peninsula und Fathom Five

Karstformationen, Höhlen, Seehöhlen, Kieselsteinstrände, überhängende Küsten, Sümpfe und Inlandseen; erster Marine Park Kanadas; glasklares Wasser, einsame Inseln mit geologischen Phänomenen; 20 Schiffswracks; Laichplatz für zahlreiche Fische; 300 Vogelarten; Massasauga-Klapperschlange; reiche Flora mit 43 Orchideenarten.

Nordwestlich von Toronto beginnt bei Owen Sound die ungefähr 100 km lange Landzunge von Bruce, die im Westen vom Lake Huron umgeben wird und nach Osten die Georgian Bay vom Lake Huron abteilt. Beide Nationalparks sind an der äußersten Landspitze zum Schutze eines Abschnittes des westlichen St.-Lorenz-Tieflandes eingerichtet worden. Bruce Peninsula umfaßt einen Teil der nördlichen Landspitze, Fathom Five Wasserflächen und Inseln, die nördlich unmittelbar an die Bucht von Tobermory und den Bruce-Nationalpark anschließen. Dennoch werden beide Schutzgebiete autonom verwaltet. **Bruce Peninsula**, der jüngste Nationalpark Kanadas, schützt auf 140 km^2 flache Buchten an der Südseite und kalksteingeschichtete Steilküsten an der Nordseite der Halbinsel zwischen Capot Head und Tobermory. Diese entstammen dem »Niagara Escarpment«, einem 725 km langen Felsband, das quer durch Ontario von Queenston bei den Niagara-Fällen bis nach Tobermory in den Nationalpark verläuft. Nur hier, wo es direkt an der Küste zur Georgian Bay zu liegen kommt, wird es frei sicht-

Das Niagara Escarpment tritt an der Nordseite von Bruce besonders gut zutage, im Foto der Indian Cove Head.

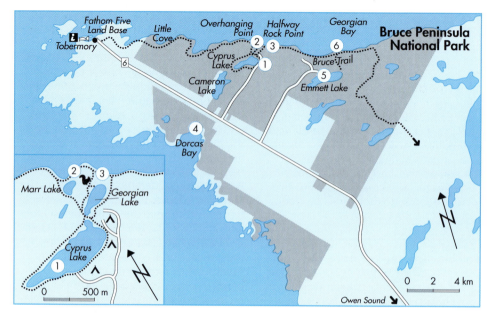

bar. Obwohl es den am dichtesten besiedelten Teil Kanadas durchzieht, stellt es eine waldreiche und ursprüngliche Region mit zahlreichen kleineren Schutzgebieten dar. Heute verfolgt die UNESCO den Plan, das gesamte Escarpment zu einem Biosphären-Reservat zu machen.

Einst gehörte das Escarpment einer riesigen hufeisenförmigen Bucht an, die von New York ausgehend quer durch Ontario bis Michigan und Wisconsin verlief. Vor 400 Mio. Jahren breitete sich in dieser Bucht ein flacher, tropischer Inlandsee aus. Über Millionen von Jahren setzte sich kalkreiches Sediment ab und begann, die Schichten des Escarpments aufzubauen. Dazwischen lagerte sich Sandstein an. Aufgrund des ungeheuren Gewichts sank der Boden der Bucht tiefer und wurde später durch heute nicht bekannte geologische Kräfte über das Wasserniveau gehoben. Daß das Kalksteinriff heute nicht erodiert ist, verdankt es einer Dolomitsteinauflage. Dieser durch Magnesium gehärtete Kalkstein konnte bisher nicht abgetragen werden.

Die zahlreichen bizarren Ausbildungen wie Höhlen, Steinsäulen und überhängende Küstenabschnitte entstanden durch die Kraft des Wassers. Regen wusch Mineralien aus den Gesteinsschichten und bewirkte unterschiedlich schnelle Erosionsvorgänge. So entstanden die Höhlen am Indian Head Cove und beim Halfway Rock Point nahe dem Cyprus Lake. Hier ragt das Escarpment 60 m über den Wasserspiegel, jedoch fällt die Steilküste mehr als 90 m im Wasser bis zum Boden der Bucht ab.

Ganz im Gegensatz zur Nordküste des Parks sind die südlichen Abschnitte rund um die Dorca's Bay völlig flach. Innerhalb des Parks wechseln Zedern- und Tannenwälder mit Inlandssümpfen und kleineren Seen ab. Das Gebiet ist vor allem für seinen Orchideenreichtum bekannt; im Juni blühen 43 verschiedene Arten.

Fathom Five ist der erste kanadische Marin-Nationalpark und wurde zum Schutz einer 130 km² großen See- und Unterwasserregion eingerichtet. 20 kleinere Inseln liegen in den Gewässern rund um die Nordspitze der Bruce-Halbinsel. Die größte, Cove Island, ist ähnlich der Südseite der Halbinsel flach und besitzt kleinere Inlandseen. Ganz im Gegensatz dazu erhebt sich die spektakulärste aller Inseln des Parks, die Flowerpot Island, hoch aus dem Lake Huron. An der Nordseite sind Steilküsten ausgebildet, die auch dem Niagara Escarpment angehören. Dieses läuft ausgehend von der Duncas Bay nördlich von Tobermory an der Ostseite der Insel vorbei, um dann unter Wasser die im Nordwesten folgende Manitolin Island zu unterwandern. Der vom Dolomit überlagerte Kalkstein wurde an der Südostseite zu bizarren Steinsäulen geformt, die die Hauptattraktion der Insel darstellen und als Flowerpots bezeichnet werden. Ein kleiner mit 10 m und ein großer mit 17 m Höhe sind noch erhalten.

Die klaren Gewässer des Parks ziehen vor allem Schnorchler und Taucher an. Unter Wasser liegende Höhlen und eine große Anzahl an Schiffswracks aus früherer Zeit reizen zu erkundungsreichen Tauchgängen. Die größten Wracks alter Segel- und Dampfschiffe, die im kalten und klaren Wasser des Lake Huron erhalten blieben, können mit Bootstouren auch von der Wasseroberfläche aus besichtigt werden. Die »Sweepstakes«, ein 1885 gesunkenes hölzernes Dampfschiff, liegt am Boden des Big Tub Harbours nördlich von Tobermory; weitere 22 sind rund um die Küsten der Inseln verstreut, die größte Ansammlung innerhalb der Großen Seen.

Pflanzen und Tiere

Durch Waldwirtschaft wurden im 19. Jh. die ursprünglichen Weymouthskiefernwälder fast ganz entfernt. Die heutigen Sekundärwälder setzen sich aus Balsamtannen zusammen, die von nördlichen Zederzypressen durchmischt sind. Papyrusbirken, Balsampappeln und Weißfichten (S.41) ergänzen die immergrünen Mischwälder. An den Küsten der Dorca's Bay sind noch einige ursprüngliche Weymouthskiefernbestände (S.121) erhalten. Wo tiefgründigere Böden vorhanden sind, konnten sich Zuckerahorn (S.132), Amerikanische Buche und Eichen ansiedeln.

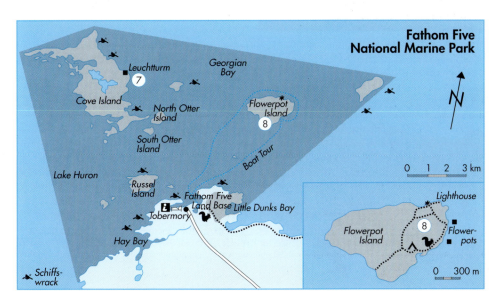

12 Bruce Peninsula und Fathom Five

Bruce ist reich an Schlangen wie der Gewöhnlichen Strumpfbandnatter.

Einige 700 Jahre alte Rotzedern wachsen entlang der Steilküsten des Escarpments zusammen mit Gewöhnlichem und Kriechendem Wacholder. Seltene Farne wie Hirschzungenfarn, Mauerraute und Purpurflachs findet man an Felsspalten. Die Wälder rund um den Cyprus Lake sind reich an bunt blühenden Wildblumen wie »Indian Paintbrush« (S.36), der Schattenblume *Smilacina racemosa* und Kanada-Hartriegel (S.123).

Die sauren Nadeln der Rotzedern verhindern in ihrem Umkreis weitgehend das Aufkommen von Bodenpflanzen. Nur vereinzelte Hundszahnlilien, Wilde Aralien und Virginische Traubenkirschen (S.19) gedeihen dort. Die vielfältigsten Pflanzengemeinschaften existieren im früheren Schutzgebiet rund um die Dorca's Bay, das dem Nationalpark angeschlossen wurde. Auf schmalen Pfaden entlang der Küstenlinie des Lake Huron durchwandert man die Sandstrände von »Singing Sands« und immergrüne Mischwälder mit 25 verschiedenen Orchideenarten. Mitte Juni bis Ende Juli blühen 3 Arten der Korallenwurz, 4 Frauenschuharten, Norne (S.103), 5 verschiedene Waldhyazinthen, Netzblatt, Drehähre (S.16), Herz-Zweiblatt, Grüne Hohlzunge, Breitblättrige Stendelwurz, Glanzkraut und Einblütiger Kleingriffel. Landeinwärts folgen mit Bankskiefern und Wacholder bewachsene Sanddünen. In kleinflächigen Quellsümpfen kommen Rundblättriger Sonnentau (S.180), Wasserschlaucharten (S.177), Pogonia (S.161) und Königsfrauenschuh vor.

Die wenig besuchten Bereiche des Parks rund um den Crane Lake und Willow Creek sind die Heimat von Kanadabiber (S.136), Amerikanischem Nerz und Maus-

Über 40 verschiedene Orchideen blühen im Juni in den trockenen Wäldern, hier *Calopogon pulchellus*.

◁ Der Teichfrosch ist an den flachen Inlandseen häufig.

Flowerpot Island mit den Flowerpots ist der bekannteste ▷ Punkt des Fathom Five National Marine Park.

Die Waldhyazinthe *Plathantera bephariglottis* wächst in den Übergangszonen der Moore.

wiesel. Auf den warmen Kalksteinfelsen leben 10 verschiedene Schlangen, darunter die seltene und giftige Massasauga-Klapperschlange (S.113). Gewöhnliche Strumpfbandnatter (S.110) und »Common Water Snake« *(Nerodia sipedon)* kommen überall im Park vor. Die Population der Milchschlange konnte sich als Folge zunehmender Wiesen und Felder auf der Halbinsel besonders vergrößern.

Die größeren Inseln des Fathom Five Marine Park wie Bears Rump, Cove Island und Flowerpot Island sind wie das Festland mit Tannen-Zedern-Wäldern bedeckt. Über das Eis wanderten Rothörnchen und Streifenbackenhörnchen auf die Insel ein, jedoch blieben Säuger wie Waschbär (S.22) oder Mauswiesel von den Inseln fern. Deshalb konnte sich auf Flowerpot Island eine dichte Population der Gewöhnlichen Strumpfbandnatter ausbreiten, die praktisch keine Feinde hat. Jedoch dürften sich zeitweilig Kojoten (S.98) auf der Insel aufhalten. Rotfüchse leben auf Russel Island.

Kanadareiher (S.130) nisten zu Hunderten auf Devil's Island, Silbermöwen und Ringschnabelmöwen, Raubseeschwalben, Ohrenscharben (S.154) und Flußseeschwalben können ständig rund um die Inseln und Küsten beobachtet werden. Entlang des Weges rund um den Cyprus Lake sind Krickente, Brautente, Kanadaschnepfe,

Bekassine und Rotschulterstärling (S.127) zu sehen.

Kein anderer Ort des Nationalparks bietet mehr Pflanzenarten (350), die sich unbeeinträchtigt entwickeln konnten, Lebensraum als die Flowerpot-Insel – darunter Norne (S.103), Frauenschuharten und die recht seltene Rundblättrige Orchis. Farne, die für die arktischen Regionen typisch sind, wurden während der Eiszeit durch die Gletscher hierher transportiert, z.B. Mauerraute, Lanzenschildfarn, Engelsüßfarn, Frauenhaarfarn und Zerbrechlicher Blasenfarn.

Im Gebiet unterwegs

Die meisten Wanderwege liegen im Gebiet des **Cyprus Lake** ①. Vom Hwy 6 zweigt 10 km vor Tobermory eine Nebenstraße ab, die auf 5 km zum Cyprus Lake Besucherzentrum führt. Rund um den See verläuft der **Cyprus Lake Trail** durch Ufer- und Mischwaldgebiete. Der 1,5 km lange Georgian Bay Trail durchquert zedernreiche Wälder und führt zur nördlichen Küste, wo er östlich des **Halfway Rock Point** ② auf das Niagara Escarpment trifft. Der schmale Pfad ist in die dichte Vegetation entlang der Küste regelrecht eingeschnitten. Hier liegen die attraktivsten Kalksteinformationen sowie die Höhlen und die Steinbögen an der **Indian Head Cove** ③. Der Rückweg verläuft entweder westlich am Marr Lake Trail zuerst über Kieselsteinstrände und durch Mischwald oder östlich am Horse Lake Trail dem Ufer des Horse Lake entlang. Der **Georgian Lake Trail** stellt an einer kleinen Abzweigung zum Horseshoe Lake ein Karstphänomen vor: Durch Siphone wird das Wasser unterirdisch zum Marr Lake abgeleitet.

Die **Dorcas Bay** ④ im südlichen Küstenabschnitt des Parks erreicht man ebenfalls

Die seltenste und die einzig giftige aller Schlangen auf Bruce ist die Massasauga-Klapperschlange.

über eine kurze Stichstraße. Sie endet beim Strand von Singing Sands, wo auch kleinere Pfade in die Umgebung beginnen. Ein Wanderweg führt vom **Emmett Lake** ⑤ zum Halfway Log Dump, einem weiteren Küstenabschnitt. Entlang des gesamten Niagara Escarpment verläuft der 735 km lange **Bruce Trail** ⑥. Ab dem Crane Lake führt er bis Tobermory durch den Park; andere attraktive Abschnitte sind Devil's Pulpit, Dyer Bay und Jones Bluff auf der östlichen Bruce-Halbinsel.

Die **Little Dunks Bay** gehört als Landabschnitt zum Fathom Five Park. Die **Flowerpot Island** ⑧ kann als einzige Insel des Parks besucht werden. Tägliche Schiffsverbindungen erreichen die 2 km lange Insel in 30 Minuten. Wanderwege führen zu den Flowerpots, zum Leuchtturm an der östlichen Steilküste und quer durch den dichten Urwald der Insel. Eine Besonderheit stellen die Grotten dar, die etwa 40 m über der Wasseroberfläche in den Felsen liegen. Sie stammen aus einer Zeit, als die Insel vor 5000 Jahren tiefer im Wasser lag, und wurden durch Wellenerosion in der Brandungszone aus dem Gestein gearbeitet; zu einer kann man mittels Holztreppen aufsteigen. Die Ostseite der Insel, unmittelbar bei den Flowerpots, fällt unter Wasser 90 m senkrecht zum Boden der Georgian Bay ab und erreicht den tiefsten Punkt des Parks.

Der Leuchtturm von **Cove Island** ⑨ kennzeichnet den Eingang in die Georgian Bay. Er wurde 1859 aus Stein errichtet und ist fast 30 m hoch.

Praktische Tips

Anreise
Beide Parks erreicht man am Hwy 6 von Toronto; aus Richtung Osten nach Owen Sound zur Halbinsel von Bruce; 300 km von Toronto bis Tobermory. Mit dem Fährschiff Chi-Cheemaun von Manitolin Island.

Klima/Reisezeit
Die angenehmste Reisezeit im Park ist zwischen Ende April und Mitte September; zu dieser Zeit haben alle Freizeiteinrichtungen in Tobermory geöffnet.

Unterkunft
In Tobermory gibt es mehrere Motels, Restaurants und Geschäfte, die Campingplätze des Parks befinden sich beim Cyprus Lake mit 242 Stellplätzen. Auf Flowerpot Island wurden 6 Zeltplätze angelegt.

Adressen
↪ Superintendent Bruce und Fathom Five, Box 189, Tobermory, Ontario N0H 2R0, Tel. 519-596-2233.

Schiffstouren
3 Schiffsunternehmen bieten mehrmals täglich mit Glasbodenbooten von Tobermory aus regelmäßige Fahrten inklusive Schiffswrackbesichtigung durch den Marine Park und zur Flowerpot Island an (Blue Heron, Tel. 519-596-2020; True North II, Tel. 519-596-2600; Seaview III, Tel. 519-596-2224). Auf Flowerpot Island kann man sich absetzen lassen und später am Tag mit einem anderen Boot zurückfahren (Platzangebot abklären!).

13 Point-Pelee-Nationalpark

> Südlichste Landspitze Kanadas; ausgedehnte Süßwassersümpfe, die der Ramsar Konvention entsprechen; windgeformte Sandstrände, Karolinischer Mischwald; im September Rastplatz des Monarchfalters; 350 Vogelarten, davon 100 im Park brütend; seltene und gefährdete Blütenpflanzen.

Point Pelee umfaßt die südlichste Landspitze Kanadas, die sich in Ontario östlich von Leamington in Form eines rechtwinkeligen Dreiecks über 9 km in den Lake Erie erstreckt. Die südliche Lage auf der gleichen geographischen Breite wie Nordkalifornien bestimmt entscheidend den Charakter dieses knapp 16 km² großen Schutzgebietes. Immergrüne Hartlaubwälder und röhrichtreiche Sümpfe und Teiche bilden eine Landschaft mit über 700 Pflanzenarten, von denen manche in bezug auf ihre Verbreitung eher an das südliche Amerika als an Kanada erinnern.

Schon 1799 wurde die Landzunge von den Briten unter Schutz gestellt. Im 19. Jh. begann jedoch eine intensivere Nutzung und bedingte eine Veränderung der Wälder und Küsten. Schon 1918 wurde der Nationalpark gegründet, um den für die Zugvögel so wichtigen Rastplatz zu erhalten. Es war der neunte kanadische Nationalpark und der erste, der aus biologischen Gründen geschaffen wurde und nicht, um außerordentliche Landschaften zu bewahren.

Vor 10 000 Jahren, als sich die Gletscher nach Norden zurückzuziehen begannen, hinterließen sie dicke Schichten aus Schluff und Sand in der abgeschliffenen Kalksteinwanne, in der sich der Erie-See bildete. Zwei Riegel aus Sand wurden über den Wasserspiegel gehoben und durch die Wellen zu einer V-ähnlichen Landspitze geformt. Die Lagune zwischen den Sandbänken entwickelte sich zu Inlandsümpfen, die heute zwei Drittel der Fläche des Parks einnehmen. Entlang der Westseite ist ein breiter Waldgürtel ausgebildet, der bis an die Südspitze reicht und bis 800 m breit

Die Seerose *Nymphaea odorata* bildet zusammen mit der gelbblühenden Teichrose schwimmende Blatteppiche.

wird. Der südlichste Abschnitt von Point Pelee besteht aus einem langen Sandsporn, der weit ins bewegte Wasser des Erie-Sees ragt.

An der Südspitze werden die Einflüsse von Wind und Wellen besonders deutlich. Stete Strömungen bauen den Sand an der Ostseite Point Pelees schneller ab, als dieser an der Westseite angelagert wird. Dies bedeutet, daß die Landzunge westwärts wandert, jedoch immer kleiner wird. Entgegengesetzt verhalten sich die Winde, die ständig auf die Westseite einwirken. Die Ostseite liegt im Windschatten. Hier sammeln sich im Herbst Abertausende Monarchfalter an den Bäumen und färben sie orangerot. Auf ihrem Zug vom St.-Lorenz-Gebiet in das Gebiet der Sierra Madre in Zentralmexiko verweilen sie auf Point Pelee, um günstiges Wetter und Rückenwind abzuwarten.

Ein eiszeitliches Phänomen findet man an den ostseitigen Stränden. Schwarzes, eisenhaltiges Magnetitgestein wurde von den Gletschern vom Kanadischen Schild über 500 km hierher transportiert. Aus erdgeschichtlicher Urzeit stammen auch die zahlreichen Fossilien entlang der Strände, die vor 300 Mio. Jahren entstanden, als die gesamte Region am Boden eines flachen Inlandsees lag.

Im Herbst kommen Tausende Monarchfalter in den Park, um eine letzte Rast auf dem Weg nach Süden zu machen.

Pflanzen und Tiere

5 Pflanzengemeinschaften können im Park unterschieden werden: Die östlichen zwei Drittel des Parks werden von Süßwassersümpfen eingenommen, die dicht mit Breitblättrigem Rohrkolben, Seerosen,

◁ Point Pelee besteht fast nur aus einem großen Sumpf in Form eines Dreiecks, in den ein Holzsteg hineinführt.

Die Nordamerikanische Rohrdommel ist im Röhricht ▷ heimisch.

13 Point-Pelee-Nationalpark

Der Nachtreiher bekommt sein Alterskleid erst nach 3 Jahren, er ist überwiegend nachtaktiv.

Teichrosen und 13 verschiedenen Laichkrautarten bewachsen sind. In den Weihern leben Karpfen und Goldfische. An den Ufern können die rosa Blüten der Sumpfmalve bewundert werden, die einzige Hibiskus-Art in Kanada. Bisamratten, Amerikanischer Nerz, Kragenhuhn und 6 verschiedene Schildkrötenarten sind in den Sümpfen beheimatet. 2 davon sind gefährdete Arten, die Schmuckschildkröte (S.171) und die Blanding's Schildkröte. Der beste Punkt, diese zu beobachten, liegt beim Aussichtsturm am Sanctuary Pond. In den Sumpfwäldern wachsen Silberahorn, Platane und Geflecktes Springkraut (S.131). Die Wasserflächen, bevorzugte Reviere der Glattechsen, sind mit Wasserlinsen überzogen.
Die Westseite des Parks wird von trockenen sommergrünen Hartholzwäldern (Karolinischer Mischwald) eingenommen, die vom milden Klima des Erie-Sees beeinflußt werden. Das häufige Vorkommen des Westlichen Zürgelbaumes in dieser Zone ist für Kanada untypisch. Weiterhin sind Amerikanische Linde, Kastanieneiche, Hickory-Nuß, Blauesche, Tulpenbaum und Pyramidenpappel häufig. Wilder Wein windet sich an den Baumstämmen in die Höhe und gibt dem Wald das tropenähnliche Aussehen. Ruprechtskraut und Buntes Dreiblatt (S.169) blühen im Mai und Juni. Pieperwaldsänger suchen am Waldboden im Laub nach Insekten, ferner kommen Rotkardinal, Goldwaldsänger, Blaumückenfänger, Gartentrupial, Gelbbrustwaldsänger und Weißaugenvireo vor. Virginische Zedern und Hopfenbuchen ziehen den Großen Schwalbenschwanz an. Im Herbst sammeln sich 10 000 Monarchfalter an den Zürgelbäumen der Ostseite der äußersten Landspitze.
Südlich des Informationszentrums liegen entlang des DeLaurier Trails Weideflächen und Obstgärten früherer Siedler. Dieses offene Waldland wird gemäß der natürlichen Sukzession von Virginischen Zedersavannen eingenommen, in denen auch Feigenkakteen wachsen. Im Juli erleuchten meterhohe Goldruten diese Wiesen. Die fünfte Pflanzengemeinschaft kommt auf den Sandflächen entlang der Küsten vor. Wenig Erde, starke Winde, Wellen, extreme Temperaturen und Sandverwehungen kennzeichnen diesen Lebensraum. Wermut und die tiefwurzelnde Hirse befestigen die Sandbänke, auf denen Flötenregenpfeifer (S.159), Amerikanischer Goldregenpfeifer und Pazifischer Wasserpieper nach Nahrung suchen. Vor der Küste sammeln sich besonders im Frühling und im Herbst zur Zeit des Vogelzuges 20 000 Weißkehlammern und zahlreiche Wasservögel: 100 000 Gänsesäger, 2500 Zwergschwäne, Bindentaucher, Eistaucher (S.121), Ohrentaucher, Silberreiher, Kuhreiher, Bläßgans sowie verschiedene Entenarten wie Zimtente, Nordamerikanische Pfeifente, Kragenente (s.S.40, S.185) und Spatelente. Insgesamt halten sich zu dieser Zeit mit über 350 Arten beinahe 40 Prozent aller auf dem nordamerikanischen Kontinent vorkommenden Vogelarten im Park auf.

Im Gebiet unterwegs

5 Wanderwege erschließen die Lebensräume des Parks. Die Zufahrtsstraße führt über 6 km zum Parkplatz beim Informationszentrum. 2 km nach dem Einfahrtstor

liegt östlich der Straße der **Aussichtsturm** ①, von dem man die großen Sümpfe rund um den Lake Pond, Cranberry Pond und Sanctuary Pond überblicken kann. Hier beginnt ein auf Stegen angelegter 1,4 km langer Rundweg, der direkt durch das Röhricht des Lake Pond führt. Auf einer Abzweigung erreicht man einen weiteren kleinen Aussichtspunkt mitten im Sumpfgebiet ②.

Der **DeLaurier Trail** ③ beginnt 4 km südlich des Parkeinganges. Der 1,25 km lange Weg erschließt die Zedernsavannen und verbuschenden Kulturgründe aus vergangener Zeit. Entlang des Wegs trifft man auf 2 historische Gebäude. Südlich des Informationszentrums beginnt der **Botham Trail** ④, auf dem alle Baumarten des Hartlaubmischwaldes vorgestellt werden. Der 2,75 km lange **Woodland Trail** ⑤ zweigt vom Botham Trail ab und stellt den Karolinischen Mischwald vor. Auf dem Rückweg führt der Pfad durch einen feuchten Sumpfwald. Eine Begleitbroschüre erhält man im Informationszentrum. An der Südspitze führt der **Tip Trail** ⑥ zum äußersten Landpunkt Kanadas. Dabei erreicht man die Sandbänke, die östliche Strandzone mit den Monarchfaltern und die Landspitze mit den Wasservögeln. Vom Informationszentrum ist eine Shuttlebusverbindung zum Tip Trail eingerichtet.

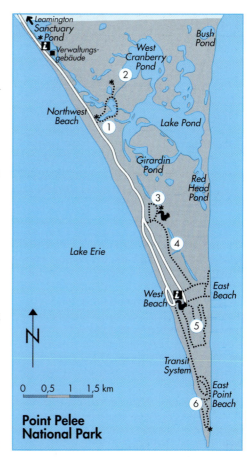

Point Pelee National Park

Praktische Tips

Anreise
Über den Hwy 401 von Toronto 370 km südwestlich über London Richtung Windsor. Über Hwy 77 nach Leamington und zum Park. Über Hwy 3 etwa 96 km südöstlich von Detroit und Windsor.

Klima/Reisezeit
Der Park ist das gesamte Jahr von 6.00 Uhr bis 22.00 Uhr geöffnet; besonders im Mai besucht, zur Zeit des Vogelzuges. Shuttlebusse fahren dann schon ab 6.00 Uhr morgens zur Südspitze, sonst ab 9.00 Uhr. Besuche lohnen sich bis Ende Oktober. Die Hauptzugzeit der Schmetterlinge findet etwa bis 20. September statt.

Unterkunft
19 km nordöstlich des Parks im Wheatley Provincial Park besteht ein Campingplatz, im Park keine Möglichkeit. Private Campingplätze, Hotels und Motels in Leamington, 10 km nördlich des Parks.

Adressen
↪ Superintendent Point Pelee National Park, R.R. 1, Leamington, Ontario N8H 3Z4, Tel. 519-322-2365.

14 Algonquin Provincial Park

> Kanadas ältester Provincial Park; boreal geprägte sanfte Hügellandschaften; Nadelwälder, sommergrüne Ahornmischwälder; 1500 Seen, 1200 km Flußläufe, beliebtes Kanurevier; uralte Landmassen des Kanadischen Schildes; 16 Naturlehrpfade; reichhaltiges Tierleben, Elche, Schwarzbären, Eistaucher; Meteoritenkrater.

Die Landschaft von Ontarios ältestem und größtem Provincial Park, der zugleich der erste Kanadas war, ist vom Charakter des Nordens bestimmt. Ein unüberschaubares Labyrinth an kleinen und größeren Seen, Flußläufen, Schluchten und Sumpfgebieten liegt zwischen weitläufigen Tannen-, Kiefern- und Laubmischwäldern eingebettet. Sanfte Hügelkuppen, die nur selten schroffere Kanten und Abstürze aufweisen, verlaufen etwa im Zentrum des Parks. Algonquin verkörpert heute nicht nur ein Gebiet, in dem man die einsame und reiche kanadische Natur erleben kann, sondern spiegelt auch die Auseinandersetzung der früheren Einwanderer mit der nicht immer lieblichen Natur wider. Algonquin liegt im Bereich der ältesten Landmassen des Kanadischen Schildes. Sie sind 1,5 Mrd. Jahre alt und haben sich aus einer riesigen Meeresbucht gehoben. Die Gneise und Granite sind durch Druck und Hitze aus Sedimenten gebildet worden, die sich im Laufe der Zeit am Meeresboden abgelagert hatten. Wie im gesamten östlichen Kanada standen hier vor 1 Mrd. Jahren hohe Gebirge, die den heutigen Rocky Mountains ähnlich waren. Erosion, Wind und Wetter haben diese zu den sanften Hügel abgetragen, die heute im wesentlichen das Landschaftsbild bestimmen. Der westliche Teil des Parks wurde

Die ruhige und sanfte Landschaft des Algonquin Provincial Park wird vor allem am Joe Lake spürbar.

Im Dunkel der borealen Nadelwälder wächst die unscheinbare Korallenwurz, eine Orchidee.

vor 400 Mio. Jahren nochmals angehoben und liegt etwa 200–300 m höher als der östliche Abschnitt. Die harten Granitschichten zerbrachen und ermöglichten so die Bildung der zahllosen Seen und kleineren Täler, die den Park heute gliedern. Die auffälligste Falte kann man im Barron Canyon sehen, der zum Teil 100 m hohe Steilwände aufweist.

Die letzten geologischen Veränderungen erfolgten im Park während der Eiszeiten. Vor 11 000 Jahren schmolzen die Gletscher ab und hinterließen an manchen Orten Anhäufungen von Moränen und Schluff. Reißende Schmelzwasserflüsse schütteten Sandebenen auf, vor allem im östlichen Abschnitt. Heute wachsen auf diesen Ebenen gewaltige Weymouthskiefernwälder. Die Eiszeit hinterließ auch zahlreiche der tiefblauen Seen, die Gletscherwannen ausfüllen.

Algonquins Landschaft läßt sich nicht ohne Berücksichtigung der menschlichen Besiedelung verstehen. Schon vor 3000 Jahren lebten Paleo-Indianer am Opeongo und Petawa River. Diese wurden von den Algonquin-Indianern abgelöst, einem

Der Lookout Trail ermöglicht einen Blick über den unendlichen Laubwald der östlichen kanadischen Landschaften.

14 Algonquin Provincial Park   119

Timberwölfe und Tundrawölfe

Wölfe *(Canis lupus)* sind heute noch über ganz Kanada verbreitet, während sie in den USA bereits weitgehend ausgerottet wurden. Die scheuen Tiere leben in einem straff organisierten Sozialgefüge, welches die Jagd, die Verteidigung ihres Territoriums und die Verständigung untereinander erleichtert. Die Rudel bestehen meist aus 5–10 Tieren, wobei ein Rüde die Führung übernimmt. Die Größe eines Reviers erstreckt sich über hundert Quadratkilometer. Die Wölfe Nordamerikas werden oft als **Timberwölfe** bezeichnet. In Kanada erlangten die Tiere vor allem im Algonquin Provincial Park Bekanntheit, wo sich intensive Forschungsprogramme mit ihrem Verhalten und der Biologie befassen.

Die arktische Unterart, der **Tundrawolf** *(Canis lupus tundrorum),* lebt auf der Inselwelt des kanadischen Nordens zwischen Banks und Ellesmere Island. Da alle anderen Unterarten der Wölfe vom Menschen gnadenlos verfolgt wurden, sind die Tundrawölfe die einzigen, die noch in ihrem gesamten ursprünglichen Verbreitungsgebiet zu finden sind. Sie wandern jährlich Tausende von Kilometern auf der Suche nach Karibus, die zu ihren wichtigsten Beutetieren gehören. Der Tundrawolf kann Jahre mit Temperaturen unter dem Gefrierpunkt, Monate in Dunkelheit und Wochen ohne Nahrung aushalten. Dafür nimmt er dann bis zu 45 kg Fleisch auf einmal auf. Die Schneeschuhhasen, die er buchstäblich mit Haut und Haaren verschlingt, jagt der Tundrawolf genauso wie Moschusochsen. Vom Timberwolf unterscheidet er sich durch ein helles, gräuliches, fast weißes Fell.

Durch Heulen weisen Wölfe andere Rudel auf ihr Revier hin und versuchen damit, die unvermeidbaren Kämpfe beim Zusammentreffen vorweg zu verhindern. Oft sind die geheimnisvollen Laute, die in den Sommernächten die Wälder durchdringen, der einzige Hinweis auf ihre Anwesenheit.

Stamm der Irokesen, die das Gebiet des Parks als Fisch- und Jagdgrund nutzten. Um 1830 entdeckten Siedler aus dem nahen Ottawa-Tal den Holzreichtum des Parks und errichteten Arbeitercamps und Sägewerke. Rasch wurde ein großer Anteil des südlichen Parkgebietes abgeholzt und das Holz nach Québec Stadt gebracht. Vor allem die hochwüchsigen Weißkiefern wurden begehrt. 60 Jahre lang schlug dieser Raubbau große Wunden in die Landschaft, was 1893 zur Parkgründung führte. In der Folge strömten Erholungssuchende in das Gebiet. Die Straße, die durch den südlichen Park führt, wurde errichtet und sogar eine Eisenbahnlinie. In den 20er Jahren erreichten die Erschließungsmaßnahmen ihren Höhepunkt. Erst seit dem zweiten Weltkrieg wird im Park die vielfältige Natur des nordöstlichen Ontario nachhaltig geschützt.

Heute wird der »Park Korridor« und das Hinterland »Park Interior« unterschieden. Der Hwy 60, der über etwa 55 km durch den südlichen Park von Whitney in Richtung Huntsville führt, bildet das Zentrum aller Aktivitäten. 13 Naturlehrpade und mehrere Mehrtages-Wanderwege gehen von dort aus. Die Campingplätze und exklusiven Lodges sind hier angesiedelt sowie das 1993 neu erbaute Besucherzentrum, das keine Wünsche offenläßt. Der Parkway führt an wunderschönen Seen und an Geländestufen vorbei und schon beim Durchfahren wird ein Großteil der Naturschönheiten des Parks ersichtlich. Im Herbst, zur Zeit des Indian Summer, erstrahlt der östliche Algonquin in buntesten Herbstfarben. Nicht nur deswegen zog der Park auch Künstler wie Tom Thomson an, die die stillen, nebelverhangenen Landschaften, die bizarren Weymouthskiefern und die Panoramen des Parks portraitierten. Heute besuchen Naturfreunde den Park wegen der zahllosen Elche, Kanadabiber und Eistaucher und vor allem wegen der Algonquin-Wölfe, die die Sommernächte mit ihrem Geheul erfüllen.

Eistaucher im Prachtkleid.

Pflanzen und Tiere

Im feuchteren Hochland in den westlichen zwei Dritteln des Parks wachsen Mischwälder aus Zuckerahorn (s.S.132), Rotahorn, Amerikanischer Buche, Espe, Balsampappel, Papierbirke, Gelbbirke und Wildkirschenarten. Hügelketten sind mit Nadelbäumen wie Kanadischer Hemlocktanne (S.170), Weißfichte (S.41), Balsamtanne und Gebirgslärche bestockt, während Zedern vor allem an Seeufern und in Flußtälern zu finden sind. Die Weymouthskiefer kann heute noch auf sandigen, trockneren Böden am Rande der Mischwälder, an felsigen Seeufern, auf Inseln und an exponierten Felsklippen gefunden werden. Manchmal wächst sie auch an Sümpfen. In den östlicheren, tiefer gelegenen Abschnitten des Parks dominieren auf trockneren Böden Kiefernwälder aus Bankskiefer, Harzkiefer und vereinzelt Weymouthskiefern. Strauchförmige Roteichen überziehen die Anhöhen von Hügelketten zusammen mit der Weymouthskiefer, die an manchen Orten die intensiven Abholzungen überdauerten. Im Bereich des Achray-Campingplatzes wurde sie auch angepflanzt. Rund um Moortümpel wachsen Schwarzfichtenwälder. Die Wälder sind reich an seltenen Blumen wie Rotem und Buntem Dreiblatt (S.169), Waldlilie, Frauenschuh (S.167), Korallenwurz, Waldveilchen, Sauerklee, Kanada-Hartriegel und Moosglöckchen.

Überall im Park gibt es vielfältige Feuchtgebiete. In Stillwasserbuchten der Seen sind röhrrichtreiche Verlandungszonen

Der Hemlock Bluff Trail führt durch einen Laubmischwald zu einer aussichtsreichen Geländekante hoch über den See.

entstanden, die von Kanadareihern (S.130) und Elchen aufgesucht werden. Seewärts haben sich Schwimmblattgesellschaften ausgebildet mit Seerosen (S.115), Teichrosen, Schwimmendem Knöterich und Laichkrautarten. Die Vielzahl an Seen und Flußläufen nutzen Kanadabiber (S.136), um ihre kunstvollen Bauten anzulegen. In Gletscherwannen sind fast kreisrunde Moortümpel entstanden, die von Dickichten aus Weidengebüschen, Sumpf-Porst und Zwergsträuchern umgeben sind. Sonnentau, Gagelstrauch, Kardinalslobelie (S.159), Wollgras, Dost, Spierstrauch

Elche können vor allem in der Dämmerung in den Sümpfen entlang der Straße beobachtet werden.

(S.161), Trompetenblatt (S.138), Vielblättrige Lorbeerrose (S.158) und Wasserschlauch (S.177) sind in den Moorgebieten ebenso verbreitet wie zahlreiche Amphibien und Reptilien, z.B. Leopardfrosch (S.171), Ochsenfrosch, Schnappschildkröte (S.169) und Amerikanische Kröte. Die Mischwälder des Parks bilden für Tier-, vor allem Vogelarten, eine Übergangszone zwischen den nördlichen und südlichen Verbreitungsgebieten. Daher sind die Artenzahlen beträchtlich. Die häufigsten nördlichen Vogelarten sind Kolkrabe (S.52), Eistaucher, Tannenhuhn (S.159) und Meisenhäher (S.51), während aus südlicheren Verbreitungsregionen Rosenbrust-Kernknacker und Scharlachtangare eingewandert sind. Die Hartholz-Laubmischwälder des Parks werden von Tannenhuhn (S.159), Walddrossel, Helmspecht und Virginia-Uhu bevorzugt; Sägekauz, Streifenkauz, Fichtenwaldsänger, Pieperwaldsänger, Weidengelbkehlchen, ferner Habicht, Purpurgimpel und Rotaugenvireo kommen in den Nadelmischwäldern vor. In den Schwarzfichtenwäldern rund um die Moore leben Meisenhäher (S.51), Gelbbauchtyrann, Tannenhuhn, Zedernseidenschwanz, Sumpfammer, Walddrossel und Rubingoldhähnchen. An den Biberteichen gibt es Stockenten, Brautenten, Gänsesäger, Nordamerikanische Rohrdommel (S.115) und Königstyrannen. Merline kreisen über den Seen Kioshkokwi, Lavieille und Hogan. Hier nistet der Wanderfalke (s.S.164) in den steilen Felsklippen. Steinadler halten sich von November bis März im Park auf. An den Seeufern sind Silbermöwen, Gürtelfischer und Gänsesäger häufig. Fast an jedem See des Parks nisten Eistaucherpaare, die mit ihren eindrucksollen Rufen die Morgen- und Abendstunden erfüllen. Breitflügelbussarde, die häufigsten Greifvögel im Algonquin Park, jagen nach Leopardfröschen (S.171) und Gewöhnlichen Strumpfbandnattern (S.110) und können manchmal entlang des Hwy 60 auf Telegraphenmasten

gesehen werden. Etwa 30 Fischadlerpaare (S.178) nisten im Park.
Von den Säugetieren können am häufigsten Elche (S.136), Kanadabiber und Schwarzbären (S.201) beobachtet werden. Elche suchen vor allem im Mai und Juni nach Wasserpflanzen in den Seen und Tümpeln neben dem Parkway, die durch die Winterstreuung salzreich sind. Rothörnchen, Hirschmaus, Flughörnchen und Waldmurmeltier (S.127) sind die häufigsten Nager. An Großsäugern kommen Weißwedelhirsch, Rotfuchs, Waschbär, Baumstachler (S.50), Luchs, Fichtenmarder, Fischermarder, Hermelin und Amerikanischer Nerz vor. In den Flüssen tummeln sich Nordamerikanische Fischotter (S.91), und Kanadabiber legen ihre Dämme an. Eine besondere Attraktion des Parks stellen die Algonquin-Wölfe dar, die zu den Timberwölfen gezählt werden (s.S.120). Im Sommer veranstaltet die Parkverwaltung geführte »Wolfswanderungen«, bei denen die Teilnehmer versuchen, das Wolfsgeheul nachzuahmen und die Tiere zu einer Antwort zu bewegen.

Kanada-Hartriegel (»Bunchberry«) mit den weißen Blüten (Foto oben) und roten Früchten (Foto unten).

Im Gebiet unterwegs

Algonquin bietet von allen Parks in Kanada, die Nationalparks eingeschlossen, die beste Infrastruktur, um die reichhaltige Natur zu erleben. Entlang des **Parkway**, Hwy 60, sind 13 Naturlehrpfade und mehrere Wanderrouten eingerichtet, die ins Hinterland führen (Beschreibung von Osten nach Westen).

Km 57: **Algonquin Logging Museum** ①. Das Museum samt Rundweg stellt den Einfluß der früheren Holzwirtschaft auf den Park vor.

Km 45: **Beaver Pond Trail** ②, 2 km. Der Weg führt durch das Reich des Kanadabibers vorbei an Tümpeln, Biberburgen, Dämmen, gefällten Stämmen; mit Aussichtspunkt.

Km 43: Abzweigung nach Süden zum **Be**sucherzentrum ③. Multimediashow, naturkundliches Museum mit allen Raffinessen, reichhaltiger Buchladen, Café; lohnende Aussichtsterrasse.

Km 42,5: Der **Spruce Bog Trail** ③ führt auf Holzstegen 1,5 km lang durch ein Hochmoor.

Km 39: **Lookout Trail** ④. Auf der 1,9 km langen Runde erreicht man die Spitze einer Hügelkette, die einen weiten Rundblick auf den westlichen Park freigibt; entlang des Weges wird die Geologie des Algonquin-Parks erklärt.

Km 36: **Centennial Ridges Trail** ⑤. Thema: die historische Entwicklung des Parks; 10 km durch Laubmischwald, aussichtsreiche Klippen.

Km 30: **Bat Lake Trail** ⑥, 3,3 km. Thema: Ökologie des Parks. Two River's Trail: Umweltveränderungen in den Wäldern des Parks.

Km 28: **Hemlock Bluff Trail** ⑦, 3,5 km. Thema ist die Forschung im Algoquin-Park; ein lohnender Aussichtspunkt wird erreicht.

Km 25: **Track and Towers Trail** ⑧, 7,7 km. Laubmischwald; Seeufer, Verlandungs-

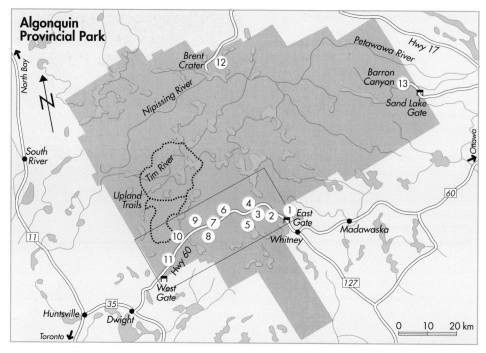

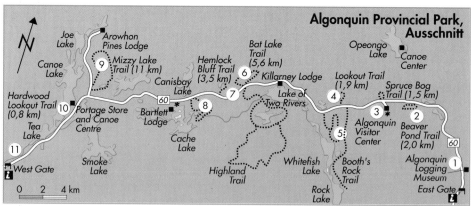

bereiche; historische Brücken der Algonquin-Eisenbahn.

Km 20: Peck Lake Trail. Thema: Gewässerökologie.

Km 15: **Mizzy Lake Trail** ⑨, 11 km. Der Weg führt durch eine Seen-, Moor- und Waldlandschaft und bietet gute Möglichkeiten, Wildtiere zu sehen: Elche am West Rose Lake, Nordamerikanische Fischotter am Mizzy Lake, Schildkröten am Wolf Howl Pond. In dieses Gebiet führen auch die Wanderungen zum »Wolfehowling«.

Km 13: Abzweigung zum Canoe Lake und zum **Portage Dock** ⑩; Hardwood Lookout Trail, 0,8 km. Ökologie des Hartholz-Laubwaldes.

Km 7: **Wiskey Rapids Trail.** ⑪ Nach 2,1 km erreicht man einen Wasserfall und erfährt Details über die Ökologie eines Flusses im Algonquin-Park.
<u>Weiterer Naturlehrpfade</u>
Brent Crater Trail ⑫. Dieser liegt im Norden des Parks und wird über den Hwy 17 North Bay nach Pembroke erreicht. Bei Mattawa zweigt eine Stichstraße nach Kiosk und zum Brent Crater ab. Der 2 km lange Rundweg führt durch einen Meteoritenkrater bis zu einem Aussichtsturm.
Barron Canyon Trail ⑬. Diesen erreicht man von Pembroke aus über den Hwy 62 und eine Stichstraße, die zur Ostseite des Parks führt. Der Weg führt zu lohnenden Klippen oberhalb des Barron River.
Berm Lake Trail ⑬. In der Nähe des Barron Canyon; Thema ist die Ökologie des Weymouthskiefernwaldes.
Zu allen Naturlehrpfaden erhält man im Besucherzentrum, an den Eingangskiosken und an Kästen am Wanderweg selbst gegen eine kleine Gebühr Broschüren.
Mehrtagestouren: Highland Trail (19 und 35 km) vom Mew Lake Campground aus; Western Upland Trail (32, 55, 71 km lange Runden) vom Oxtongue River aus.
Kanutouren: Vom Opeongo Dock im Osten und Portage Store Canoe Center am Canoe Lake im Westen; insgesamt 1200 km Kanurouten; eine detaillierte Karte erhält man am Parkeingang.

Die Zwillingsblume (auch Moosglöckchen genannt) kommt in den borealen Nadelwäldern vor.

Klima/Reisezeit

Das gesamte Jahr über lohnt sich eine Fahrt zum Park. Die Sommermonate Juli und August eignen sich am besten, um zu wandern oder mit dem Kanu die Seen zu erkunden. In der letzten Septemberwoche und in den ersten Oktobertagen verwandelt der Indian Summer Algonquin in ein Farbenmeer, das den Besuch zu einem unvergeßlichen Erlebnis werden läßt. Doch auch der Frühling lohnt sich, wenn die Geophyten und Orchideen blühen. Der Mai ist die beste Zeit, um Elche zu sehen.
Das Besucherzentrum hat von Anfang Mai bis Ende Oktober geöffnet. Informationskioske sind an beiden Parktoren eingerichtet.

Praktische Tips

Anreise
Der Park ist leicht zu erreichen. Von Ottawa und von Toronto liegt er jeweils 240 km entfernt. Anfahrt über den Hwy 60 von Ottawa bis Whitney, über den Hwy 35 von Toronto aus. Schwieriger sind die Nordpassagen zu erreichen: Von Huntsville über Hwy 11 Richtung North Bay, auf dem Hwy 17 nach Osten Richtung Pembroke; mehrere Abzweigungen zum Park. Diese Route ist 700 km lang.

Unterkunft
Zahlreiche Campingplätze im Park. 3 exklusive Privat-Lodges (im Juli/August meist ausgebucht): Bartlett Lodge am Cache Lake, Killarney Lodge am Lake of two Rivers und die am schönsten, weil abseits gelegene Arowhon Pines Lodge am Joe Lake. Motels, Geschäfte und Chalets in Whitney.

Adressen
▷ Arowhon Pines Lodge,
 Tel. 705-633-5661.
▷ Algonquin Park Ministry, Box 219,
 Whitney, Ontario K0J 2M0,
 Tel. 705-633-5572.

15 Montréal und Umgebung

Vogelschutzgebiete in unmittelbarer Nähe einer Millionenstadt; Sumpfgebiete entlang des Rivière des Prairies; großflächige Verlandungszonen mit Silberahorn-Auwäldern am Lac des Deux Montagnes; Kanadabiber, Nordamerikanischer Fischotter, Waldmurmeltier, Silberreiher, Mangrovenreiher; Vulkankegel mit vielfältiger Waldvegetation; Botanischer Garten, Biodôme, Biosphère.

Montréal, die größte Stadt der französischsprachigen Provinz Québec, liegt auf Inseln, die vom St.-Lorenz-Strom im Südosten und dem Rivière des Prairies im Nordwesten eingeschlossen werden. Letzterer mündet nördlich der Stadt in den St.-Lorenz-Strom. Die Inseln und Flußsysteme liegen in einem Becken, das im wesentlichen während der letzten Eiszeit entstanden ist. Doch die darunterliegenden Gesteinsmassen sind weit älter und wurden vor 1 Mrd. Jahren gebildet.

Das Tiefland hat eine eigene Entstehungsgeschichte. Eingebettet zwischen den Appalachen im Süden und dem Laurentidischen Hochland im Norden reicht es von Ottawa etwa bis Québec Stadt. Es besteht aus Sedimentgesteinen, die sich nie aufgefaltet haben. Einst war die gesamte Region vom Meer überflutet. Sedimente setzten

Das Gebiet des Mont Tremblant im Norden von Montréal liegt inmitten des Laurentidischen Hochlandes.

Das Breitblättrige Pfeilkraut wächst in den weitläufigen Röhrichten des Parc d'Oka.

sich ab und wurden im Laufe der Zeit zu Schiefer, Kalkstein und Dolomit umgewandelt. Als das Meer vor 430 Mio. Jahren zurückwich, lagen die Sedimentgesteine frei an der Oberfläche. Im Bereich der Île Sainte-Hélène im St.-Lorenz-Strom liegen diese Gesteine heute wieder direkt an der Oberfläche. Durch eine Reihe von geologischen Bruchlinien, die von Südwesten nach Nordosten verlaufen, drang Magma an die Oberfläche, erhärtete und bildete das Hügelland der Montérégie südlich von Montréal mit den Erhebungen Mont St. Bruno und Mont St. Hilaire. Auch der Mont Royal, der zentrale »Berg« inmitten von Montréal, hat dieselbe Entstehungsgeschichte.

Während der letzten Eiszeit war die gesamte Region von 2 km dickem Eis bedeckt. Die Fließbewegungen der Gletscher hinterließen ihre Spuren im Gestein des Tieflandes. Sie schliffen das weiche Kalkgestein zu einer Wanne aus, die mit Moränenschutt und Schluff gefüllt wurde. Beinahe die Hälfte der Île de Montréal wird von mächtigen Moränenauflagen bedeckt. Vor 12 000 Jahren, als die Gletscher der Wisconsin-Vereisung bewirkten, daß das Meer vom Norden in die Tiefebene eindringen konnte, wurde diese von dem sogenannten »Mer de Champlain« überspült. Funde belegen, daß vor 11 000 Jahren Wale und Seehunde im Bereich der heutigen Stadt in einem Inlandmeer lebten, das bis zu 130 m aufgestaut wurde. Erst vor 2500 Jahren, als das Mer de Champlain über das Tal des heutigen St.-Lorenz-Stroms abfloß, begann sich die Tiefebene aus einem marinen Lebensraum über Salzmarschen zu dem heutigen Mosaik aus Wasser und Land zu entwickeln.

Der Rotschulterstärling kommt nicht nur in den Röhrichten vor, sondern kann auch in den Parks von Montréal häufig gesehen werden.

Das Waldmurmeltier gräbt gerne in den Parks von Montréal tiefe Gänge, wie auf der Île Notre Dame.

15 Montréal und Umgebung

Der Parc Mont Royal in Zentrum Montréals wird vor allem von Tausenden Grauhörnchen bewohnt.

Nordspitze der Hauptinsel Montréal liegt das Sumpfgebiet von Pointe-aux-Prairies in unmittelbarer Stadtnähe. Die wasserlinsengefüllten und röhrichtbestandenen Weiher sind geschätzte Vogelbeobachtungsgebiete. Die Îles de Boucherville im St.-Lorenz-Strom sind nicht nur beliebte Ausflugsziele, sondern auch bevorzugte Reviere für Kanada- und Silberreiher und andere Wasservögel, die in den seichten Kanälen zwischen den Inseln reichlich Nahrung finden. Am Nordrand der Stadt, an einem Staubecken des Rivière des Prairies gelegen, im Parc de l'Île-de-la-Visitation wurden über 140 Vogelarten gezählt. Interessante Pflanzen- und Tierarten werden bei der Besprechung der Ausflugsziele aufgezählt.

Pflanzen und Tiere

An den flachen Gewässern wie dem Lac des Deux Montagnes, Lac Ste-Anne de-Bellevue, Rivière des Mille Îles und Lac St.-Louis sind im Uferbereich ausgedehnte Verlandungsflächen und Feuchtgebiete entstanden. Das beste Beispiel kann im Parc d'Oka an der Nordseite des Lac des Deux Montagnes besucht werden. An der

Ein scharfer Laut »chip« ist typisch für den Haustyrann, der in Ostkanada in Feld- und Stadtgebieten vorkommt.

Im Gebiet unterwegs

Parc d'Oka ①

Im 24 km² großen Park an der Nordseite des Lac des Deux Montagnes gibt es einen großflächigen Sumpf, Sandstrände, Silberahornwälder, Laubmischwälder und bewaldete Hügel. Der ungefähr 1 km breite Verlandungsbereich nimmt die Grande Baie ein und besteht aus einem Mosaik aus Röhricht, Schwimmpflanzen und kleineren offenen Wasserstellen. Zum See hin ist ein verbuschter Gürtel entstanden, der von Sandufern gesäumt wird. In der Grande Baie leben Kanadareiher, Silberreiher, Bekassine, Blauflügelente und Dunkelente. Insgesamt sind 201 Vogelarten im Park anzutreffen. Das nordseitige Ufer wird von Auwäldern aus Silberahorn gesäumt mit Hochstauden und Geflecktem Springkraut im Unterwuchs. Auf der Hangstufe, die vom Ufer ausgeht, wächst ein Laubmischwald aus Zuckerahorn (s.S.132), Roteiche, Amerikanischer Linde, Hainbuche und

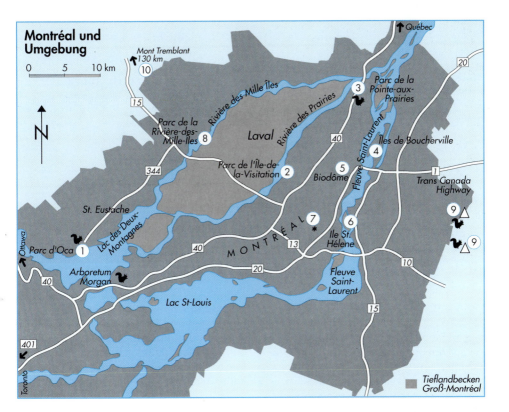

Amerikanischer Buche. Im Unterwuchs der Zuckerahornwälder kommt der für den Park seltene Waldlauch vor. Am westlichen Seeufer findet man einen Waldstreifen aus Weymouthskiefer. Vom Besucherzentrum führt ein Naturlehrpfad zum Rand des Sumpfes, wo ein Aussichtsturm zur Vogelbeobachtung steht.

Île-de-la-Visitation ②
Der 1983 gegründete Park liegt am Ufer des Rivière des Prairies inmitten des Stadtgebietes von Montréal. Der schützenswerte Lebensraum entstand aus einem Altarm des Flusses, der durch einen auwaldbestandenen Damm von diesem abgeteilt wird. 141 Vogelarten können das Jahr über beobachtet werden, darunter seltene wie Schwarzkopfruderente, Spatelente und im Winter Eismöwe, Mantelmöwe und Polar-

möwe. Im östlichen Teil sind im Spätsommer Kanada- und Nachtreiher (S.116) zu sehen. Der Park besitzt ein Besucherzentrum und gemütliche Wanderwege entlang des Flusses.

Parc de la Pointe-aux-Prairies ③
Auf 3 km² wird an der Nordspitze von Montréal ein Sumpfgebiet erhalten, das aus Verlandungsbereichen des Rivière des Prairies entstanden ist und von sekundärem Mischwald aus Eichen, Eschen, Zuckerahorn und Amerikanischer Linde umgeben wird. Die Hauptattraktion ist ein Teich mit gut ausgebildeten Verlandungszonen, in dem Rohrkolben, Pfeilkraut, Froschlöffel und Igelkolben (S.90) vorkommen. Kanadareiher und Mangrovereiher können hier ebenso wie Bisamratte, Schmuckschildkröte (S.171), Waschbär

15 Montréal und Umgebung _____ 129

Der Zuckerahorn, der im Herbst tiefrot umfärbt, wird zur Herstellung des Ahornsirups verwendet.

und Rotfuchs gesehen werden. Besondere Vogelarten sind Weidentyrann, Heuschreckenammer und Spatelente. Dieses Sumpfgebiet ist das letzte, das auf der Insel von Montréal erhalten werden konnte. Es kann über Holzstege betreten werden, direkt über dem Teich ist ein Beobachtungsstand eingerichtet.

Îles de Boucherville ④
Wenige Minuten nördlich des Stadtzentrums von Montréal im St.-Lorenz-Strom gelegen, umfassen diese Inseln flache Wiesengelände, die von Verlandungszonen und Auwäldern umgeben werden. Eine große Zahl an Wasserpflanzen kommt in den seichten Kanälen zwischen den Inseln und in den weitläufigen Röhrichtzonen vor. Kanadareiher, Silberreiher, Pfuhlschnepfe, Trauerseeschwalbe, Weidentyrann, Teichhuhn und Kornweihe können beobachtet werden. Im Sommer bewohnen Nordamerikanische Rohrdommel (S.115), Sumpfzaunkönig, Sumpfammer, Virginiaralle, Carolinasumpfhuhn und

Der Kanadareiher hält sich in den hochwüchsigen Röhrichtbeständen entlang der Sümpfe und Flüsse auf.

Das Gefleckte Springkraut gedeiht an schattigen Gebüschen entlang von Feuchtgebieten.

Die Schwanenblume wächst in den flachen Verlandungsgebieten entlang des St.-Lorenz-Stromes.

Drosseluferläufer den Canal du Courant, ein Röhricht an der Westseite zwischen Hauptinsel und den Grandes Battures Tailhandier.

Biodôme, Botanischer Garten ⑤

Direkt beim Olympiastadion an der Rue Sherbrooke befinden sich etwa 7 km außerhalb von Montréal Downtown der Botanische Garten und der **Biodôme**. Im ehemaligen Radstadion der Olympischen Spiele 1976 versucht man, 4 wesentliche Ökosysteme Nord- und Südamerikas in einer Mischung aus Glashaus, Aquarium und Zoo nachzuahmen und zu einem Ganzen zu verbinden. In einem Rundgang durchquert der Besucher Tropischen Regenwald, Laurentidischen Ahornwald, eine nachgebildete Bucht des St.-Lorenz-Golfes sowie Arktis und Antarktis. Papageitaucher, Pinguine, Baßtölpel, Luchse, Kanadabiber, Alligatoren, Leguane und eine Grotte mit Fledermäusen begegnen dem Besucher. Der Biodôme hinterläßt beim kritischen Naturfreund jedoch Zweifel, ob der Versuch eines Naturmuseums auch gelungen ist. Jedenfalls wird augenscheinlich, wie schwierig es ist, Natur nachzubilden.

Der **Botanische Garten** zeigt auf 75 ha 26 000 Pflanzenarten, einen Chinesischen und Japanischen Garten, ein Alpinum, einen Gewürzpflanzengarten und ein weitläufiges Arboretum. Das angeschlossene Insektarium enthält über 250 000 Insekten und eine Voliere mit Schmetterlingen aus Québec, z. B. den Monarchfalter (S. 115).

Der Schnabel des Männchens der Schwarzkopfruderente ist nur im Sommer blau gefärbt, im Winter graubraun.

15 Montréal und Umgebung

Zuckerahorn – Ahornzucker

Der echte Zuckerahorn *(Acer saccharum)* ist der häufigste Baum der sommergrünen gemäßigten Laubwälder, die auf tiefgründigen, gut durchfeuchteten Böden der laurentidischen und akadischen Region wachsen. Vor allem große Teile Québecs sind von diesen Wäldern bedeckt, die von der Ostküste der Vereinigten Staaten aus das St.-Lorenz-Tiefland und Atlantik-Kanada besiedelt haben. Der Zuckerahorn wurde schon früh zur Gewinnung des süßen Saftes genutzt, der zur Gründung von »Zuckerhütten« (»Cabanes à Sucre«) führte. Die 20–40 m hoch werdenden Bäume haben im Sommer grüngelbliche Blätter, deren Umrisse das Vorbild für das Ahornblatt in der kanadischen Nationalflagge sind. Im Herbst färben sich diese am prächtigsten von allen nordamerikanischen Laubbäumen in den Farben Hochrot, Orange und Gelb.

Von den Huronen und Irokesen erlernten die europäischen Einwanderer eine Technik zur Gewinnung des zuckerreichen Assimilationssaftes. Durch Anbohren der Stämme beginnt dieser Saft besonders an den Spätwintertagen zu fließen, an denen tagsüber die Sonne scheint und es nachts noch sehr kalt ist. Der Blutungssaft, der im Zuge der Photosynthese entsteht, ist vor allem reich an dem Disaccharid Saccharose, aber auch an den Monosacchariden Glucose und Fructose. Durch kleine Schnitte in der Rinde rinnt der Saft in Behälter, die in Form von Manschetten an den Bäumen angebracht werden. Daraus wird in einem aufwendigen Verfahren der zuckerreiche Ahornsirup hergestellt. Da der Blutungssaft nur 3–8% Kohlenhydrate enthält, muß er durch Eindampfen eingedickt werden, bis nach mehreren Arbeitsvorgängen der bräunliche Sirup (»sirop d'érable«, »maple sirop«) entsteht. Der hohe Arbeitsaufwand ist dafür verantwortlich, daß der Saft sehr teuer ist. Heute wird der Sirup gerne in der Küche Québecs eingesetzt: Er verfeinert zahlreiche Gerichte und ist vor allem als Sauce für Crêpes unentbehrlich. 1992 wurden in Québec in 400 »Zuckerhütten« rund 15 Mio. Liter Ahornsirup produziert, wodurch ein einträglicher Industriezweig entstand.

Parc des îles und Biosphère ⑥

Auf der Île Sainte-Hélène wurde 1995 im ehemaligen Pavillon der USA der Weltausstellung 1967 eine Ausstellung geschaffen, die sich mit »Wasser« im allgemeinen und mit dem St.-Lorenz-Strom und den Großen Seen als Wasser-Ökosystemen im speziellen beschäftigt. Es entstand ein Museum mit interessanten mediengestützten und interaktiven Präsentationen.

Parc Summit und Parc Mont Royal ⑦

Mitten in der Stadt befinden sich auf den beiden Hügeln, die sich zwischen 150 und 200 m über das Stadtgebiet erheben, ausgedehnte Parkanlagen mit einem reichen Vogel- und Pflanzenleben. Vor allem der **Parc Summit** gilt als Ort, an dem 200 verschiedene Vogelarten, davon 33 Waldsängerarten vorkommen. Im Frühjahr gibt es hier die größte Ansammlung von Waldsängern in ganz Québec (erste Tage im Mai). Einfach zu sehende Arten sind Scharlachtangare, Rosenbrust-Kernknacker und Baltimoretrupial; etwas seltener können Birkentyrann, Gelbkehlvireo, Grauwangendrossel, Blaumückenfänger, Orangefleck-, und Kiefernwaldsänger beobachtet werden. Zu den herausragenden Arten gehören Weißaugenvireo, Kentucky- und Kapuzenwaldsänger sowie Feuertangare. Fallweise können sich zur Vogelzugzeit sogar Steinadler und Rotschwanzbussarde im Park aufhalten. Die Kreischeule, die ganzjährig im Park vorkommt, brütet hier. Im **Parc Mont Royal** fallen vor allem die zahllosen Grauhörnchen auf.

Praktische Tips

Anreise

Parc d'Oka: 50 km nordwestlich von Montréal. Von der Stadt aus über Hwy 15, Autoroute Laurentides bis zum Rivière des Mille-Îles, Abzweigung gekennzeichnet, über Hwy 344 zum Park.
Île-de-la-Civilisation: Zugang über den Boulevard Gouin, östlich von Papineau.
Pointe-aux-Prairies: Autoroute 40 bis zur Ausfahrt Boulevard Saint-Jean-Baptiste in Richtung Boulevard Gouin.
Îles de Boucherville: Autoroute 20 bis zur Ausfahrt 89 unmittelbar nach dem Tunnel Louis-Hippolyte-Lafontaine, der den Hafen von Montréal unterquert.

Blick in die Umgebung

Parc de la Rivière-des-Mille-Îles ⑧

Im Norden von Montréal schließt unmittelbar an den Rivière des Prairies die Insel Laval an, die im Norden von dem Rivière-des-Mille-Îles umgeben wird. Der Park liegt unmittelbar östlich der Autoroute 117 bei Ste Rose. Hier findet man interessante Abfolgen von Feuchtlebensräumen wie Sümpfe, Moore, Sandstrände, Auwälder und Zuckerahornwälder. Über 200 Vogelarten, darunter Fischadler, Kanadareiher, Sumpfzaunkönig und Nordamerikanische Rohrdommel, können beobachtet werden. An Säugetieren kommen Kanadabiber, Bisamratte, Waschbär und Amerikanischer Nerz vor.

Mont St. Bruno, Mont St. Hilaire ⑨

Mont St. Bruno und Mont St. Hilaire liegen 30 bzw. 50 km südöstlich von Montréal. Die beiden inselförmigen Vulkanberge werden von artenreichen Laubwäldern umgeben. **Mont St. Bruno** bewahrt eine naturbelassene Landschaft der Montérégie. Laubmischwälder, 5 Seen und Sumpfgebiete beheimaten über 500 Pflanzenarten, Säugetiere wie Hirsch, Baumstachler und Schneeschuhhase. Anfahrt über Autoroute 20, Ausfahrt 102.
Mont St. Hilaire, in dessen klimatisch begünstigter Umgebung Obstbaumhaine und Weinreben angepflanzt werden, besitzt den zentralen Kratersee Lac Hertel. Weil der Berg am wenigsten von allen Hügeln der Montérégie beeinträchtigt wurde, stellt er mit 600 Pflanzen die artenreichsten Laubwälder der Region. Vom Pain de Sucre genießt man einen wunderbaren Rundblick auf den Hügel und auf das Tal des Richelieu. Die McGill-Universität von Montréal betreibt hier eine Forschungsstätte und einen botanischen Garten; lohnendes Besucherzentrum. Anfahrt über Autoroute 116 bis St. Hilaire, bis zum Berg beschildert.

Mont Tremblant

Der Regionalpark Mont Tremblant liegt 150 km nördlich von Montréal in einem hügeligen Abschnitt des Laurentidischen Hochlandes am Übergang von den sommergrünen gemäßigten Laubwäldern zu den borealen Nadelwäldern. Besonderheiten sind die Silberahornwälder am Fuße des Mont de la Vache Noire, der Balsamtannenwald am Gipfel des Mont Tremblant und die Roteichenwälder nördlich des Rivière de l'Assomption. 2 Naturlehrpfade führen vom Petit Lac Monroe aus durch einen typischen Laubwald (Sentier L'Envol, 1,7 km) und durch ein Sumpfgebiet (Sentier Lac des Femmes, 2,7 km). Das beliebte Kanurevier ist von Montréal aus über die Autoroute Laurentides 15 und Route 117 zu erreichen.

15 Montréal und Umgebung

16 La-Mauricie-Nationalpark

Die ältesten Landmassen des Kanadischen Schildes; artenreiche Laurentidische Laubmischwälder mit einzigartigem Farbenspiel des Indian Summer; Boreale Nadelwaldarten; Kanadabiber, Fuchs, Schwarzbär; weitläufiges System aus Seen, Flüssen und Wasserfällen; beliebtes Kanurevier.

La Mauricie ist ein außerhalb der Provinz Québec wenig bekannter Nationalpark, obwohl er leicht zugänglich und gut erreichbar ist. Die sanften Hügel der Laurentidischen Berge bestimmen das Landschaftsbild des Parks. Sie sind Reste der ältesten Landmassen, die heute in Kanada an der Erdoberfläche zu finden sind, und entstanden vor mehr als 1,5 Mrd. Jahren, als der Kanadische Schild als Vorläufer des Nordamerikanischen Kontinents gebildet wurde. Dieser zieht in einem Bogen von Labrador durch die Provinz Québec und reicht bis zu den Großen Seen in den nordöstlichen Bereich der USA.

Die Gneise, die das Ausgangsgestein der Landschaft von La Mauricie bilden, sind 955 Mio. Jahre alt und stammen aus der letzten Phase der Entwicklung des Kanadischen Schildes. Sie formten sich im Erdinneren und wurden durch tektonische Kräfte an die Oberfläche gehoben. Dabei kühlten sie ab und bauten einst die Laurentidischen Gebirge auf, die zumindest so hoch waren wie die heutigen Rocky Mountains in Westkanada. Erosion und

Der Lac Wapizagonke liegt im südlichen Parkabschnitt von La Mauricie.

Die mehr als 995 Mio. Jahre alten Gesteine des Kanadischen Schildes treten bei Les Cascades zutage.

Eiszeiten haben sie zu sanften Hügeln abgeschliffen. Vor 18 000 Jahren gestaltete die Eiszeit weitgehend das heutige Relief. Die zahlreichen Seen entstanden in den Tälern, die die abschmelzenden Gletscher hinterlassen hatten. Die mäandrierenden Seeformen deuten heute noch auf mächtige Schmelzwasserflüsse hin, die nach Süden zum St.-Lorenz-Strom abflossen. Im südwestlichen Parkabschnitt bildeten sich Gletschermühlen und Schotterbänke, die von den Strömen unter den Gletschern abgelagert wurden. Weitere Zeugnisse der Eiszeit findet man am Seeufer des Lac du Fou im Zentrum des Parks, wo mächtige Findlingssteine auf den karg überwachsenen Gesteinskuppen liegen.

La Mauricie war lange Zeit die Heimat der Attikamek-Ureinwohner, die bereits vor 5000 Jahren Lager im Park anlegten. An Steilfelsen entlang des Sees sind Felszeichnungen erhalten, die vor 2000 Jahren entstanden und zu den ältesten in Kanada gehören. Um der intensiven Holznutzung, die von Trois Rivière aus zur Papiererzeugung in den Wäldern betrieben wurde, entgegenzuwirken, wurde 1970 auf einer Fläche von 544 km^2 der Park gegründet. Der zentrale Punkt des Nationalparks ist der Lac Wapizagonke, ein langezogener, gewundener See, der einen bedeutenden Korridor zwischen dem südlichen Abschnitt und dem nördlichen Hinterland darstellt. Kanuten nennen diese beliebte Wasserroute »Le Passage«, die den Rivière Shawinigan im Süden mit dem Rivière Mattawin im Norden verbindet. Der Wapizagonke bildet dabei den zentralen Abschnitt. Diese Passage ist nicht nur geographisch zu verstehen: Die europäischen Einwanderer betrachteten den Übergang zum Lac Anticagamac nördlich des Wapizagonke als Erschließungsgrenze, während die Ureinwohner nicht weiter

Überall an den zahllosen Wasserläufen in ganz Kanada baut der Kanadabiber seine kunstvollen Staudämme.

Pflanzen und Tiere

Der Park liegt innerhalb einer Übergangszone von Mischwaldbereichen, die für das St.-Lorenz-Gebiet typisch sind, und borealen, immergrünen Nadelwäldern, die die Gebiete nördlich des Parks dominieren. Die südlichen Abschnitte enthalten tiefgründigere und gut durchfeuchtete Böden, auf denen artenreiche Laubwälder stokken. Von den 25 verschiedenen Baumarten sind Zuckerahorn (S.132), Rotahorn und Gelbbirke die häufigsten. Vor allem die südexponierten Hänge rund um Wapizagonke, Lac Caribou und Lac Edouard sind von diesem Waldtyp bewachsen. Ferner kommen Schwarz- und Weißesche, Amerikanische Ulme, Buche und Linde, Virginische Traubenkirsche, Roteiche und Silberahorn vor, der vor allem rund um die Moortümpel gedeiht.

Die borealen Wälder, die ziemlich genau nördlich des Parkways beginnen, werden von 10 verschiedenen Nadelbaumarten gebildet: Weymouthskiefer, Harzkiefer, Lärche, Schwarzfichte, Weißfichte (S.41) und Hemlocktanne (S.170) sind die häufigsten; sie überziehen die flachgründigen Böden der Felskuppen und die feuchten Beckenlagen. Das nordöstliche Hochland mit seinen dichten Fichtenwäldern erinnert an Nordkanada.

Die häufigsten Vögel im sommergrünen Laubwald sind Rotaugenvireo, Pieperwaldsänger, Feuerkopf-Saftlecker und Fichtentyrann. Die Mischwaldabschnitte beherbergen Tannenhuhn (S.159), Blauhäher (S.66), Schwarzkopfmeise, Helmspecht und Purpurgimpel. Im Zentrum des Parks, wo sich der boreale Nadelwald durchzusetzen beginnt, kommen Rubingoldhähnchen, Hemlockwaldsänger, Rubinfleckwaldsänger, Brauenwaldsänger, Einsiedlerdrossel, Junko und Abendkernbeißer (S.139) vor.

Die typischen Säugetiere der Laurentidischen Gebirge sind im Park weitgehend vertreten. Elche (S.122) können praktisch

nach Süden vordrangen. Entlang des 15 km langen Sees wechselt auch die Vegetation, auf tundrengeprägte Waldabschnitte im Norden folgen die Laubmischwälder der Laurentidischen Vegetationszone.

Der hufeisenförmige Park ist heute ein Mosaik aus bewaldeten Hügeln, 150 tiefblauen Seen und Flußläufen, die harmonisch in die Täler und Becken eingebettet liegen. Im Osten und Norden umschließen die Flüsse St. Mauricie und Mattawin das Gebiet wie eine Zange. Etwa in der Mitte durchzieht ein seengefülltes, schmales Tal den gesamten Park: Beginnend im Norden mit dem Lac Des-Cinq reiht sich eine Kette von Seen aneinander – Lac Dauphinais, Lac Giron, Lac Edouard und schließlich im Süden Lac à-la-Pêche –, die den Park in einen östlichen Abschnitt, das boreal bestimmte Hochland, und in einen westlichen Teil, der das Tal des Wapizagonke und das Becken des Lac Caribou umfaßt, teilt. Im Westen schließt das Mastigouche-Wildreservat an. Nach Süden läuft der Park zum Tiefland des St.-Lorenz-Stroms aus. In Shawinigan und St.-Jean-des-Piles beginnt der Parkway, der in einem 60 km langen Bogen den südlichen Teil von La Mauricie erschließt. Die nördliche Wildnis ist nur zu Fuß oder mit dem Kanu erreichbar.

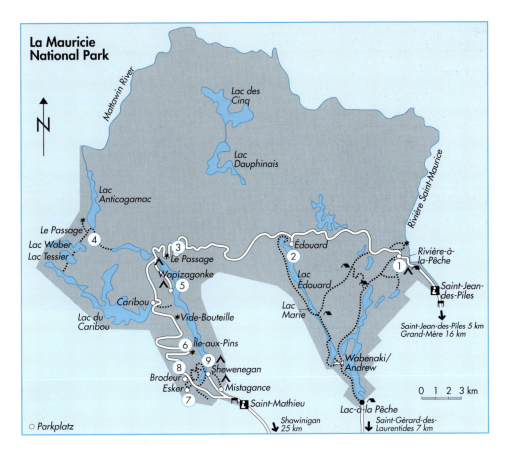

überall angetroffen werden, besonders entlang der Ufer von Wapizagonke und Anticagamac, Schwarzbären (S.201), Kojoten (S.98) und Rotfüchse frequentieren alle Waldgebiete. Die Moortümpel und Flußtäler beheimaten über 160 Kanadabiberkolonien, desweiteren Amerikanischen Nerz und Bisamratten. Die Kanadabiber können am besten südlich des Wapizagonke, im Etienne Creek, in der Nähe des Lac Edouard und rund um den Lac Bouchard beobachtet werden. Nordamerikanische Fischotter (S.91) bevölkern die grasigen Uferbereiche des Lac Bouchard, des Lac Anticagamac und des Lac du Fou. Ab und zu zeigen sie sich nahe der Bootsstege von Shewenegan am südlichen Wapizagonke. Wölfe ziehen in kleineren Rudeln regelmäßig durch den Park, um nach Wild zu jagen, und überwintern nordwestlich des Lac Antigacamac und des Lac du Fou. Sümpfe entlang des Lac Antigacamac eignen sich besonders gut, um Wasservögel zu beobachten. Gänsesäger, Schellenten, Ringschnabelmöwen, Rotkopfenten und Dunkelenten kommen ebenso auch in den Moortümpeln vor. 20 Eistaucherpaare nisten auf 18 Seen des Parks, die besten Beobachtungsplätze sind die Baie des Onze Îles im Lac Caribou und der Lac des Cinq. Von den 12 im Park vorkommenden Greifvogelarten können nur der Fischadler (S.178) und der Breitflügelbussard regelmäßig gesehen werden.

16 La-Mauricie-Nationalpark — 137

Im Gebiet unterwegs

Der Park wird durch den Mauricie Parkway erschlossen, der von St.-Jean-des-Piles im Südosten in einem Halbkreis durch den südlichen Teil des Parks nach Saint-Mathieu führt. Dieser Parkway ist von Mai bis Oktober jedes Jahr geöffnet. Im Winter ist nur der südöstliche Abschnitt bis Rivière-à-la-Pêche zugänglich, von wo Langlaufloipen zum Lac à la Pêche führen. An beiden Eingangstoren sind Informationszentren eingerichtet; jenes in St.-Jean-des-Piles erklärt durch eine gut gestaltete Ausstellung zahlreiche naturkundliche Besonderheiten des Parks.

Im Park ist ein Netz an Wanderwegen angelegt, die meist als Tagestouren begangen werden können. Alle Wanderwege und Naturlehrpfade gehen vom zentralen Highway oder vom Kanuzentrum von Shewenegan am Wapizagonke aus. Im Südosten liegen Mekinac, von wo ein einstündiger Pfad zum Ufer des St.-Mauricie-Flusses führt, und Rivière-à-la-Pêche ①. Von dort führt ein 15,5 km langer Weg dem Westufer des Lac Isaïe entlang bis nach Wabenaki und zur Andrew Lodge. Auf dem Parkway westwärts gelangt man

In den Mooren fällt das exotisch wirkende Trompetenblatt (*Sarracenia*), eine fleischfressende Pflanze, auf.

138   16 La-Mauricie-Nationalpark

◁ Die Île-aux-Pins liegt inmitten des Wapizagonke, man sieht sie von einer Aussichtsplattform aus.

Die Wanderdrossel kommt in ganz Kanada vor, jedoch ▷ haben die östlichen Brutvögel weiße Schwanzspitzen.

zum Ausgangspunkt des Weges zum **Lac Édouard** ②, der auf der Westseites des Tales entlangführt und bis zum Lac Marie reicht.

Nach dem Lac Alphonse steigt der Parkway in einigen Serpentinen eine Hügelkette empor und gibt am höchsten Punkt einen eindrucksvollen Panoramablick auf den südlich liegenden Wapizagonke frei. Auf der Aussichtsplattform von **Le Passage** ③, die man von einem Parkplatz aus erreicht, erklären Tafeln die Entstehung des Sees und die uralte Geschichte des Parks. Nachdem der Parkway den Wapizagonke ⑤ an seiner schmalsten Stelle überquert hat, verläuft er südwärts auf der Hügelkette westlich des Wapizagonke. Zwei Aussichtspunkte, **Vide-Bouteille** (Flaschenhals) und **Île-aux-Pins**, liegen östlich der Straße und können über befestigte Wege und Holzstiegen erreicht werden. Beide ermöglichen einen wunderbaren Ausblick auf den Wapizagonke und die darin liegende kleine Insel, **Île-aux-Pins** ⑥.

Im südwestlichen Abschnitt, rund um Shewenegan am Wapizagonke ⑤, bestehen die meisten Wege, die zu allen Lebensräumen des Parks führen. Am Parkway liegt der kurze, aber gut gestaltete Naturlehrpfad **L'Esker Trail** ⑦, der auf Holzstegen einen Moortümpel samt Verlandungszonen mit Trompetenblatt, Sonnentau und Wasserschlauch vorstellt. **Le Brodeur** ⑧ folgt einem Abschnitt des westlichen Wapizagonke. **Shewenegan** ⑨ ist das Zentrum aller Freizeitaktivitäten: Picknickplätze, Campingplätze, Kiosk und Kanuverleih sind hier vorhanden. Nördlich des Picknickplatzes beginnt eine 8 km lange Wanderroute, die sich aus 3 Wegen zusammen-

Der Abendkernbeißer brütet in den Nadelmischwäldern des Laurentidischen Hügellandes.

Goldspechte fallen durch weiße Flecken an den Flügeln auf, die vor allem im Flug sichtbar werden.

16 La-Mauricie-Nationalpark   139

Der Amerikanische Nerz lebt ebenso wie die Bisamratte häufig an den Flüssen von La Mauricie.

Praktische Tips

Anreise
La Mauricie liegt 200 km nordwestlich von Montréal; Anfahrt über den Hwy 40 und 55; zum südwestlichen Eingang von St. Mathieu, Exit 217 vom Hwy 217 zum Hwy 351; zum östlichen Eingang St.-Jean-des-Piles, Exit 226 vom Hwy 55.

Klima/Reisezeit
Der Park ist ganzjährig geöffnet. Für Kanu- und Wandertouren eignen sich Juni bis September am besten. In den letzten beiden Septemberwochen erstrahlt der Park in den Herbstfarben des Indian Summer, der den Besuch wegen der großflächigen Laurentidischen Laubwälder besonders lohnenswert machen. Im Winter zieht der Park Langläufer an, die von Rivière-à-la-Pêche aus in das Hinterland starten.

setzt. Auf dem **Les Cascades Trail** überquert man den Wapizagonke und erreicht nordwärts einen Bachabschnitt, der in einer Serie von kleinen Kaskaden zu Tal fließt. Danach beginnt der **Les Falaises Trail**, der zu 2 Aussichtspunkten hoch über dem Wapizagonke leitet und kurz dem Brodeur Brook entlangführt. Über den **Vallerand Trail** kehrt man durch artenreichen Laubmischwald ostwärts nach Shewenegan zurück.
Auch Kanuten kommen gerne nach La Mauricie. In Shewenegan am Wapizagonke, wo ein Kanuverleih existiert, beginnt die bekannteste Kanuroute, »Le Portage«. Diese führt zunächst über den Wapizagonke nordwärts bis zu einer Portagestrecke, die 2,4 km lang ist und den **Lac Anticagamac** ④ anbindet. Von hier aus erreicht man den Rivière Mattawin. Wer zum Wapizagonke zurückkehren will, muß die 3 km lange Portagestrecke zum Lac Waber bewältigen. Über 2 weitere Portagen und den Lac Tessier gelangt man zum Lac du Caribou, von dessen Ostende eine Portage über 2,5 km wieder zurück zum Wapizagonke führt. Entlang aller Seen und an den Endpunkten der Portagen gibt es kleine Campingplätze mit 4–6 Zeltplätzen.

Unterkunft
Campingplatz mit 219 Stellplätzen in Shewenegan, 90 Plätze in Mistagance, 208 Stellplätze in Rivière-à-la-Pêche; hier auch Wintercamping möglich. Wabenaki Lodge mit 53 Betten, exklusive Andrew Lodge mit 4 Doppelzimmern, in beiden Kanu- und Radverleih. Kiosk und Kanuverleih in Shewenegan. Kleine Hotels in Shawinigan, Grand Mère, eine Herberge in St.-Jean-des-Piles (La Maison Cadorette, Tel. 819-538-9883) mit 2 Doppelzimmern, einladendem französischen Flair und bester Küche (Voranmeldung erforderlich).

Adressen
▷ Besucherzentrum von St.-Jean-des-Piles, Tel. 819-538-3232.
▷ Superintendent La Mauricie, Box 758, 465 Fifth Street, Shawinigan, Québec G9N 6V9, Tel. 819-536-2638.

17 St.-Lorenz-Strom

> Bedeutendster Fluß Ostkanadas, trichterförmige Mündung, Salzwasserbereiche, die weit ins Landesinnere reichen, unberührte Uferbereiche mit ausgedehnten Verlandungszonen, Stillwasserbuchten und Röhrichten; Vogelschutzgebiete; Fjord von Saguenay; Belugas, Buckelwale; Seehunde, Kegelrobben; Baßtölpel, Papageitaucher.

Der St.-Lorenz-Strom, »Le Fleuve«, wie er von den Frankokanadiern stolz und ehrfurchtsvoll genannt wird, stellt in vielerlei Hinsicht eine wichtige Lebensader Ostkanadas dar. Er bildet den Abfluß der Großen Seen an der Grenze zu den Vereinigten Staaten und durchzieht auf einer Länge von 1500 km die französischsprachige Provinz Québec. Nach der Île d'Orléans bei Québec Stadt beginnt der immer breiter werdende Mündungstrichter, ehe der Fluß an der Nordspitze der Halbinsel Gaspésie in den St.-Lorenz-Golf übergeht. Erst seit 7000 Jahren entwässert dieser Strom die Tiefebenen rund um Montréal, um Québec Stadt und rund um den Unterlauf, den Bas-Saint-Laurent. Zuvor bedeckten gewaltige Eismassen das Stromtal. Der St.-Lorenz-Strom erschließt die rohstoffreichsten Regionen Ostkanadas; an seinen Ufern liegt das älteste kanadische Siedlungsgebiet, in dem heute ungefähr 50% aller Kanadier leben. Seit 1959, als der St.-Lorenz-Seeweg eröffnet wurde, gilt der Strom als Hauptverkehrsader und ist einer der meistbefahrenen Binnenwasserwege, obwohl er von Dezember bis April zufriert. Im 16. Jh. leitete er die französischen Eroberer und Entdecker flußaufwärts ins Landesinnere und trug somit wesentlich zur Erschließung Kanadas durch die Europäer bei. Aber auch für Tiere stellt er eine richtungsweisende »Leitlinie« dar, etwa für Zugvögel, die dem Flußlauf auf den Wanderrouten vom Nordmeer in den Süden folgen. Wale dringen weit ins Landesinnere vor und gehen im Becken an der Mündung des Saguenay-Fjordes auf Nahrungssuche. Seehunde ziehen entlang der Südküste bis zum Parc de Bic, einem Regionalpark zwischen Trois-Pistoles und Rimouski.

Eiderenten kommen im Norden Kanadas vor.

Der seltene und gefährdete Beluga-Wal.

141

◁ Der Sagueney-Fjord in der Nähe von La Baie.

Die Vauréal-Fälle zählen zu den herausragendsten ▷
Sehenswürdigkeiten auf der einsamen Île Anticosti.

Das Landschaftsbild entlang des Stroms wird vor allem zwischen den großen Städten Montréal und Québec von Siedlungsgebieten, Industrie- und Agrarland bestimmt. Dennoch sind die Ufer des Stromes auf seiner gesamten Länge beinahe unverbaut und die Wasserqualität zufriedenstellend. So kann man entlang der Uferlinien auch heute noch zahlreiche Schutzgebiete und Naturreservate besuchen, die die Bedeutung des St.-Lorenz-Stromes als wassergebundenen Lebensraum widerspiegeln.

Die Trichtermündung, die am äußeren Ende mehr als 50 km breit ist, ist Ursache dafür, daß Salzwasser bis auf die Höhe von Saint-Jean-Port-Joli über 700 km weit ins Landesinnere vordringt. Dabei werden Wassertiefen zwischen 400 und 500 m erreicht, währenddessen das Flußprofil auf der Höhe von Tadoussac am Riff des Saguenay-Fjordes ② plötzlich abnimmt. Rund um die Île d'Orléans bei Québec ist der Fluß knapp 20 m tief, zwischen dem Cap Tourmentine ① und dem Fjord sinkt das Flußbett auf ungefähr 100 m ab. Die Gezeiten sind im Parc de Bic ⑤ noch deutlich spürbar und bewirken, daß Buchten bei Ebbe trockenfallen. Obwohl der offene Atlantik mehr als 1000 km entfernt ist, halten sich hier zahlreiche marine Lebensformen auf.

Pflanzen und Tiere

Nach physikalischen und biologischen Umweltbedingungen wird der St.-Lorenz-Strom in drei Abschnitte geteilt (Fleuve, Estuaire, Golfe). Wichtigster Faktor ist der

◁ An der Nordspitze der Halbinsel von Gaspé ragt der Rocher Percé 80 m aus dem Atlantik.

Papageitaucher an den Küsten von Anticosti. ▷

Salzgehalt des Wassers. Die **Süßwasserzone** des »Fleuve« reicht bis an die Nordspitze der Île d'Orléans. Hier beginnt allmählich die **Brackwasserzone**, die »Estuaire« genannt wird, etwa 325 km lang ist und von Batiscan und Saint-Pierre-les-Becquets bis Pointe-des-Monts am Nordufer und Matane am Südufer reicht. Die Zusammensetzung der Vegetation richtet sich hier unmittelbar nach dem Salzgehalt des Wassers in den einzelnen Buchten. Die dritte Zone, der »Golfe«, stellt ein echtes **Inlandmeer** dar und gleicht dem Atlantik. Verlandungsgebiete an den flachen Ufern, die mit großflächigen Röhrichten und Weidengebüschen bewachsen sind, kleine Inseln inmitten des Stromes, felsige Küstenbereiche und Stillwasserbuchten kennzeichnen die Vielfalt der Lebensräume entlang des Stromes und machen ihn zu einer kleinen Welt für sich. Bis Montmagny säumen Pflanzen der Süßwassersümpfe wie Rohrkolben, Laichkraut-Arten, Pfeilkraut (S.127), Froschlöffel, Igelkolben und Schwanenblume (S.131) die Ufer. Der Einfluß des Salzwassers im Unterlauf und das kalte Klima befördern salztolerante Pflanzen der arktischen Regionen, die zumeist auf Sandufern oder auf felsigen Steilküsten wachsen. Die Pflanzengemeinschaft der Salzsümpfe enthält Arten, die an die norddeutschen Wattküsten erinnern, z. B. das Schlickgras, den Sumpf-Dreizack, Queller und den Strandflieder .

Was das tierische Leben im und am St-Lorenz-Strom betrifft, sind Meeressäuger und Seevögel die auffälligsten Arten. Am eindrucksvollsten sind sicherlich die Wale, die in der Salzwasserströmung bis auf die Höhe von Tadoussac vordringen. Die meisten Schutzgebiete bestehen aber wegen der Wasser- und Seevögel, die zur Zeit des Vogelzuges den St.-Lorenz-Strom als Leitlinie benützen und in den seichten und nahrungsreichen Wassern Rast halten.

Im Gebiet unterwegs

Lac St. Pierre ①

Knapp vor Trois Rivière, etwa 100 km nördlich von Montréal weitet sich der Fluß zu einem Archipel aus über 100 Inselchen, der als Lac St.Pierre bezeichnet wird. Der einfachste Zugang besteht über die Autoroute 40 am Nordufer. Von Sorel am Südufer fahren Fähren zu einigen Inseln. 154 Pflanzenarten kommen vor, von denen die

Verbreitung typischer Pflanzen entlang des St.-Lorenz-Stromes gemäß dem Salzgehalt des Wassers	
Salzgehalt	**Pflanzen**
weniger als 0,02 %	Meerstrand-Wegerich
0,02 -0,05 %	Meersenf, Schwertlilie *Iris setosa*, Salzbinse, Salzschwaden
0,1 %	Wacholder *Juniperus horizontalis*, Schuppenmiere, *Zigadenus glauca*
0,15–0,25 %	Schottische Mutterwurz, Immergrüne Goldrute
0,3–0,5 %	Strandroggen, Strandmilchkraut, Strandflieder, Strand-Salde, Europäischer Queller, Meerbinse, Schlickgras
0,6–1 %	Greiskraut *Senecio pseudo-arnica*, Knotentang, Zeilentang, Blasentang, *Palmaria palmata*
1,7 %	*Coelopleurum lucidum*, Strand-Blauglöckchen, Salzmiere, Strandsode, Gewöhnliches Seegras, *Laminaria longicruris*

Die Baßtölpel der Île Bonaventure

Jedes Jahr im Frühjahr kommen 28 000 Paare dieses größten nordatlantischen Seevogels aus ihren Winterquartieren am Golf von Mexiko in den Osten Kanadas, um an den Atlantikküsten und vor allem auf der Île Bonaventure vor Percé zu brüten. Die größte Brutkolonie der Baßtölpel Nordamerikas ist über Waldwege, die quer über die Insel führen, leicht zu erreichen. Nur ein schmaler Zaun trennt die Brutplätze von den Aussichtsterrassen, von denen aus man das rege Treiben sehr gut beobachten kann. Höllengeschrei und stechender Gestank umgeben die Brutfelsen, die sicher vor Feinden hoch über dem Meer liegen.

Im April kommen zuerst die Männchen, um den Nistplatz »einzurichten«. Die Nester werden hauptsächlich aus Algen *(Protococcus viridis)* und Erde gebaut und mehrere Jahre verwendet. Etwas später treffen die Weibchen ein, um 1 Ei abzulegen. Von Klippen aus starten sie zu ihren Jagdflügen aufs offene Meer, um für sich und später für ihren Nachwuchs das Futter zu suchen. Diese »Ausflüge« können oft mehrere Stunden dauern und über Hunderte von Kilometern führen. Makrelen und Heringe gehören zur hauptsächlichen Nahrung, auf die sie aus maximal 40 m Höhe mit angelegten Flügeln hinabschießen und mit ihrem Schnabel packen. Mit großen Luftsäcken an Kehle und Hals wird der Aufprall aufs Wasser gedämpft. Auf Luftströmungen, die vom Meer landwärts aufwärts steigen, gleiten Baßtölpel über die Steilküste, um ihren Landeplatz zu suchen. Dieser ist oft nur einen halben Meter breit, was lautes Geschrei und Angriffe der Artgenossen auslöst, sollte ein fremdes Revier berührt werden. Immerhin haben die Vögel eine Spannweite von fast 2 m. Bei Anlage eines Nestes muß dieses genau so weit vom nächsten Nest entfernt sein, daß sich die brütenden Vögel mit ausgestrecktem Hals gerade nicht berühren. Auch die Fütterung der Jungen geschieht offenbar gemäß einem genetisch bestimmten Verhaltensritual. Erst nach dem 4. Lebensjahr bekommt der zuerst dunkelbraun gefärbte Baßtölpel sein leuchtend weißes Gefieder und die charakteristische zart orange Kopffärbung.

Der Parc de Bic am Südufer des St.-Lorenz-Stromes wird bereits durch die Gezeiten beeinflußt.

meisten Wasser-, Schwimm- und Röhrichtpflanzen sind. Das Vogelschutzgebiet registriert zur Vogelzugzeit im April und Mai die größte Ansammlung an Kanadagänsen in Kanada, ferner Schneegänse, Kanadakraniche (S.22), Ringschnabelenten, Zwergschwäne, Bekassinen, Gründelenten und Tauchenten. Beobachtungspunkte gibt es am Südufer bei der Baie-du-Febre, wo eine Stichstraße direkt an den Rand der Röhrichtzone führt. Im Ort kann ein kleines Besucherzentrum besichtigt werden. Die Île du Moine, 10 km östlich von Sorel, ist am leichtesten zugänglich.

Cap Tourmente und Archipel de Montmagny ②

Vogelschutzgebiete nördlich der Île d'Orléans (50 km nördlich von Québec Stadt), am Nord- (Cap Tourmente) und Südufer (Archipel de Montmagny) gelegen, in denen etwa 250 Vogelarten registriert wurden, vor allem von Mitte April bis Ende Mai und Anfang Oktober, wenn auch zahlreiche Schneegänse zu sehen sind. Cap Tourmente gilt als einer der besten Orte, um diese Vögel zu beobachten.

Saguenay-Fjord, Tadoussac ③

Am Zusammenfluß des Saguenay-Flusses und des St.-Lorenz-Stromes bei Tadoussac mündet der einzige Fjord Ostkanadas südlich von Labrador. Das Riff, das am Eingang des Fjordes ausgebildet ist, bedingt eine eigentümliche Dynamik der Strömungen. Der Saguenay-Fluß besteht aus zwei Schichten von Wasser, die sich in Temperatur und Salzgehalt unterscheiden. Eine 20 m tiefe Schicht an der Oberfläche besteht aus Brackwasser, in dem Lachse und Forellen flußaufwärts zum Lac St.-Jean schwimmen. Unterhalb fließt kaltes, salzhaltiges Wasser, das im St.-Lorenz-Strom entlang des Nordufers von kalten Strömungen aus Labrador bis hierher transportiert wird. Die starken Gezeitenschwankungen bewirken, daß das kältere Wasser über das Riff in den Saguenay-Fjord gepreßt wird. Dieses Wasser ist reich an Plankton und wird durch dieselben Kräfte an die Ober-

fläche gehoben. Die maximale Konzetration an Plankton im Mündungsbereich vor Tadoussac macht diese Bucht zum idealen Ort für Wale, die mit der Strömung dem St.-Lorenz-Strom entlang bis hierher vordringen. Buckelwale, Finnwale, die seltenen weißen Belugas und sogar Blauwale kann man auf den Walsafaris beobachten. Der Saguenay, ein echter, durch Gletscher gebildeter Fjord, verläuft fast 100 km ins Landesinnere bis Chicoutimi und soll in Zukunft der zweite kanadische Marine National Park werden. Wälder säumen die steilen Felswände, im Oberlauf sind immer wieder seitliche Buchten vorhanden, zu denen man direkt an den Fjord herankommt (z. B. Anse Saint-Jean, Anse du petit Saguenay, Baie Éternité). Bei Anse de Tabatière befindet sich auf einer bewaldeten Kuppe ein Aussichtspunkt auf den südlichen Fjordabschnitt.
Entlang des gut angelegten Naturlehrpfades auf einer Granitkuppe oberhalb von Tadoussac, der Fjord und Wale vorstellt, können Eiderenten, Schellenten, Dreizehenmöwen und im Juni und September Baßtölpel gesehen werden. In Tadoussac sollten Sie auf den Besuch des »Centre d'interprétation des mammifères marins« nicht verzichten; es stellt die Meeressäuger des St.-Lorenz-Stromes vor.

Fähre von Les Escoumins nach Trois-Pistoles ④

Überfahrten mit Autofähren sind gute Möglichkeiten, Seevögel zu beobachten: Eiderenten, Silbermöwen, Ringschnabelmöwen, Mantelmöwen, Tordalken, Trottellummen, Gryllteisten (S.154), Eistaucher (S.121) und Ohrenscharben (S.154). Auch Walbeobachtungen sind möglich.

Parc de Bic ⑤

Dieser von Fluß und Meer bestimmte Lebensraum schützt seit 1984 einen unberührten Küstenabschnitt mit Buchten, Steilufern und windgefegten, moosreichen Küstenwäldern. Felsformationen aus

Der Blutweiderich zählt zu den häufigen Arten im Röhricht.

Die kleinen Büffelkopfenten nisten an geschützten Buchten, Seen und Flüssen.

Der Strandflieder wächst auf bei Flut überspülten Schlickflächen in der Trichtermündung des St.-Lorenz-Stromes.

Lehmschiefer und Kalkkonglomeraten, die von den Appalachen herrühren, liegen offen entlang der Ufer. Die Gezeitenschwankungen betragen zwischen 3 und 5 m und geben bei Ebbe die tief eingeschnittenen Buchten von Anse à l'Orignal und Havre du Bic frei. Auf Felsen halten sich Seehunde und Kegelrobben auf, die im Sommer vom Atlantik bis in den Park landeinwärts vordringen. Die felsigen Küsten enthalten seltene Pflanzen, die die Mischung aus arktisch-alpinen und vom Meer geprägten Bedingungen ausnützen. Venusmuscheln und Blaumuscheln haften an Felsen in der Baie du Ha! Ha! und in der Anse aux Bouleaux. In den Buchten halten sich Silbermöwen und Ohrenscharben (S.154) auf, Eiderenten (S.141) nisten auf der Île Biquette. Auf Sandbänken rund um die Anse Wilson und Anse à Rioux kommen Sandregenpfeifer und Weißbürzel-Strandläufer vor; letzterer brütet in der Arktis und ist im Park nur ein Durchzügler. Ein gut gestaltetes Besucherzentrum gibt einen Einblick in diesen Lebensraum und die Ökosysteme des St.-Lorenz-Stromes. Der Park ist direkt von der Autoroute 132 Trois-Pistoles–Rimouski zu erreichen. Kurze Wanderwege führen zu Buchten und zum Cap à l'Orignal.

Île d'Anticosti ⑥

Die beinahe unerschlossene und unbesiedelte Insel, die inmitten des Überganges vom St.-Lorenz-Strom zum Golf liegt, gilt als wenig bekanntes Naturparadies. Die Insel, die weitgehend aus Sedimentgesteinen und Kalken aufgebaut ist, dürfte sich erst seit der letzten Eiszeit aus dem Meer gehoben haben. Die Hauptattraktion der Insel sind tief eingesenkte Flußcanyons, von denen die Chutes Vauréal mit 76 m die höchsten sind, aber auch Wasserfälle, Höhlen, Dolinen und Steilabbrüche. Im Innenland wachsen verschiedene Mischwälder aus Schwarz-, Weiß- (S.41) und Rotfichte, Papierbirken, Zitterpappeln und Balsampappeln. Im Zentrum und im Westen sind in gletschergeschliffenen Wannen Moore entstanden, dazwischen liegen bewaldete Hügel mit Schwarzfichtenbeständen. Besonders Elche, Rot- und Silberfüchse sowie Weißwedelhirsche (S.56) sind in den Wäldern beheimatet,

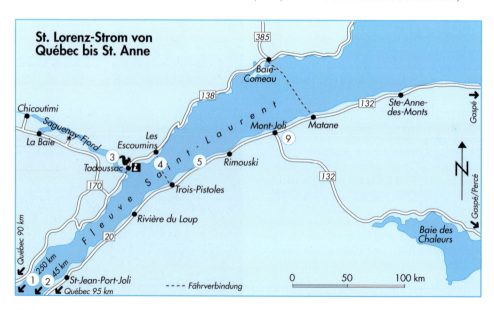

während Bären seltener sind. Nordamerikanische Fischotter (S.91) und eine große Zahl an Kanadabibern (S.136) bevölkern die Flüsse und Bachläufe, in denen Lachse landeinwärts schwimmen.
Die Küstenzonen sind mit geschützten Buchten wie Baie de l'Ours, Baie MacDonald oder Baie Observation, Steilufern und Felsabschnitten reich gegliedert und ein Paradies für Seehunde (S.157), Kegelrobben und zahlreiche Seevögel. Fischadler (S.178), Weißkopfseeadler (S.182), Papageitaucher, Baßtölpel, Ohrenscharben (S.154), Kanadagänse (S.168), Küstenseeschwalben (S.177) und Gryllteisten (S.154) nisten an den Stränden und Klippen oder gehen auf Futtersuche. Anticosti bildet einen wichtigen Stützpunkt für Zugvögel auf dem Weg vom Nordmeer nach Süden. Die Insel ist von Havre-St.-Pierre mit Fähren zu erreichen, die nach Port Menier, dem Hauptort der Insel fahren. Von dort führt eine Straße, die »Trans-Anticosti«, 265 km quer über die Insel bis an die südliche Spitze zum Cap Sandtop.

Archipel Mingan National Park Reserve ⑦

Der 1984 am Nordufer vor Havre-St.-Pierre gegründete Nationalpark schützt vor allem exotisch wirkende Küstenformationen und 40 Inselchen auf einer Länge von 150 km. Die größte Ansammlung an Kalksteintürmen und Grotten entlang der kanadischen Küsten ist im Park vereint. Der einstige Seeboden liegt jetzt hoch über der Wasseroberfläche und gibt Einblick in die über 100 Fossilienarten, aus denen er aufgebaut ist. Der Park liegt in der Übergangszone von rauhem borealem Klima und dem Einfluß milderer atlantischer Strömungen. Dazu mischen sich kalte Wasserströme aus Labrador. So kommen über 500 Pflanzenarten, 150 verschiedene Moose und 190 Flechten in dem relativ kleinen Gebiet vor. Ein spezieller Landtyp wird als »Moorland« bezeichnet. Damit sind offene Hänge gemeint, die allmählich zum Meer abfallen und dem rauhen Wetter schutzlos ausgesetzt sind. 18 Pflanzengemeinschaften, die an die arktische Tun-

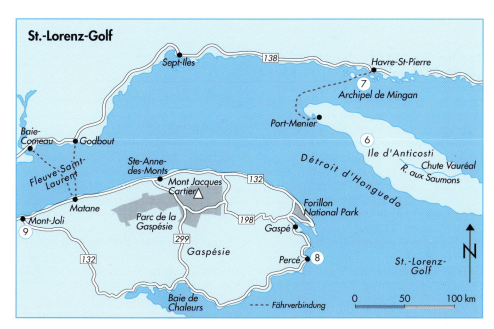

dra erinnern, wachsen zusammen mit Flechten auf dem mit Felsblöcken durchsetzten Gelände. Etwa 200 Pflanzen der hier Mingan-Kratzdistel genannten Art *Cirsium foliosum*, die auffälligste Pflanze des Parks, wachsen auf sandigen Böden. Sie sind die einzigen dieser Art in ganz Ostkanada, die ihre ursprüngliche Verbreitung auf den Bergwiesen Westkanadas 3500 km von Mingan entfernt hat.

Man erreicht den Park über den Hwy 138, der von Tadoussac der Nordküste des St.-Lorenz-Stroms bis Havre-Saint-Pierre folgt. Mit der Fähre von Rimouski nach Havre-Saint-Pierre. Mit Wassertaxis gelangt man zum Park.

Rocher Percé und Île Bonaventure ⑧

Südlich der Bucht von Gaspé ragt vor Percé eine kunstvolle Felsformation aus dem Meer, der Rocher Percé. Der 438 m lange, 88 m hohe und 5 Mio. Tonnen schwere Kalksteinfelsen ist ein geologisches Relikt aus einer Zeit vor 350 Mio. Jahren, als die Landmassen der Halbinsel Gaspésie entstanden. Wind und Wellen haben einen Torbogen in den Felsen genagt. Bei Ebbe kann man den Felsen über eine Kiesbank zu Fuß erreichen. Ausflugsboote fahren vom Hafen am Felsen vorbei zur Insel Bonaventure, die wegen der Baßtölpelkolonie (s.S.145) bekannt wurde. 4 Wege mit Längen zwischen 2,8 bis 4,9 km, auf denen man an die Ostküste zur Vogelkolonie gelangt, durchqueren die 4 km² große Insel, auf der historische Häuser von europäischen Auswanderern aus dem 19. Jh. besichtigt werden können. 30 000 Baßtölpelpaare, ferner Dreizehenmöwen (S.20), Tordalken, Ohrenscharben und Papageitaucher nisten auf Felsklippen und den Plateaus bei Trou des Margaulx. An der Südküste ist die Baie des Marigots mit den überhängenden rotgefärbten Sandsteinfelsen sehenswert. Im Sommer hält sich hier eine Seehundkolonie auf.

Percé liegt direkt an der Autoroute 132, die rund um die Halbinsel Gaspé von Rivière du Loup bis Campbellton verläuft.

Praktische Tips

Anreise

Der St.-Lorenz-Strom wird von Québec ab an beiden Ufern von Hauptstraßen begleitet. Bei Québec besteht die einzige Möglichkeit, auf einer Brücke den Fluß zu überqueren, Fährverbindungen bestehen bei Rivière du Loup–St. Siméon, Trois-Pistoles–Les Escoumins, Matane–Baie Comeau, Matane–Godbout. Am Nordufer verläuft die Autoroute 138, die bei Havre-St.-Pierre endet. Die Autoroute 132 führt rund um die Halbinsel von Gaspé bis Campbellton in New Brunswick.

Reisezeit

Die beste Reisezeit ist Juni bis September, für Gebiete um Québec Mai bis Juni (Zeit des Vogelzuges).

Touristische Einrichtungen

In allen größeren Orten entlang der Autorouten (St.-Jean-Port-Joli, Rivière du Loup, Trois-Pistoles, Rimouski, Matane; Tadoussac, Les Escoumins, Baie Comeau, Sept-Îles, Havre-St.-Pierre); auf Anticosti nur eingeschränkte Einrichtungen; touristisches Zentrum der Gaspé-Halbinsel ist Percé.

Blick in die Umgebung

Jardins de Métis ⑨

Nördlich von Mont-Joli, direkt an der Autoroute 132 gelegen, können Besucher ein Musterbeispiel eines Schaugartens entdecken, der über 800 Arten an Gartenpflanzen enthält. 6 Themengärten zeigen eine Rhododendrenschau, einen Steingarten, einen traditionellen englischen Garten, den Garten der Obstbäume, den Sommergarten und den Primelgarten. Der Blaue Stachelmohn, eine Pflanze aus dem Himalaya, ist der Stolz der Jardins de Métis, die von Juni bis Ende September von 8.30 bis 20.00 Uhr geöffnet haben.

18 Forillon-Nationalpark

Lebensräume am Ufer des St.-Lorenz-Golfes am Übergang zum Atlantik, zerklüftete und wildreiche Küstenabschnitte; einzigartige geologische Schichtungen; 225 Vogelarten, Wale und Seehunde vor der Küste; Schwarzbär und Luchs; Vegetation der subarktischen und gemäßigten Zone.

Der Nationalpark von Forillon liegt auf der äußersten Landspitze der Halbinsel von Gaspé, die im nordöstlichen Québec in den St.-Lorenz-Golf reicht. Der 1970 gegründete Nationalpark schützt einen Abschnitt der Notre-Dame und Mégantic-Gebirgsregion am östlichen St.-Lorenz-Ufer, die den Appalachen angehören. Diese Landspitze wird bis auf die Westgrenze zu allen Seiten von Meer umgeben, das maßgeblich die heutige Form des Parks beeinflußte. Im Norden umschließt sie der St.-Lorenz-Golf, im Süden grenzt die Baie de Gaspé an. Die Einrichtung des Nationalparks dient nicht nur dem Schutz der einzigartigen Naturlandschaft, sondern auch der Erhaltung geschichtsträchtiger Regionen. Besonders an der Südküste können heute historische Punkte besichtigt werden, die auf die Besiedlung Kanadas durch europäische Einwanderer vor 100–200 Jahren verweisen. Deswegen steht der gesamte Park unter dem Motto »Eintracht zwischen Mensch, Meer und Natur«.
Die Landschaft des Parks gliedert sich in weitläufige Terrassen, die vom Nordwesten zum Ufer des St.-Lorenz-Golfs abfallen. Eine kleinere Gebirgskette verläuft im südlichen Drittel des Parks und reicht bis zu seinem äußersten Abschnitt, dem Cap Gaspé. Dort fällt diese Kette – eigentlich eine aufgerichtete Gebirgsfalte – mit Steilküsten ins Meer ab. Die mächtige Phalanx

Die Kalksteinklippen des Cap Forillon ragen an der Nordspitze der Halbinsel Gaspé weit in den St.-Lorenz-Golf.

Seehunde an den Steilküsten des Cap Bon Ami.

Grave und Cap Gaspé 40 ausgebildet sind. Forillon kann auch auf eine bewegte menschliche Geschichte zurückblicken. Das Land, das von den ersten Siedlern, den MicMac-Indianern als »Ende des Landes« bezeichnet wurde, spielte während der europäischen Besiedlung als erste Landbasis eine große Rolle. Der Leuchtturm, der hoch über dem Meer am Cap Gaspé steht und den Seefahrern den Eingang in den St.-Lorenz-Strom anzeigte, hatte daher große Bedeutung.

Pflanzen und Tiere

aus Klippen und Felsabbrüchen reicht nordwestlich bis zum Cap Bon Ami. Auffällig sind vor allem die Kalksteinschichtungen, die rund um das Kap besonders deutlich zutage treten. Sie stammen aus Ablagerungen, die vor 450–600 Mio. Jahren in einem riesigen Becken in Form von Kalkpanzern auf den Meeresboden sanken. Durch mehrere Hebungen, Faltungen und Absenkungen, die diese Schichten während 500 Mio. Jahren erfuhren, entstanden die Stufungen und Plateaus, die in die Ebene von Rosiers auslaufen. Die letzte Ausformung erhielt diese Landschaft, als sich das Becken der Baie Gaspé einsenkte. Die Ränder der tektonischen Platte wurden weiter aufgerichtet, und es entstanden die Steilabbrüche auf der Nordostseite des Cap Gaspé. Der gegenüberliegende Rand dieser Platte ragt bei Percé aus dem Meer. Besonders am Cap Bon Ami lassen sich die geologischen Formationen studieren. Durch Erosion und Eis werden ständig größere Gesteinsbrocken aus den Steilküsten gelöst und lagern sich am Ufer an. Die Wellen zermahlen sie schließlich zu den Sand- und Kieselsteinstränden entlang der Küstenlinie, besonders entlang der Halbinsel Penouille im südwestlichen Parkabschnitt. Wo die Wellen direkt auf die Klippen auftreffen, entstehen Meereshöhlen oder gletschermühlenähnliche kleine Buchten, von denen zwischen Grande-

Die Pflanzenwelt von Forillon birgt manche Kuriosität, obwohl der Nationalpark mit knapp 240 km^2 relativ klein ist. Das Klima und die Lage der Halbinsel bewirkten, daß arktische Pflanzen genauso vorkommen wie Arten der sommergrünen Laubwälder. Wegen der sehr kalten Winter fühlen sich arktisch-alpine Polsterpflanzen wohl, die die exponierten Küstenbereiche bewachsen. Arten, die normalerweise in den gemäßigten Wäldern des St.-Lorenz-Tieflandes heimisch sind, siedelten sich zu einer Zeit an, als das Klima im Park wärmer war. Auf den kargen, sandigen Böden wachsen Spezialisten aus den Tundren, während im Zentrum des Parks die für diese Breiten typischen Mischwälder stocken. Dazu sind europäische Ruderalpflanzen vorhanden, die durch die Einwanderer eingeschleppt wurden und vor allem auf aufgelassenen Weiden und Feldern gedeihen.

Die Wälder des plateauartig gestuften Hochlandes im Zentrum des Parks sind vor allem Mischwälder, die von Wohlriechender Balsamtanne dominiert werden, zu denen sich Papierbirken und Gelbbirken gesellen. In den Flußtälern, vor allem im Cap-des-Rosiers Brook, wachsen in geschützter und feuchterer Lage sommergrüne Laubwälder, die aus Zuckerahorn (s.S.132), Gelbbirke und vereinzelt aus

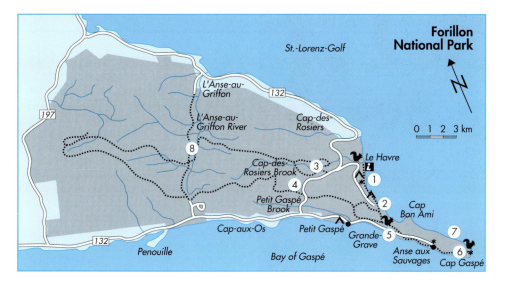

Roteiche und Eschenarten gebildet werden. Dieser Wald dürfte ein Relikt eines südlichen Vegetationstyps sein, der vor 5000–7000 Jahren aufgrund des damals wärmeren Klimas in der Region entstand. Aufgelassene Felder finden sich besonders entlang der Südküste und rund um das L'Anse-au-Griffon-Tal. Auf den artenreichen Wiesen wachsen vor allem aus Europa bekannte Wiesenblumenarten wie Löwenzahn, Margerite, Wiesenklee, Rotschwingel, Scharfer Hahnenfuß, Giersch, Schmalblättriges Weidenröschen und Kanadische Goldrute (S.19).

Auf den Felsklippen der Nordostküste gedeihen vor allem arktisch-alpine Pflanzen. Sie dürften sich nach der letzten Eiszeit hier angesiedelt haben, als sich die Gletscher zurückzogen und kahle Böden freigaben. Sie können sich wegen des extremen Klimas mit tiefen Temperaturen, kalten Winden und wenig Sonne ohne Konkurrenz an den Klippen behaupten. Hauswurzarten, Mauerpfeffer und Stengelloses Leimkraut (S.209) halten sich in den Felsspalten, in denen kaum Erde vorhanden ist. Eigentlich kommen diese Pflanzen erst 1000 km nördlicher in den arktischen Tundren vor. Die windexponierten Kanten der Klippen werden von undurchdringlichen Tannengebüschen gesäumt, die wegen des Windes nur Zwergwuchs erreichen. Eine vegetationskundliche Besonderheit, die ihresgleichen sucht, besitzt die Halbinsel von Penouille im Süden des Parks. Bemerkenswert sind nicht so sehr seltene Pflanzenarten als die ungewöhnliche Zusammensetzung der Vegetation. Sanddünen säumen die Küstenlinie, innerhalb der Bucht ist eine Salzmarsch ausgebildet. Im Inneren herrschen extreme klimatische Bedingungen, die eine taigaähnliche Vegetation entstehen ließen. Rentierflechten und 35 weitere Flechtenarten bedecken zusammen mit Bärlapp den kargen, sandigen Boden, obwohl dieser auf Meeresniveau liegt. Heidekrautgewächse und Hudsonia kommen als Pionierpflanzen vor. In den Klippen findet man fossile Pflanzen der Art *Psilophyton princeps*, die vor 350 Mio. Jahren in Brackwasserbuchten wuchs und schachtelhalmähnliche Stiele aufwies.

Die sommergrünen Laubwälder werden im Frühling und Herbst von Buntfalken und seltener von Steinadlern (S.190) und

18 Forillon-Nationalpark — 153

Ohrenscharben haben das ganze Jahr über eine orange gefärbte Kehle und kommen in Ost- und Westkanada vor.

Brütende adulte Gryllteisten sind schwarz gefärbt, während sie im Winter ein fast weißes Federkleid tragen.

Kartoffelrosen bilden dichte Gebüsche entlang der Küsten und blühen den ganzen Sommer über.

Rotschwanzbussarden aufgesucht, die hier nach Mäusen und anderen Nagern suchen. Entlang des Weges im Anse-au-Griffon-Tal sind Kronwaldsänger, Rubinkehlkolibri, Wanderdrossel, (S.139) Zedernseidenschwanz, Goldzeisig, Rotschulterstärling (S.127) und Bobolink zu sehen. Am Übergang zur Ebene am Cap Rosier bieten Aussichtspunkte hervorragende Möglichkeiten, Greifvögel wie Rauhfußbussard, Buntfalke und Kornweihe zu beobachten. In den Sommernächten ertönen die Rufe des Virginia-Uhus. 30 000 Seevögel nisten in den Steilklippen zwischen Cap Percé und Cap Bon Ami. Tausende Dreizehenmöwen und Baßtölpel drängen sich auf schmalen Felsvorsprüngen am Cap de Rosiers zusammen. Ohrenscharben bauen Nester aus Zweigen auf breiteren und höher gelegenen Felssimsen. Silbermöwen halten sich auf den Klippen wie auch an den Kieselstränden auf, die auch bevorzugte Orte der Eiderenten und Gryllteisten sind. In den Sumpfmarschen der Penouille-Halbinsel suchen Kanadareiher (S.130) nach kleinen Fischen. Diesen Ort, der durch die Gezeiten reich an Nahrung ist, suchen auch Fischadler (S.178), Grasammern und Sandregenpfeifer zur Nahrungsaufnahme auf. Kanadagänse, Ringelgänse, Schwarzkopfruderenten (S. 131) und Blauflügelenten werden durch Seegras und andere Sumpfpflanzen angezogen. Seltene Arten wie Löffelente, Brautente, Sterntaucher, Bergente, Prachteiderente und Kappensäger können ganzjährig an den Küsten vorkommen.

Das marine Leben des Parks konzentriert sich auf die Felsufer und ist von den Gezeitenzonen abhängig. Algen, Seesterne, Seegurken, Seeigel, Muscheln und Seegras heften an den Felsen, die bei Ebbe trocken fallen und bei Flut überspült werden. Fel-

Im Hinterland von Forillon sind sanfte Täler mit Akadischem Laubwald und kleinen Bächen zu finden, hier der Wasserfall La Chute.

senkrabben verbleiben in Zonen, die stets vom Wasser überspült werden. Seehunde und Kegelrobben sonnen sich auf den Felsen der Steilküsten östlich von Cap Bon Ami und jagen im fischreichen Golf nach Flunder und Scholle. Pilotwale und Atlantische Weißseitendelphine besuchen im August und September die Buchten rund um Forillon ebenso wie Buckelwale, Zwergwale und Finnwale.

Im Gebiet unterwegs

Durch den Nationalpark führt der Hwy 132, der östlich des Cap-des-Rosiers nach Süden schwenkt und quer über die Geländestufen an die Südseite des Parks verläuft. Von St. Majorique zweigt der Hwy 197 nach Norden nach Rivière-au-Renard ab und schließt an der Westgrenze des Parks die Runde.
Es gibt drei Möglichkeiten, die Landschaften, Tiere und Pflanzen von Forillon kennenzulernen. Eine davon ist vom Meer aus: Beim Informationszentrum **Le Havre** ① bei Des-Rosiers gibt es einen kleinen Hafen, von dem aus private Bootstouren entlang der Nordostküsten angeboten werden. Die Boote fahren möglichst nahe entlang der Steilküsten und ermöglichen so den Blick auf eindrucksvolle geologische Formationen. Es können aber auch die Seehunde, Kormorane und Möwen beobachtet werden, die sich im Schutze der unzugänglichen Küstenabschnitte aufhalten. Bei gutem Wetter fährt das Boot etwas in die Baie Gaspé bzw. in den Golf hinaus, wo im Herbst (September) Wale gesichtet werden.
Beim Informationszentrum wurde ein rollstuhltauglicher Naturlehrpfad angelegt (»l'Ouverture de Forillon«), der auf 600 m die Küstenzone und dafür typische Pflanzen vorstellt. Im September stehen die Sträucher der roten Kartoffelrose in voller Blüte. Die Straße führt bis zum **Cap Bon Ami** ②, von wo man über Holztreppen zu den Sandstränden hinabsteigen kann. Unmittelbar beim Kap befinden sich besonders schöne Schichtformationen, die zum Teil schräg aus dem Meer aufsteigen, zum Teil glattgeschliffen an den Klippen aufragen. Einen Abschnitt des Strandes von Bon Ami kann man bis zu einer Absperrung begehen, dahinter folgt eine Schutzzone ⑦ mit absolutem Betretungsverbot. Hier beginnt der beliebte Mont Saint-Alban Trail; der 8 km lange Rundweg steigt zum höchsten Gipfel des Parks auf und eröffnet eindrucksvolle Rundblicke auf den Golf.

Ein häufig an den Küsten anzutreffender Wasservogel ist die Ringschnabelmöwe.

Vom Hwy 132 gehen 2 kleinere Wege zum **Cap-des-Rosiers Brook** ab. Der erste führt direkt neben dem Parkplatz zu einem großen Kanadabiberbau ③, der zweite, ein 1 km langer Rundweg, erreicht einen kleinen Wasserfall »La Chute« innerhalb der Schlucht.
An der Südseite des Cap Gaspé befinden sich die alten Fischerdörfer der Einwanderer. Der Geschichtslehrpfad »Une Tournée dans les Parages« (»Ein Rundgang in der Nachbarschaft«) in **Grande Grave** ⑤ stellt das Leben auf der Landzunge vor 150 Jahren vor. Entlang des Weges sind alte land- und forstwirtschaftliche Geräte ausgestellt. Höhepunkte bilden die Fischerhütten an der Küste, das Gut Anse-Blanchette und eine Rekonstruktion des Kaufmannsladen von Hyman & Sons. Entlang des Weges durchquert man artenreiche Blumenwiesen. Der Les Graves Trail führt von Anse-aux-Sauvages auf 8 km zum Leuchtturm am **Cap Gaspé** ⑥ und durchquert die Buschwälder an der Steilküste. Vom Kap aus können Wale beobachtet werden, ein steiler Pfad steigt zum Meer hinab.
Beim Fort Péninsule beginnen der **Le Portage Trail** ⑧, der 11 km in einer Richtung quer durch die Halbinsel nach L'Anse-au-Griffon führt, und der **Les Crêtes Trail** ④, der auf 18 km nach Osten auf der höchsten Hügelkette zur Petit-Gaspé-Bucht verläuft. Die Halbinsel Penouille erreicht man direkt vom Hwy 132 aus.

Praktische Tips

Anreise
Forillon liegt 700 km nordöstlich von Québec und ist über den Hwy 132 zu erreichen, der rund um die Halbinsel von Gaspé führt. Hwy 8 und 11 von New Brunswick aus.

Klima/Reisezeit
Die günstigste Zeit fällt auf die Sommermonate, Ende Mai bis Mitte September, obwohl Mitte September in der Nacht schon Frost auftritt. Die Informationszentren bei der Halbinsel Penouille und bei Le Havre im Nordosten haben von Mitte Juni bis Anfang September geöffnet. Im Winter herrscht ein rauhes Klima mit Temperaturen um -30 °C und starken Winden.

Unterkunft
Campingplatz Petit Gaspé mit 136 Stellplätzen auf Presqu'île; Cap Bon Ami mit 32 Stellplätzen auf den Klippen mit 100-m-Tiefblicken; Des-Rosier-Campingplatz mit 155 Stellplätzen. Motels, Restaurants und Geschäfte in Gaspé (ca. 30 km vom Südende entfernt).

Adressen
⇨ Informationszentrum Le Havre, Tel. 418-892-5572.
⇨ Superintendent Forillon National Park, Box 1220, Gaspé, Québec G0C 1R0, Tel. 418-368-5505.

Blick in die Umgebung

Leuchtturm **Cap-des-Rosiers**, mit 34 m der höchste von Kanada; gute Ausblicke auf den Golf und Landpunkt, um Wale und Seevögel zu beobachten (5 km nördlich des Informationszentrums Le Havre gelegen).

19 Kouchibouguac-Nationalpark

> Küstenbereiche mit 25 km langen Sandstränden, Primär-, Sekundär-, Tertiärdünen, vorgelagerte Barrier-Inseln; Flußdeltas, Salzmarschen, Zedernwälder, großflächige Hochmoore; 614 Blütenpflanzenarten, 170 Flechtenarten; 225 Vogelarten, besonders der gefährdete Flötenregenpfeifer; Fischadler; Kojote, Elch, Schwarzbär.

Kouchibouguac stellt einen Abschnitt des Tieflandes an der akadischen Küste von New Brunswick unter Schutz, das zu den Maritime Plains der Appalachen gehört. Er befindet sich an der Ostküste von New Brunswick an der Northumberland Strait und bewahrt auf 239 km² eine Mischung aus Küstenzonen, Inland-Feuchtgebieten, Flußläufen und Wäldern. Der Name, der »KOOSH-uh-BOOG-oo-WACK« gesprochen wird, stammt von den MicMac-Indianern und bedeutet »Fluß der großen Gezeiten«. Die relativ flache Topographie des Parks erlaubt den Gezeiten, weit ins Landesinnere vorzudringen, wodurch Brackwasserbereiche und Ästuare entstanden. Der Küste entlang ziehen im Abstand von etwa 100 m langgezogene Sandbänke, die Lagunen abteilen. Sie entstanden vor 2500 Jahren und werden von Wind und Wellen ständig landeinwärts verschoben. Die Sandbänke selbst sind aus reinem Sand aufgebaut und gliedern sich in primäre, dem Meer ausgesetzte Dünen, in sekundäre Sandwälle, die mit Strandhafer bewachsen sind, und in tertiäres Hinterland, auf dem Bärentrauben und Zwergsträucher wachsen. Die Landschaft erinnert stark an die Wattdünen der europäischen Nordseeküsten.
3 große Flüsse zerteilen die Waldflächen des Parks, Saint Louis, Kouchibouguac und Black. Über 20% der Landfläche besteht aus Sümpfen und Mooren, da das Wasser zum Meer hin nicht abfließen kann. Das größte ist Kelly's Bog, ein Hochmoor, das an der tiefsten Stelle einen über 10 m dicken Moorkörper besitzt. Am Moorrand steht ein Aussichtsturm, der so hoch ist, wie sich das Moor in der Mitte durch die natürliche Entwicklung aufwölbt. Der Rest des Parks ist mit Nadelmischwald, dem »Acadian Forest« bewachsen, bis auf Wiesenflächen, die von früheren Siedlern durch Rodungen gewonnen wurden und heute verbuschen.

Pflanzen und Tiere

Die Lebensgemeinschaften des Parks sind dynamisch, verändern sich ständig, verschwinden aber nie. Daraus leitet sich die Besonderheit und Eigenart dieses Nationalparks ab, wobei die verändernden Kräfte nicht nur von der Natur, sondern auch

Die Großen Gelbschenkel besuchen Kouchibouguac wegen der ausgedehnten Sandstrände.

Kouchibouguac wird vor allem wegen der Küste mit ▷
Dünen, Sandstränden und Lagunen geschützt.

▽ Im Randbereich der Moore wachsen dichte Gebüsche
der Vielblättrigen Lorbeerrose.

vom Menschen ausgehen. Acht Lebensraumtypen können unterschieden werden: Wald, Hochmoore, Deltas, Wiesen, Salzmarschen, Lagunen, Dünen und Süßwasserflüsse. Diese Vielfalt drückt sich in den Artenzahlen der Tiere und Pflanzen aus: 614 Blütenpflanzen kommen vor, 27 davon sind Orchideen, darunter das seltene Südliche Glanzkraut. Eine Besonderheit für Kanada ist auch der Strandhafer, der auf dem losen Sand der Dünen wächst und sie stabilisiert. In den Hochmooren gedeihen Arten wie die Orchidee *Arethusa bulbosa*, Wasserschlauch, Trompetenblatt, Grönländischer Porst (S.211), Vielblättrige Lorbeerrose, Krähenbeere, Drehähre (S.16) und die Moltebeere (S.175).

Im bewaldeten Hinterland blühen auffällige Orchideen; auf dem Foto *Arethusa bulbosa*.

Die Wälder haben ihr ursprüngliches Aussehen verloren. Sie wurden in den letzten hundert Jahren abgeholzt und abgebrannt; an den Küsten setzten ihnen die Salzstürme der Winter zu. Weymouthskiefern kommen nur mehr sehr selten vor, schöne Exemplare findet man entlang des Claire Fontaine Trail und des Ruisseau Major. Der heute sekundär gebildete Akadische Wald setzt sich vorwiegend aus Schwarzfichte, Zederzypresse, Rotahorn, Balsamtanne, Espe und Papierbirke zusammen. Darin kommen vor allem Meisenhäher (S.51) und Schwarzkopfmeise vor, die der Wappenvogel von New Brunswick ist. In den Moorrandgebieten trifft man im dichten Unterwuchs auf Tannenhühner.

Der gefährdete Flötenregenpfeifer kommt an den Sandstränden von Kouchibouguac und Prince Edward Island vor.

△ Das Tannenhuhn lebt in den dichten Moorwäldern.
◁ Übergangsbereiche zwischen Sumpf und Wald werden im Sommer vom Rot der Kardinalslobelie erfüllt.

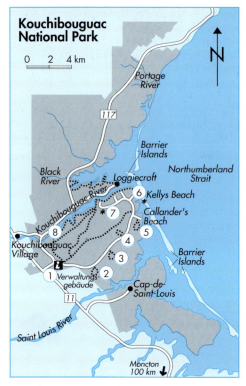

Die große Anzahl an Lebensräumen bewirkt, daß die Bandbreite der Säugetierfauna von Lemming über Rotfuchs, Elch (S.122), Kojote (S.98), Weißwedelhirsch (S.56) und Schwarzbär (S.201) bis zu Kegelrobben reicht. Die Flußläufe sind die Heimat des Kanadabibers (S.136), des Nordamerikanischen Fischotters (S.91) und der Bisamratte. In den aufgelassenen Wiesen legen Ackerwühlmaus, Springmaus, Hausmaus und Hirschmaus ihre Gänge an. Die vorkommenden Säugetierarten sind für Atlantik-Kanada typisch, die Besonderheit liegt jedoch in der auf engem Raum auftretenden Vielfalt.
In den Lagunen, die zwischen den Barrier-Inseln und der Küste eingeschlossen sind, leben Quallen und Schlammspringer.
31 verschiedene Fischarten wie z.B. Regenbogenforelle und Blauband-Kärpfling wurden in den Parkgewässern registriert.

Im Gebiet unterwegs

Der Parkway zweigt beim **Besucherzentrum** ① vom Hwy 117 nach Osten ab und führt zum großen Parkplatz am Kelly's Beach. Der Hwy 117 verläuft nach Norden durch den Park in Richtung Portage River und Pointe-Sapin. Entlang des Parkways liegen einige kleinere Naturlehrpfade. Der 800 m lange Rundweg von **Les Pins** ② stellt den Rest eines Weymouthskiefernwaldes (Pine Grove) vor. Der **Beaver Trail** ③ führt durch den Akadischen Wald und erklärt die Veränderungen, die Biber durch das Aufstauen der Gewässer bewirken. Entlang des Weges sieht man Vireos, Waldsängerarten, Gürtelfischer und verschiedene Libellenarten. Der **Cedar Trail** ④ verläuft 1 km lang vom Callanders Beach aus über aufgelassene Wiesen in Zedernwäldern an der Lagunenküste. Der 0,7 km lange **Salzmarsch-Rundweg** ⑤ durchquert auf Holzstegen den Küstenwald und die daran anschließenden Verlandungsbereiche der Salzsümpfe.

An den Sandstränden lenkt insbesondere ein Vogel die Aufmerksamkeit auf sich, der Flötenregenpfeifer. Von diesem zierlichen Vogel gibt es weltweit nur mehr etwa 2000 Individuen. 20 Pärchen nisten an den Stränden im Park, die zur Brutzeit nicht betreten werden dürfen. Die Parkverwaltung hat spezielle Schutzprogramme eingerichtet, um die Population zu erhalten. Eine der größten Nistkolonien der Flußseeschwalbe in Nordamerika ist auf den Barrier-Inseln angesiedelt. Vor allem Ende Juli können große Schwärme dieser Vögel bewundert werden. Fischadler (S.178) besuchen regelmäßig den Park, um in den seichten Lagunen und Flußdeltas nach Beute zu jagen. Bergenten, Eisenten, Prachteiderenten und Kragenenten (s.S.40) sind seltene Gäste im Park und bevorzugen die Salzmarschen an den Parkrandgebieten.

Bei **Kelly's Beach** ⑥ gelangt man vom Parkplatz über Stege und schwimmende Brücken auf eine Barrier-Insel und auf die meerseitigen Sandstrände. Dieser Naturlehrpfad berührt mehrere Lebensräume: Salzmarsch, Lagune und Düne. Von den Brücken aus kann man Quallen beobachten, auf den Dünen die Flugkunststücke der Flußseeschwalbe bewundern. Informationsstände erklären die Lebensräume. Das größte Moor des Parks erreicht man über den 1,8 km langen **Bog Trail** ⑦ westlich von Kelly's Beach. Der eindrucksvolle Naturlehrpfad führt durch den bewaldeten Moorrand bis ins Moorzentrum; entlang des Weges lassen sich alle Entwicklungsstadien des Hochmoores studieren, von verheideten Bereichen, Zwischenmooren, mit Wasserschlauch bewachsenen Moortümpeln bis zu intakten Hochmoorflächen. Am Moorrand steht ein Aussichtsturm.

Der **Tweedie Trail** ⑧ beginnt am Hwy 117 und führt auf einer 1,2 km langen Runde ans Ufer des Kouchibouguac-Flusses, eines typischen Inlandflusses. In der Dämmerung können Virginia-Uhu und Fischadler erspäht werden.

Pogonia ophioglossoides in Kelly's Bog.

Praktische Tips

Anreise
Von Moncton Richtung Shediac über den Hwy 11 (100 km von Moncton), oder Hwy 134 der Küste der Northumberland Strait entlang und durch die Orte. 5 km vor Kouchibouguac Village zweigt der Hwy 117 nach Osten in den Park ab. Vom Norden von Catham ebenfalls über Hwy 11.

Klima/Reisezeit
Die Durchschnittstemperatur liegt im Juli bei 19 ° C, Tageswerte im Sommer um 30 ° C; von Juni bis August wenig Niederschlag. Beste Reisezeit von Mitte Juni bis Mitte September.

Unterkunft
2 Campingplätze im Park. South Kouchibouguac mit 219 Stellplätzen und Côte à Fabien mit 30 Stellplätzen. Kiosk am Kelly's Beach, Restaurant und Fahrradverleih in Ryans Landing. Kleinere Hotels und private Campingplätze in den umliegenden Orten (z. B. Richibucto).
TIP: Versäumen Sie nicht die 20-minütige Tonbildschau im Besucherzentrum, die alle Facetten des Parks in den 4 Jahreszeiten vorstellt (Beginn auf Verlangen).

Adressen
⇨ Superintendent Kouchibouguac National Park, Kouchibouguac, Kent, New Brunswick E0A 2A0, Tel. 506-876-2443.

Schlickgrasflächen und Salzmarschen werden landeinwärts von Gebüschen der *Spirea latifolia* umgeben.

19 Kouchibouguac-Nationalpark

20 Fundy-Nationalpark

> Rauhe unzugängliche Hochlandplateaus mit tiefen Tälern; Küsten an der Bay of Fundy mit den höchsten Gezeiten der Welt; Sümpfe, wildreiche Flüsse, sanfte Wasserfälle; zerklüftete Steilküstenabschnitte, tief eingeschnittene Buchten, bei Ebbe weitläufige Schlickflächen; 20 seltene Pflanzenarten, Lachsflüsse, Östlicher Puma, Fischadler, Wanderfalke.

Fundy liegt im südöstlichen New Brunswick an der gleichnamigen Bucht. Entlang der Küsten treten die höchsten Gezeitenschwankungen der Welt auf, die die trichterförmige Ausbildung der Bucht bewirkt. Diese Bucht teilt New Brunswick von Nova Scotia ab und verengt sich nach Norden hin. Dadurch kommt es zu Tidenschwankungen bis zu 16 m, vor allem in der Minas Bay an der Nordspitze. Weil dabei große Wassermengen – etwa 100 km^3 pro Tag – transportiert werden, beginnt die Flut, wenn die Ebbe gerade die Mündung der Bucht erreicht hat. Das ausfließende Wasser benötigt 13 Stunden, die Flut tritt aber bereits nach 12 Stunden 25 Minuten ein. Die Differenz führt zu Wellenbewegungen und zu stärkerer Erosion innerhalb der Bucht. Dieser »Pulsschlag« bestimmt daher auch wesentlich das gesamte Erscheinungsbild der Küstenbereiche. Der Nationalpark besteht aus zerklüfteten Steilküsten, in die tiefe Buchten eingeschnitten sind. Landeinwärts bedeckt ein Mischwald das Kaledonische Hochland, das sich von der Küste weg terrassenförmig aufbaut und Erhebungen um 400 m er-

Trichterförmige Mündungen von Inlandsflüssen wie hier am Wolfe Point sind typisch für die Landschaft des Fundy-Nationalparks.

Die höchsten Gezeitenunterschiede werden in der Bay of Fundy beobachtet, hier das Cap Hopewell im Rocks Provincial Park.

reicht. Ahornwaldinseln, moosgefüllte Waldschluchten und Hochmoorflächen wie in der Caribou Plain liegen in diesem Hochland. Tiefe Flußtäler entwässern die Region und verlaufen mit reißenden Strömungen durch Canyons bis zur Küste, während sie im Hinterland sanfte, seeähnliche Ausbildungen aufweisen. Im September wandern Atlantiklachse flußaufwärts, vor allem im Upper Salmon River. Weitere Flüsse sind der Laverty Brook und der Wolfe Point River, der eine fjordartige Mündung (Point Wolfe) mit bei Ebbe trockenfallenden Sandbänken besitzt. Zwischen Point Wolfe und den Schlickebenen bei Alma an der östlichen Parkgrenze verlaufen Steilküstenabschnitte, die bis 100 m hoch über den Meeresspiegel aufragen.

Fundys Hochland und Steilküsten entstanden vor 450 Mio. Jahren, als tektonische Platten vom Atlantik her landeinwärts wanderten und die Appalachen auffalteten. Vor 100 Mio. Jahren ließen diese Bewegungen nach und Landteile begannen voneinander abzureißen. So entstand die Bay of Fundy, die jedoch erst vor 6000 Jahren nach der Eiszeit mit Wasser überflutet worden sein dürfte. Aber auch Vulkanismus spielte eine Rolle, als vor 225 Mio. Jahren die Küstenabschnitte zwischen der Herring Cove und dem Point Wolfe aufgebaut wurden. Lavamassen überdeckten die Sedimente, wodurch aus diesen durch Verhärtung roter Sandstein entstand, der auch den östlichen Buchtabschnitt, besonders rund um das Cap Hopewell, bestimmt.

In keinem Nationalpark wurden in den letzten Jahren mehr Managementmaßnahmen durchgeführt als in Fundy. Ein Wanderwegenetz wurde zu allen Lebensräu-

In Fundy wird am Wolfe Point ein Forschungsprogramm zur Wiederansiedelung des Wanderfalken betrieben.

Pflanzen und Tiere

Die Schlickflächen vor der Küste, die bei Ebbe trockenfallen, zählen zu den Besonderheiten des Nationalparks. Auffällig breite Bänke sind rund um Alma, der Herring Cove und am äußeren Point Wolfe ausgebildet. Röhrenwürmer, Schlammspringer, Muscheln, Nematoden und Schlickkrebse gehören zur bevorzugten Nahrung der zahlreichen Seevögel, die sich hier einfinden. Ohrenscharben (S.154), Silbermöwen, Mantelmöwen, Eiderenten (S.141) und Eistaucher (S.122) sind häufig, während Baßtölpel (s.S.145), Dreizehenmöwen (S.20) und Papageitaucher (S.143) nur selten zu sehen sind. Kanadareiher (S.130) bevorzugen die Salzmarschen der inneren Bucht, vor allem in der Shepody Bay.

Die Schlickkrebse, von denen über 50 000 Tiere auf einem halben Quadratmeter leben, sind Nahrungsquelle für Sandstrandläufer, die 14 000 Tiere während einer Gezeitenphase verschlingen können. Auch Schlammtreter, Graubruststrandläufer, Bekassinen, Wiesenstrandläufer und Hudsonschnepfen können auf den Schlickflächen beobachtet werden. Kelp, Seetang, Seegrasarten, Meersalat und Irisches Moos überziehen die Felsen und Steinblöcke in der Gezeitenzone. Im Schlamm ziehen Mondschnecken ihre Bahnen. Das Ufer wird von größeren Felsblöcken gesäumt, es folgen die Schlickflächen, die von Gezeitentümpeln durchsetzt sind. In der äußeren Bucht sind Kiesbänke aufgeworfen, die zum Beispiel in der Point-Wolfe-Bucht bei Ebbe abgeschlossene Wasserbereiche zurückhalten. In Gezeitentümpeln, vor allem in der Cannontown-Bucht im Südosteck des Parks, kommen Seeanemonen, Röhrenwürmer, Grüne Krabben und Felsenseegras vor.

Wo sich auf feinem Schluffmaterial Schlickgräser, Queller und andere salzresistente Pflanzen ansiedeln konnten, sind Salzmarschen entstanden, zum Beispiel in

men angelegt, Aussichtspunkte und Hinweistafeln errichtet. Gleichzeitig bemüht sich die Parkverwaltung sehr, Tierarten wieder anzusiedeln, die früher im Gebiet des Parks heimisch waren. Der schon erwähnte Lachs gehört dazu, aber auch der Wanderfalke und der Gürtelfischer. Der ökologische Nutzen dieser Aktionen ist nicht unumstritten. So wurden zum Beispiel über 50 Wanderfalkenpärchen in der Bucht am Point Wolfe ausgesetzt, eine viel zu hohe Dichte für die Größe der Bucht.

Der Gürtelfischer ist die einzige Eisvogelart, die in ganz Kanada vorkommt. Nur das Weibchen hat einen roten Bauch.

Küstenabschnitten östlich von Alma. Kanadareiher sind darin ständig zu beobachten; im Frühling besuchen vorbeiziehende Wasservögel diese Buchten. Kanadagans, Großer Gelbschenkel (S.157), Blauflügelente, Nordamerikanische Pfeifente, Krickente und Dunkelente sind die häufigsten, aber auch der seltene Kappensäger.
Das Kaledonische Hochland des Parks wird vom Akadischen Mischwald beherrscht, der eine Übergangszone zwischen sommergrünen Arten des St.-Lorenz-Tieflandes und den boreal bestimmten Nadelwaldarten Nordkanadas darstellt. Auf den küstennahen Sandsteinklippen bewirken häufige Nebel das Aufkommen der Rotfichte und der Balsamtanne. Im lichten Unterwuchs gedeihen die Wilde Aralie, Clintonia (S.183), Moosglöckchen (S.125), Kriechende Schneebeere und vor allem Kanada-Hartriegel (S.123). Dieser bildet im Frühsommer weiße Blütenteppiche und leuchtet im Herbst durch die Früchte rot. Diese ziehen Tannenhuhn (S.159), Kragenhuhn (S.170), Wanderdrossel (S.139) und Feldmäuse an. Am Wegesrand sind Kanadakleiber, Kronwaldsänger und Goldzeisig zu sehen.

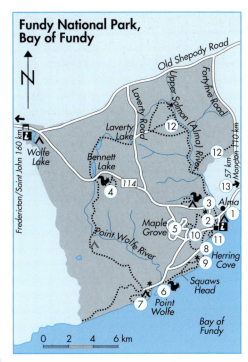

Die Wälder des Hochlandes sind Hartholz-Mischwälder mit einem hohen Anteil an Gelbbirken. Auf sonnenexponierten, feuchteren Standorten kommen Zuckerahorn und Amerikanische Buche hinzu, so im »Maple Grove« nördlich der Herring Cove. Papierbirken und Rotahorn sind an den Seeufern häufig. Im Spätfrühling blühen dort Hundszahnlilien *(Erythronium americanum)* und Buntes Dreiblatt (S.169). In geschützten Flußtälern wachsen Eschen, Eiben und Ahornarten. Die feinen Nebel der Kaskaden innerhalb der Tälchen fördern die Bildung von Moosteppichen, so im Dickson Falls Canyon. Tannenbärlapp, Kriechender Wacholder und Roter Mauerpfeffer kommen vor.
Im nördlichen Teil des Parks wachsen rund um die 10 größeren Seen Rotfichten- und Balsamtannenwälder, in denen sich Elch (S.122), Schwarzbär (S.201), Weißwedelhirsch (S.56), Rothörnchen, Fichtenmarder und Baumstachler (S.50), aber auch Meisenhäher und Tannenhuhn aufhalten. Etwa in der Mitte des Parks liegt die Caribou Plain, das einzige große Moor des Parks. Trompetenblatt, Sonnentauarten, Torfmoosarten, Sumpfporst, Vielblättrige Lorbeerrose (S.158), Moosbeere und andere niederliegende Zwergsträucher können entlang eines Rundweges beobachtet werden.
Auf aufgelassenen Feldern entlang der Küsten, so am Squaws Cap oder rund um den MicMac-Campingplatz, gedeihen zahlreiche hochwüchsige Stauden. Trupps von Gelbroten Taglilien wechseln mit Goldruten, Schwertlilien und Margeriten. Spitzmäuse und Feldmäuse suchen nach den Samen der Wiesengräser, Waldmurmeltiere legen ihre Tunnels an. Kojoten (S.98), Rotfüchse und Rotluchse wandern von

Der Akadische Laubwald in reinster Ausprägung ist charakteristisch für die Landschaft von Fundy.

den nahegelegenen Waldabschnitten ein, um nach den Nagern zu jagen. Strumpfbandnattern sonnen sich auf den Lichtungen. Im Winter sind hier Waschbären (S.22) zu finden, vor allem rund um Devil's Half Acre. Auch Breitschwanz- und Rotflügelbussarde schätzen die Wiesenflächen als Jagdgründe; Waldsängerarten, Wanderdrossel (S.139), Zedernseidenschwanz und Singammer halten sich in Brombeergebüschen und Randbereichen der Wiesen auf.

In den Felswänden rund um die Point-Wolfe-Schlucht wurden Wanderfalken wieder eingebürgert. Diese Greifvögel stürzen sich aus großen Höhen herab, um ihre Beute, kleine Singvögel und junge Küstenvögel, zu schlagen. Dabei erreichen sie hohe Geschwindigkeiten. Am Point Wolfe ist eine Aussichtsplattform angebracht, von der aus man die Nistkästen an der gegenüberliegenden Felswand sieht. Im August beginnen Atlantiklachse den Upper Salmon River und den Point Wolfe River hinaufzuschwimmen, um im November im Oberlauf abzulaichen. Der Black Hole Trail führt zu Lachsbecken am Upper Salmon River. Auch der Amerikanische Aal lebt in den Flüssen. Er kommt aus der Sargassosee südlich von Bermuda zum Park.

Bestände der Gelbroten Taglilie auf alten Waldweiden.

Im Gebiet unterwegs.

Knapp vor dem Osttor führt ein Steg zur **Bay of Alma** ①. Das **Besucherzentrum** ② befindet sich bei Alma im Osten des Parks, ein kleines am Wolfe Lake an der Nordwestgrenze. Der Parkway 114 verläuft quer durch den Park, 2 km westlich von Alma befindet sich neben der Straße ein **Aussichtspunkt** ③.
Wege vom Parkway aus: **Caribou Plain** ④ im nördlichen Drittel des Parks, 3,3 km

Im Frühsommer blüht der Frauenschuh in den Akadischen Laubwäldern rund um den Maple Grove.

langer Rundweg durch Hochlandwald und rund um ein Hochmoor. Der **Maple Grove** ⑤ kann mit dem Auto auf dem Hastings und Maple Grove Loop durchfahren werden. Von dort beginnt der Shaded Maple Trail durch den schönsten Abschnitt eines Ahornwaldes.
Der Ostküste entlang führt die **Point Wolfe Road** zur Bucht ⑥. Aussichtsplattformen und Wege erschließen die Bucht, die Dachbrücke, die historischen Hafenanlagen von **Shiphaven** ⑦ auf der Sandbank in der Bucht. Empfehlenswert ist die Runde, die vom Parkplatz der **Herring Cove** ⑧ zuerst in die Bucht und danach einem kleinen Tal entlang auf den Squaws Head führt. Von dort wandert man durch den Küstenwald zum **Matthews Head** ⑨ mit schönen Ausblicken auf die Bucht (Eiderenten). Entlang der Steilküste erreicht man das **Squaws Cap**, etwa 1,5 km danach beginnt der Rückweg zum Squaws Head. Gesamtlänge der Runde etwa 6 km.
Der **Dickson Falls Trail** führt zu Wasserkaskaden des Dickson-Flusses ⑩ durch einen Ahorn-Buchen-Mischwald. 1, 6 km, lohnend, mit moosverwachsener, urwaldähnlicher Talsohle. Der **Devil's Half Acre Trail** ⑪ führt durch tannenbewachsene Steilküstenabschnitte; 1 km lang.
Am Laverty Drive im Zentrum und an der Forty Five Road an der Ostgrenze des Parks beginnen Wege zu den Lachsbecken, so der **Black Hole Trail** und der **The Forks Trail** ⑫.

Praktische Tips

Anreise
Von Moncton über den Hwy 114, 110 km bis zum Park. Von Saint John/Sussex Hwy 2 bis Penobsquis, nach Süden auf den Hwy 114 bis zum Park (160 km ab Saint John.

Klima/Reisezeit
Die beste Reisezeit sind die Monate Juni bis September mit gemäßigtem Klima und Höchsttemperaturen um 25 °C.

Unterkunft
4 Campingplätze im Park: beim Besucherzentrum 132 Stellplätze, Chignecto mit 291 Stellplätzen; Point Wolfe 181, Wolfe Lake 32 Stellplätze. Caledonia Highland Inn (Tel. 506-887-2930) mit 64 Chalets. Hotels und Restaurants in Alma.

Adressen
- Nationalparkverwaltung, Box 40, Alma, N.B. E0A 1B0, Tel. 506-887-2000.
- Fundy Guild (Buchladen im Besucherzentrum Alma), Box 150, Alma, N.B. E0A 1B0.

Blick in die Umgebung

Der **Rocks Provincial Park** am Cap Hopewell ⑬ liegt am Hwy 114 und schützt die bekannten Formationen aus rotem Sandstein (Flowerpots) an der Küste, die durch die Gezeiten entstanden sind. Vom Parkplatz aus kann man bei Ebbe auf Meeresniveau durch die Flowerpots spazieren und gleichzeitig die Gezeitenzone beobachten. Bei Flut liegen die Flowerpots 14 m unter Wasser, von der Anhöhe aus sind nur mehr im Wasser liegende Gesteinszacken sichtbar.

21 Kejimkujik-Nationalpark

Gletschergeformte Landschaft mit zahlreichen Seen und Inseln, Drumlins; alle Waldlandschaften von Nova Scotia, Akadischer Mischwald, Zedernwälder; Stillwasserflüsse (Black Water) mit größtem Schildkrötenvorkommen aller kanadischen Nationalparks, seltene Blandings Sumpfschildkröte; gefährdeter Flötenregenpfeifer.

Im südwestlichen Nova Scotia schützt der Nationalpark von Kejimkujik auf einer Fläche von 381 km² einen ursprünglichen Abschnitt des atlantischen Küstenhochlandes. Die schwer zugängliche Wildnis besteht aus einem Mosaik kleinerer und größerer Seen, Nadelmischwäldern, Hartholz-Laubwäldern, Zedernhainen, Sümpfen und Stillwasserbereichen, die als »Black Water« bezeichnet werden. Der Name des Parks, der »kedge-im-KOO-jik« gesprochen wird, geht auf die MicMac-Indianer zurück.

3 verschiedene Gesteinsformationen bauen den Park auf. Im östlichen Drittel von Kejimkujik sind Quarzite zu finden, die aus erodierten Gebirgen hervorgingen, die vor 550 Mio. Jahren im heutigen Nordwestafrika lagen. Den mittleren Abschnitt bauen Schiefer auf, die aus verfestigtem Meeresschlamm hervorgingen. Im westlichen Teil kommen Granite vor, die durch die Kontinentaldrift aufgefaltet wurden und sich besonders am Westufer des Kejimkujik-Sees in Form mächtiger Granitkuppen zeigen. Die Gletscher des Pleistozäns schufen vor 80 000 Jahren das heutige Landschaftsbild. Die flachen Becken der Seen wurden vor allem im Bereich der weicheren Quarzitgesteine, also im östlichen Abschnitt ausgebildet. Die Gletscher lagerten Lehm und Moränenschutt in Form flacher Hügel ab. Diese werden als Drumlins bezeichnet, von denen sich etwa 50 im gesamten Park finden, am auffälligsten am Mersey River gegenüber dem Besucherzentrum. Langgezogene, aus eiszeitlichem Schutt bestehende Rücken, die der Fließrichtung der Gletscher entsprechen, werden »Esker« genannt.

Der häufige Regen, der das Jahr über im Park fällt, ist verantwortlich für den Pflanzenreichtum. Die flachgründige, nährstoffarme Erde wäre nicht in der Lage, die zahlreichen Arten, vor allem in Mooren, hervorzubringen. Die meisten Seen werden durch den Regen gespeist, nur wenige haben Quellen. Ein Sumpfgebiet besteht lediglich am Grafton Lake. Die Moore sind Bildungen der langsam fließenden Flüsse, die in der flachen Landschaft kaum Gefälle vorfinden. Die ausladenden Mäander, die

Kanadagänse sind im ganzen Land in den zahllosen Teichen, Flüssen und Seen heimisch.

Schildkröten wie die Schnappschildkröte sind im Kejimkujik-Nationalpark besonders häufig.

wie blaue Schlangen das Grün des Parks durchziehen, sind besonders auffällig. Den besten Überblick gewinnt man von einem Aussichtsturm, der auf der Kuppe eines Drumlins direkt am Parkway errichtet wurde.

Zusätzlich schützt Kejimkujik einen Küstenabschnitt an der Atlantikküste, der 80 km südlich des Hauptparks liegt und 1988 an diesen angeschlossen wurde. Das »Seaside adjunct« umfaßt einen rauhen Küstenstrich mit Lagunen, Barrier-Inseln, Sandbänken und Felsklippen und verläuft entlang einer gletschergeformten Landzunge. Es ist das letzte unberührte Stück Atlantikküste des östlichen Nova Scotia, das vor allem dem Flötenregenpfeifer Nistplätze bietet.

Pflanzen und Tiere

Süßwasser und Waldflächen charakterisieren den Park. Waren es vor 4000 Jahren die MicMac-Indianer, die die Wasserwege auf ihren Jagdzügen nutzten, sind es heute Erholungssuchende, die zu Kanutouren in den Park kommen. Noch um die Jahrhundertwende fanden intensive Holzeinschläge statt, wobei vor allem Hemlocktannen und Weymouthskiefern gefällt wurden. Daher sind heute Nadelmischwälder für den Park typisch, die sekundär nach früheren menschlichen Nutzungen entstanden. Rotfichte, Hemlocktanne, Balsamtanne und Weymouthskiefer bilden einen Akadischen Mischwald; an anderen Stellen stocken Hartholz-Laubwälder aus Zuckerahorn (S.132), Amerikanischer Buche und Gelbbirke. Im April blühen rosarote

Zwergsträucher von *Epigaea repens*, ein Heidekrautgewächs, und Schattenblümchen. Moosglöckchen (S.125), Siebenstern, Frauenschuh (S.167), Kanada-Hartriegel, Wilde Aralie, Waldsauerklee, Fichtenspargel (S.176) und Buntes Dreiblatt folgen im Frühsommer.

Innerhalb der Waldbereiche finden sich kleinräumige, spezialisierte Pflanzengemeinschaften. Auf den Kuppen der Drumlins mit den gut durchfeuchteten, tiefgründigen Böden wachsen Hartholz-Laubwälder mit dichten Farnfluren im Unterwuchs, die vor allem für Meisenwaldsänger, Schnäpperwaldsänger, Gartentyrann und Rotaugenvireo Lebensraum bieten. Früher wurden die Drumlins gerodet, da die Siedler die besten Erden der Gegend nutzten. Naturbelassene Wälder gibt es

Das Bunte Dreiblatt wächst in den Laubmischwäldern Ostkanadas.

Der Mersey River ist nicht nur der beste Punkt, um ▷
Schildkröten zu sehen, sondern auch ideal für Kanutouren.

▽ Nahe dem Big Dam Lake führt ein Wanderweg
durch einen 300 Jahre alten Bestand aus Kanadischen
Hemlocktannen.

nur noch entlang des Peter Point Trail und auf der Peal-Insel im Kejimkujik-See. Auch die Big Hardwood Portage zwischen Kejimkujik- und Mountain-See führt durch ursprüngliches Waldgebiet. Eine Waldinsel mit riesigen Hemlocktannen hat nördlich des Big Dam Lake über 400 Jahre überdauert und einen Hain gebildet, der am Hemlock und Hardwood Trail besucht werden kann. Im Waldesinneren ist es so dunkel, daß kaum ein Unterwuchs die Nadelbäume begleitet.

Die Pflanzengesellschaften entlang der Flüsse sind die reichsten des Parks. Rotahorn und Silberahorn bilden »Floodplains«, das beste Beispiel befindet sich nördlich von Jake's Landing am Mersey River. Baumschwalben, Feuerkopf-Saftlecker und die auffällige Scharlachtangare bevölkern diesen Bereich. Nordamerikanische Rohrdommel (S.115) und Bekassine schätzen den hohen Unterwuchs der Wälder aus Engelsüß-Farnen, Pfeifengras, der blauen Iris *I. versicolor* und Seggen. Hier leben auch Kanadabiber und 3 Arten von Schildkröten: Blandings Sumpfschildkröte,

Das Kragenhuhn-Weibchen unterscheidet sich vom Tannenhuhn durch den Kamm am Kopf.

170 ——————————————————————————— 21 Kejimkujik-Nationalpark

Schnappschildkröte und Schmuckschildkröte. Ferner kommen Leopardfrosch, Amerikanische Kröte und Strumpfbandnatter (S.110) vor, die in Atlantik-Kanada ausschließlich hier lebt. An größeren Tieren können, meist vom Parkway aus, Baumstachler, Schneeschuhhase und Weißwedelhirsch beobachtet werden. Die meisten Flüsse und Bäche des Parks führen braun gefärbtes Wasser. Dies wird durch Tannin hervorgerufen, das aus den

Der Leopardfrosch ist an den steinigen Ufern des Grafton Lake und des George Lake häufig anzutreffen.

△ Schmuckschildkröten finden an den träge strömenden Flüssen wie dem Mersey River hervorragende Lebensräume.

◁ Die Wasserlobelie blüht im Sommer an den seichten Ufern des Lake Kejimkujik.

21 Kejimkujik-Nationalpark — 171

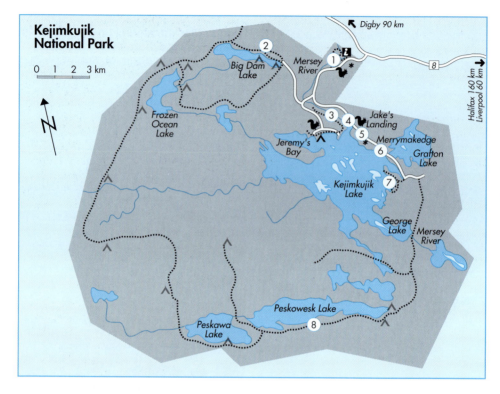

Mooren ausgewaschen und als »Black Water« bezeichnet wird. An den Seen kommen nur vereinzelt Wasservögel wie Eistaucher (S.122) und Kanadareiher (S.130) vor, die aber eigentlich im Park nicht heimisch sind. Die artenreichste Lebensgemeinschaft des Parks ist das Sumpfgebiet am Grafton Lake.

Im Gebiet unterwegs

Im Park bestehen 25 km Straßen, die vom einzigen Eingang im Osten zum Strand von Merrymakedge und zum Parkplatz am Peter Point führen und nur den östlichen Teil des Parks erschließen. Über eine Abzweigung erreicht man die Jeremy's Bay und den Parkplatz am Beginn des Hemlock und Hardwood Trail. Vom Parkway gehen kleinere und größere Wanderwege und Naturlehrpfade aus. Der **Aussichtsturm** ⑤ befindet sich zwischen Jakes Landing und Merrymakedge direkt am Parkway.

Mersey Meadows ① stellt entlang eines 200 m langen Holzrundwegs die Tiere des Parks auf interessant gestalteten Informationstafeln vor; direkt beim Parkplatz des Besucherzentrums beginnen auch die Naturlehrpfade von **Mill Falls** ①, 1 km, zu kleinen Wasserfällen, und **Beech Grove** ①, ein 2,2 km langer, sehr lohnender Naturlehrpfad, der rund um einen Drumlin und durch Uferbereiche des Mersey River führt.

Big Dam: Der Hemlock und Hardwood Trail ② führt über 6 km durch einen majestätischen Hemlocktannenwald und durch Mischwaldbereiche.

Der **Mersey River Trail** ③ folgt dem Flußufer des Mersey River durch Bestände aus

Rotahorn, Hochstaudenbereiche und Silberahornauen; reizvolle Flußpanoramen, Möglichkeiten, Schildkröten zu sehen. Roger's Brook Trail führt 1 km lang durch eine »Maple Flood Plain«; Vögel und Schildkröten.
Grafton Lake Trail (4): 1,5 km langer Rundweg durch Mischwald zum einzigen Moorgebiet des Parks; Weißwedelhirsche, Hörnchen, Schildkröten, Frösche.
Merrymakedge (6): Uferbereich am Kejimkujik-See; am Ufer bestehen Verlandungsbereiche mit Lobelien, Wasserschlauch, Calopogon-Orchidee.
Peter Point Trail (7): Der 3 km lange Weg auf eine Landzunge im Kejimkujik-See durchquert verschiedene Lebensräume: Rotahornwald, Hemlocktannenbestand, Altbestand von Zuckerahornen, Uferbereich des Sees; Vögel, Schlangen, Frösche, Verlandungsbereiche mit Wasserpflanzen, Seerosen, Pontederia.
Firetower Road (8): 18 km langer Weg, auch für Fahrräder geeignet, durch herrlichen Laubwald mit Zuckerahornen und Birken.

Das unscheinbare Goldene Gnadenkraut wächst im Spülsaum der Seen auf kiesigem Untergrund.

Praktische Tips

Anreise
160 km südwestlich von Halifax über Hwy 103, 325 und 8; 190 km nordwestlich des Fährhafens Yarmouth über Hwy 101 und 8; 90 km südlich von Digby über Hwy 101 und 8.

Klima/Reisezeit
1500 mm Niederschlag pro Jahr schaffen im Sommer ein warm-feuchtes Klima. Beste Reisezeit von Juni bis September; Februar und März eignen sich zum Langlaufen.

Unterkunft
Campingplatz Jeremy's Bay mit 329 Stellplätzen am Kejimkujik-See; 46 einfache Campingplätze entlang der Wander- und Kanurouten.

Adressen

▷ Besucherzentrum, Tel. 902-682-2772, das ganze Jahr geöffnet, zahlreiche Broschüren, Karten und Informationen zu Kanurouten im Gebiet.
▷ Superintendent Kejimkujik National Park, Box 36, Maitland Bridge, Nova Scotia B0T 1N0, Tel. 902-682-2772.
▷ Fährverbindungen Digby–Saint John, Maritime Atlantic Reservations Bureau, Box 250, North Sydney, Nova Scotia, B2A 3M3, Tel. 902-794-7203.

Blick in die Umgebung

Das **Seaside Adjunct** umfaßt den Küstenabschnitt rund um Port Mouton, eine einsame von Sanddünen und Salzmarschen beherrschte Halbinsel, die nur durch zwei Wanderwege erschlossen ist. In den einsamen Felsbuchten von Harbour Rock und Black Point tummeln sich Seehunde, auf den Sandbänken leben Drosseluferläufer und der gefährdete Flötenregenpfeifer. Zu manchen Zeiten im Jahr sind Teile der Strände gesperrt, damit diese Vögel ungestört brüten können. Kragenenten, Bindentaucher und Schwarzkopftaucher halten sich hier im Winter auf. 25 km südwestlich von Liverpool über Hwy 103.

22 Nationalpark Cape Breton Highlands

Unberührter Nordteil des Cape Breton mit weitläufigen Mooren und Hochländern; romantische Flußtäler, einzigartige Küstenabschnitte entlang des Cabot Trail; Akadischer Mischwald, borealer Nadelwald, arktisch-alpine Flora; 15 für die Region seltene Säugetierarten; Seevögel wie Baßtölpel, Papageitaucher, Flußseeschwalbe; Fischadler, Weißkopfseeadler, Wanderfalke; Gürtelfischer.

Der Nationalpark Cape Breton Highlands liegt im Norden von Nova Scotia. Ursprünglich war die Insel durch die Strait of Canso vom südlichen Nova Scotia abgetrennt, heute ist sie über eine Dammbrücke verbunden. Cape Breton Island besitzt neben dem eindrucksvollen Nationalpark, den wildreichen Küstenlandschaften und den zahlreichen historischen Sehenswürdigkeiten den als »Inlandmeer« bezeichneten See von Bras d'Or.

Der Nationalpark schützt auf 950 km² den nördlichen Abschnitt des Cape Breton, der zum Naturraum der »Maritim Acadian Highland Region« gehört. Drei Großräume treffen hier aufeinander. Die akadische Laubwaldstufe ist vor allem in den Niederungen und den Flußtälern zu finden. Die ansteigenden Berghänge werden von borealem Nadelwald bewachsen, während auf dem Hochland eine taigaähnliche Landschaft vorherrscht.

Die atemberaubende Schönheit des Cape-Breton-Nationalparks wird oft mit dem Cabot Trail in Verbindung gebracht, der als kurven- und aussichtsreiche Straße um das

Der Cabot Trail, der das Cape Breton zugänglich macht, gehört zu den schönsten Küstenstraßen Nordamerikas.

Kap führt und zugleich die Küstenbereiche des Nationalparks erschließt. Vor allem die westliche Atlantikküste wartet mit Ausblicken auf, die Staunen und Begeisterung hervorrufen. Aber auch das Hinterland ist reich an Sehenswürdigkeiten: Nicht weniger als 28 Wanderwege erschließen windgefegte Hochlandplateaus mit tief eingeschnittenen Canyons, sanfte mit Ahorn bewaldete Flußtäler, Wasserfälle und stille Seen.

Das weitläufige Hochland, das an den Rändern 350 m steil aufsteigt und Maximalhöhen um 500 m erreicht, bildet die dominierende Landschaft des Parks. Der höchste Punkt ist White Hill mit 532 m. Der nördliche Abschnitt ist rauher und zerklüfteter als die übrigen Gebiete in Nova Scotia. Endlose Hügelketten breiten sich aus und werden von tief eingeschnittenen und steilwandigen Tälern zum Meer hin unterbrochen. Während die Akadischen Wälder vor allem im nordöstlichen Abschnitt, in den Flußtälern an der Nordgrenze und entlang des Chéticamp River im Süden ausgebildet sind, umfaßt die boreale Stufe das zentrale westliche Hochland. Die höchsten Erhebungen werden ebenso wie das gesamte östliche Hochland des Barren District von der Taiga eingenommen. Die steilere Westküste ist dem St.-Lorenz-Golf zugewandt, die sanftere Ostküste, die mehr Sandstrände und Buchten aufweist, dem Atlantik.

Die gleichen geologischen Kräfte, die für die Bildung der Appalachen verantwortlich waren, bildeten vor 375 Mio. Jahren das Cape Breton. Die Kliffs und Canyons entstanden durch Erosion und tektonische Vorgänge. Während die Flußtäler über Jahrmillionen durch die reißenden Wasser ausgewaschen wurden, sind manche Schluchten durch Verschiebungen der tektonischen Platten entstanden, z.B. die Schlucht von Aspy im nördlichen Zentrum, der Clyburn Brook im Südosten und das Tal des Chéticamp River in der südwestlichen Ecke des Parks. Das westliche

◁ Das Hochland des Cape-Breton-Nationalparks mit dem als »Tuckamore« bezeichneten Krummholzwäldern.

In den zahlreichen Mooren des Hochlandes wächst die ▷ Moltebeere mit weißen Blüten und orangen Früchten.

22 Nationalpark Cape Breton Highlands — 175

◁ Im einsamen Hochland kommt der Luchs vor, jedoch meist in den Nadelwaldbereichen.

Mit zu Fangblasen umgebildeten Teilen seiner Blätter ▷ fängt der Wasserschlauch Wasserflöhe, um Stickstoff zu gewinnen.

Hochland war am meisten den gewaltigen Kräften der Eiszeit ausgesetzt. Während der Wisconsin-Eiszeit, als die Gletscher über das Kap flossen, war dieses Hochland von einer Eisschicht aus früherer Zeit bedeckt. Darum sind heute noch Gesteinsschichten vorhanden, die seit 65 Mio. Jahren kaum verändert wurden. Das östliche Hochland enthält jedoch zahlreiche gletschergeformte Becken, die heute Seen oder Moore sind. Als vor 11 000 Jahren die Gletscher abschmolzen, hinterließen sie eine 6 m dicke Moränenschicht mit zahlreichen Findlingen. Im Clyburn-Tal liegen solche meterhohen Gesteinsbrocken.

hinzugekommen. Dieser Waldtyp dringt von der Küste aus landeinwärts in die Flußtäler vor und erreicht an der Nordseite des Parks seine schönste Ausprägung. Entlang des Lone Shieling Trails kann man einen hochwüchsigen Zuckerahornwald durchwandern, der einen extremen Kontrast zu dem nur 10 km weit entfernten und mit Krummholz bewachsenen Hochland darstellt. In dem lichten Laubwald gedeihen Frauenhaarfarn, zahlreiche Orchideen und Wildblumen wie Herzblume, Zahnwurz und Wilde Aralie. In feuchten Talabschnitten wachsen Steinbrecharten und Westliches Netzblatt, Elemente der arktisch-alpinen Region.

An sehr geschützen Lagen kommen Hemlocktannen, Balsamtannen und Weißkiefern vor. Eschen und Ulmen sind heute durch Pilzbefall im Bestand gefährdet. Früher fielen die Akadischen Wälder

Pflanzen und Tiere

Das Cape Breton gehört von der Lage her zur Akadischen Region. Wegen des rauhen Klimas und der extremen Exposition sind aber boreal bestimmte und taigaähnliche Gebiete entstanden.

Akadische Waldstufe

23 Prozent des Parks gehören der akadischen Waldstufe (s. S. 165) an, in der ein ursprünglicher sommergrüner Hartholz-Laubwald aus Zuckerahorn (s.S.132), Rotahorn und Amerikanischer Buche vorkommt. Durch die Landerschließung der Siedler sind Birken, Fichten und Kiefern

der Landgewinnung zum Opfer und wurden zu Weiden umgewandelt. Nicht so im Grande Anse Valley, wo heute Lehrbuchbeispiele eines 200 Jahre alten Waldes bewundert werden können. Der Schnäpperwaldsänger, der häufigste Bewohner des Akadischen Waldes, teilt diesen Lebensraum mit Rotaugenvireo, Rosenbrust-Kernknacker, Pieperwaldsänger, Zwergdrossel und 18 weiteren Waldsängerarten.

Boreale Wälder
Mehr als die Hälfte des Parks ist boreal geprägter Nadelwald. In Höhen um 300 m dominieren Balsamtannen mit Anteilen an Weiß- (S.41) und Schwarzfichte. Wegen der dichten Baumkronen kommen im Unterwuchs nur wenige Arten vor, hauptsächlich Moose. Der Waldtyp gleicht dem borealen Nadelwald Neufundlands. Eine wichtige ökologische Rolle übernimmt das regelmäßig auftretende Buschfeuer.

In den Wäldern sind in Mulden großflächige Moore entstanden, in denen Wasserschlauch, Sonnentau, Trompetenblatt (S.138) und Krähenbeere wachsen. In der Umgebung kommen Sträucher wie Vielblättrige Lorbeerrose, Rauschbeere und Grönländischer Porst vor. Ein besonders schönes Moor – westlich des French Mountain – liegt direkt am Bog Trail. Auf den zahlreichen Seen im Hochland kommen Schellente, Gänsesäger, Dunkelente, Rot-

◁ Eine chlorophyllose Pflanze, der »Indian Pipe«, wächst als Schmarotzer im Dunkel der Nadelwälder.

Küstenseeschwalben können im Sommer überall ▷ entlang des St.-Lorenz-Golfes beobachtet werden.

Fischadler sind durch DDT stark gefährdet und konnten erst durch Schutzprogramme im Bestand gesichert werden.

kopfente und Krickente vor. Die Elche (S.122), die 1947 wieder angesiedelt wurden, halten sich zusammen mit Schwarzbären (S.201), Weißwedelhirschen (S.56) und Fichtenmardern im Hochland auf, während Luchse die Dickichte der Nadelwälder bevorzugen. Dort leben auch Tannenhuhn (S.159), Weißkehlammer, Mönchswaldsänger, Meisenhäher und Schneeschuhhase (S.208). Rotschwanzbussard, Virginia-Uhu, Merlin und Buntfalke bevorzugen die hochwüchsigeren Tannenwälder, Großer Gelbschenkel (S.157) und Zwergdrossel brüten am Übergang zur Taiga; beide sind jedoch für Nova Scotia untypisch.

Arktisch-alpin geprägte Gebiete

Im westlichen Hochland kann in Bereichen über 400 m, vor allem wegen der starken Winde, nur noch Buschvegetation aufkommen. Extreme Temperaturen, lange Schneebedeckung und flachgründige Böden lassen Schwarzfichten nur noch zu niederliegenden Gebüschen werden, in denen arktisch-alpine Pflanzen im Unterwuchs vorkommen. Dieses Krummholz wird wie in Neufundland als »Tuckamore« bezeichnet, wofür subalpine Pflanzen wie Zwergbirke, Heidelbeere, Kanadische Alpenrose und Krähenbeere typisch sind. Offene, windexponierte Flächen werden von Flechten, Moosen und alpinen Heiden bewachsen.

Küsten

Der Park liegt an 2 Küstenzonen, der St.-Lorenz-Golfküste und der Atlantikküste, die tiefer und kälter ist. Gryllteiste, Ohrenscharbe, Flußseeschwalbe, Küstenseeschwalbe, Drosseluferläufer, Silbermöwe und Mantelmöwe bevölkern im Sommer die Felsen, Strände und Buchten der Küstenzonen. Pilot-, Zwerg- und Minkwale kommen regelmäßig in die Gewässer des St.-Lorenz-Golfes, um Heringe und Makrelen zu fressen. Drei Viertel aller in Nova Scotia vorkommenden Weißkopfseeadler (S.182) brüten entlang der Küsten des Cape Breton; Fischadler können an den westlichen Steilküsten häufig gesehen werden. Beide werden von den Atlantik-Lachsen angezogen, die in den größeren Flüssen des Nationalparks ablaichen.

Im Gebiet unterwegs

Die meisten Leute besuchen den Park wegen des Cabot Trail. Dieser beginnt und endet in Baddeck und führt in einer Runde von 296 km um den nördlichen Teil des Cape Breton. 100 km der Straße führen an der West-, Nord- und Ostseite durch den Nationalpark und gelten als eine der schönsten Autorouten Nordamerikas. Zahllose Aussichtspunkte und Panoramen der Steilküsten, des Hochlandes und der Flußtäler liegen entlang der Straße. Im spä-

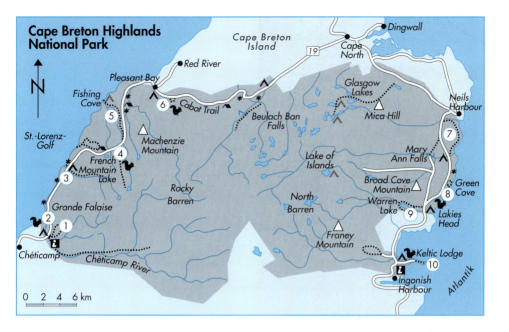

ten September erleben viele Besucher die eindrucksvollen Herbstfärbungen. Von diesem Highway gehen 28 kürzere und längere Wanderwege aus, von denen 6 Naturlehrpfade sind. Im Besucherzentrum erhält man eine kleine Broschüre, die alle Wege auflistet und beschreibt. Die hier verwendeten Wegnummern beziehen sich darauf.

Beim Westeingang zum Park, wo das Besucherzentrum eingerichtet wurde, begrenzt der **Chéticamp River** ① den Park. Diesem Fluß führt ein Weg entlang, der einen Akadischen Laubwald durchquert und herrliche Blicke in das Tal freigibt (9,6 km, Rundweg, Weg Nr. 1). **Le Buttereau** ② ist ein 1,9 km langer, in einer Begleitbroschüre beschriebener Lehrpfad, der die ersten Siedler der akadischen Küste vorstellt. Der Weg ist bekannt für Wildblumen, Säugetiere, Vögel und für schöne Sonnenuntergänge (Weg Nr. 5). **Corney Brook** ③ durchquert auf 8 km einen ausgewachsenen Hartholz-Laubwald; der ebene Weg endet bei einem Wasserfall (Weg Nr. 6).

Der **Bog Trail** ④ führt auf 600 m um ein typisches Hochlandmoor (Weg Nr. 8). Der **Fishing Cove Trail** ⑤ verläuft auf 16 km vom Hochland aus durch ein dicht bewaldetes Flußtal zur Meeresküste, an der Süßwasserbecken ausgebildet sind (empfehlenswerte Tagestour, Weg Nr. 10).

Das **Grande Anse Valley** ⑥ liegt an der Nordseite des Parks. Hochwüchsige Zuckerahorne wechseln mit ehemaligem Farmland. Der Lone Shieling Trail führt auf einer 800 m langen Runde durch diesen Wald und erreicht Hütten ehemaliger schottischer Hirten (Weg Nr. 12).

Gegenüber **Black Brook Beach** ⑦ beginnt der Naturlehrpfad Jack Pine, der jedoch nur über den Coastal Trail von Halfway Brook aus erreicht werden kann. Entlang dieses Weges trifft man auf Bäume, die aus Felsrissen wachsen (Weg Nr. 15 und 16). **Green Cove** ⑧ erschließt auf 400 m eine felsige Landzunge, auf der gebänderte Quarzeinsprenkelungen durch die Granitgesteine laufen. Schöne Ausblicke auf den Atlantik (Weg Nr. 19).

Die Ostküste von Cape Breton ist sanfter und besitzt auffällige geologische Phänomene, hier am Green Cove.

nish Bay abteilt. In der Brutsaison gesperrt. An der Landspitze können Seevögel und Wale beobachtet werden (4 km hin und zurück, Weg Nr. 25). Beim Clyburn Brook beginnt ein 400 m langer, steiler Weg zum **Freshwater Lake Lookout** ⑪, der einen Panoramablick auf die Middlehead-Landzunge bietet (Weg Nr. 28).

Praktische Tips

Anreise
Der Park liegt 465 km nordöstlich von Halifax, 130 km nördlich von Sydney. Der Cabot Trail, Hwy 19, ist mit einer speziellen Tafel gekennzeichnet. Von Port Hawkesbury über Hwy 19 nach Chéticamp und zum Park.

Klima/Reisezeit
Kalte Strömungen von Labrador bewirken ein rauheres Klima als im übrigen Nova Scotia; etwa 1300 mm Jahresniederschlag; günstigste Zeit zum Wandern Mitte Juni bis Ende September.

Unterkunft
6 Campingplätze liegen innerhalb des Parks: Ingonish, Broad Cove und Chéticamp sind die größten, insgesamt 514 Stellplätze. Motels, Cottages in den umliegenden Orten.

Adressen
⇨ Cape Breton Highlands National Park, Ingonish Beach, N.S. B0C 1L0, Tel. 902-285-2691.
⇨ Cape Breton Tourist Association, 20 Keltic Drive, Sydney River, N.S. B1S 1P5, Tel. 902-539-9876.
⇨ Whale Cruises Chéticamp, P.O. Box 183, Chéticamp, N.S. B0E 1H0, Tel. 902-224-3376.

Ein Rundweg führt um den **Warren Lake** ⑨, einen romantischen, im östlichen Hügelland eingebetteten See; gute Möglichkeit, Vögel, Elche und Hirsche zu beobachten (8,5 km lange Runde, Weg Nr. 21). Der Naturlehrpfad von **Middle Head** ⑩ führt auf die gleichnamige schmale Landzunge südlich von Ingonish, die die Ingo-

Eine fleischfressende Pflanze der Moore ist der Rundblättrige Sonnentau.

22 Nationalpark Cape Breton Highlands

23 Gros-Morne-Nationalpark

> Eindrucksvolle gletschergeformte Landschaften Neufundlands mit Fjorden, arktisch-alpinen Hochebenen; reich gegliederte Meeresküsten, wassergefüllte Canyons, ockerfarbene Tafelberge, Lachsflüsse; erdgeschichtlich bedeutsame Formationen, Fossilien; arktisch-alpine Flora; Waldkaribu, Schwarzbären, Fischadler, Weißkopfseeadler.

Der Gros-Morne-Nationalpark, einer der spektakulärsten Kanadas, schützt auf 1943 km² einen Abschnitt des westlichen Hochlandes der Insel Neufundland. Die reich gegliederte Küstenlandschaft der westlichen Atlantikküste ist besonders wegen ihrer gletschergeschliffenen Süßwasserfjorde mit hoch aufragenden Felswänden und Klippen interessant. Diese Fjorde verloren im Laufe der Zeit den Anschluß zum Meer und wurden von Inlandflüssen mit Wasser gefüllt. 72 km dieser neufundländischen Küste sind Teil des Nationalparks. Zudem liegt hier der höchste Berg Neufundlands, der dem Park auch den Namen gab, der 806 m hohe Gros Morne. Es sind vielleicht weniger seltene Tier- oder Pflanzenarten oder gefährdete Lebensgemeinschaften, die die naturkundliche Bedeutung des Parks ausmachen. Vielmehr haben geologische Formationen 1973 zur Gründung geführt, und heute wird Gros Morne als das Galapagos der Geologen bezeichnet. Seltene, an der Oberfläche liegende Aufschlüsse lieferten neue Erkenntnisse über das Entstehen der Kontinentalplatten und über die Kontinentaldrift. Weil manche Formationen an kei-

Von der Nordseite des Gros-Morne-Gipfels läßt sich der Ten Mile Pond eindrucksvoll überblicken.

Erst nach 4 Jahren sind Hals- und Schwanzfedern des Weißkopfseeadlers weiß gefärbt.

nem anderen Platz der Welt in dieser Kombination auftreten, wurde Gros Morne von der UNESCO zu einem Nationalpark von weltweiter Bedeutung zum »World Heritage Site« erhoben.

Gros Morne wird aber auch wegen der spektakulären Landschaften gerne besucht, in der uralte Granitplateaus mit tiefblauen Fjorden wechseln. Die 4 Fjorde, Ten Mile, Trout, Western Brook und Bakers Brook, werden als »Ponds« bezeichnet, womit die tiefeingeschnittenen Beckenlagen umschrieben werden. Über die bis zu 500 m hohen Klippen fallen schleierförmige Wasserfälle. Auf den Bergplateaus im Hinterland der Fjorde herrschen trotz der Höhenlage zwischen 600 und 800 m arktisch-alpine Lebensbedingungen, die eine an die Tundren erinnernde Vegetation entstehen ließen. Am Westabfall der Berge sind zum Meer hin weitreichende Moorflächen ausgebildet, die durch Moränenwülste aufgestaut werden. An der Küste sind Salzmarschen, Sandsteinklippen, Sanddünen, Kieselsteinstrände und Gezeitentümpel typisch. Hier befinden sich auch die geologischen Aufschlüsse, die für jedermann zugänglich sind. Am Green Point und am Broom Point kann man bis zu 1 Mrd. Jahre alte Gesteinsschichten wandern.

Der Einfluß des Meeres auf die Landschaft wird vor allem in den tief eingeschnittenen Buchten deutlich, die bis zu 25 km landeinwärts reichen. Die größte ist die Bonne Bay im Zentrum des Nationalparks. An der Nordgrenze liegt das St. Paul's Inlet, das meerseitig von einem breiten Dünengürtel umgeben wird. Alte Leuchttürme und Hummerfangstationen können entlang der Küste besucht werden und geben Aufschluß über die Auseinandersetzung der Menschen mit dieser kargen und unwirtlichen Natur.

Die Gesteine des Parks liefern bemerkenswerte Hinweise auf die Entstehung der Kontinente. Als die Kontinentalplatten von Nordamerika und Eurafrika vor 600 Mio. Jahren auseinandergedriftet sind, bildete sich ein Ozean, Iapetus genannt. 100 Mio. Jahre später begannen sich diese Platten wieder zu schließen und den Ozean zu verdrängen. Die Appalachen hoben sich zusammen mit den westlichen Gebirgen Neufundlands. Dabei rückten Teile des Ozeanbodens zwischen den Kontinentalplatten an die Erdoberfläche. Südlich der Bonne Bay und am Green Point ragt der ehemalige Ozeanboden in Tausenden kleinen Schichten aus dem Meer und wird von Wind und Wellen erodiert. Auch Magma ist dazwischen eingeschlossen.

Noch eindrucksvoller ist das Gebirgsmassiv der Tablelands im Süden des Parks, ein ockerfarbenes Hochplateau, das aus tief unter dem Meeresboden entstandenem Magma geformt ist. In Millionen von Jahren gehoben, enthalten diese Berge das seltene Perioditgestein, das in Schichten 16 km unterhalb der Erdoberfläche vorkommt. Es weist hohe Schwermetallkonzentrationen auf, die kaum Vegetation aufkommen lassen. Die gelben Klippen und Felsen der Tablelands erodierten im Laufe der Zeit zu feinem Sand, der das gesamte Tal überzieht. Grüne Einsprenkelungen stammen von Serpentingestein, die ebenfalls für Gesteinskrusten typisch sind, die am Boden eines Ozeans entstanden. Unmittelbar am Westende des Tals fällt das Gelände steil zur Bucht von Green Gardens ab. Dort treten mächtige Lavawülste an die Oberfläche, die aus Unterwasservulkanen stammen und ebenfalls zwischen den Kontinentalplatten an die Oberfläche gepreßt wurden. Basalte bauen turmartige Klippen auf, aus denen vom Meerwasser Höhlen ausgewaschen wurden. Andere merkwürdige Küstenformationen sind am Cow Head zu beobachten. Kalksteine und Muschelsand haben sich durch Druck zu Breccien verbunden und wirken wie überdimensionaler Beton. Am Green Point ragt ein Stück der ehemaligen Oberfläche des Meeresbodens schräg in die Höhe, wobei die Steinplatten den Eindruck versteinerter Wellen erwecken. Zuletzt wurde die Landschaft des Gros-Morne-Parks durch die jüngste Eiszeit überformt. Die Gletscher flossen vom Long-Range-Plateau in alten Flußtälern zum Meer und schürften die 4 Fjorde aus. Nach dem Abschmelzen der Gletscher hob sich das Land zwischen Gebirge und Meer an, das zuvor durch das Gewicht des Eises niedergedrückt wurde. Der Western Brook Pond, der vor 10 000 Jahren noch am Meer lag, befindet sich heute 2,4 km landeinwärts und 30 m über dem Meeresspiegel.

Pflanzen und Tiere

Die Lebensräume des Parks sind entweder vom Meer beinflußt oder von den alpinen Lebensbedingungen des Hinterlandes. In der Bonne Bay können im Juli und August Pilotwale gesehen werden, seltener kommen Zwerg- und Minkwal in die Bucht. Sattelrobben besuchen im März und April die warmen Sandbänke an der Mündung des St. Paul's Inlet. Die Salzwasser-Sümpfe der Nordküste ziehen viele Seevögel an. Küstenseeschwalben (S.177) und Flußseeschwalben nisten im Juni, im späten Juli kommen Wiesenstrandläufer, Amerikanischer Sandregenpfeifer, Bekassinen und Steinwälzer vor. Dreizehenmöwen (S.20), Eiderenten (S.141), Eis-, Brillen- und Samtenten versammeln sich am Cow Head, in der Shallow Bay und in der Nähe des Belldowns Point.

Das küstennahe Tiefland wird von den mäandrierenden Flüssen nur ungenügend entwässert, so daß großflächige Moore entstanden. Diese werden noch dazu von Moränenschuttwällen zurückgestaut, die in parallelen Bändern das Tiefland durchziehen. Während auf den Buckeln Fichten und Tannen wachsen, sind die Moore waldfrei. Im Waldbereich gedeiht die Moltebeere (S.175), die durch ihre orangefarbenen Früchte auffällt. Die Früchte ähneln Himbeeren, sind aber größer und saftiger als diese. In Neufundland werden sie als »Bakeapple« bezeichnet.

Gelb, rosarot, grün und weiß blühende Orchideen *(Plathentera blephariglottis,* S.112, *Spiranthes ramanzoffiana,* S.16, *Habeneria fimbriata)* Vielblättrige Lorbeerrose (S.158) und Trompetenblatt (S.138) sind häufig zu finden. Letzteres sind fleischfressende Pflanzen, die in ihren Blättern Insekten zersetzen. So erhalten sie den Stickstoff, der im Moorboden sehr begrenzt vorhanden ist. Die Insekten werden

In den baumlosen Tundren des Gros-Morne-Parks blüht im Sommer die *Clintonia borealis*, ein Liliengewächs.

mit Duftstoffen angelockt und in den Blättern gefangen.

Trockenere Bereiche fielen früheren Nutzungen zum Opfer. Die meisten Wälder rund um die kleinen Siedlungen wurden abgeholzt. Heute wächst dort sekundärer Mischwald aus Balsamtanne und Papierbirke. Vereinzelter Rotahorn kommt vor allem in geschützten Lagen oder in feuchteren Flußtälern vor. Schwarzbär (S.201), Elch (S.122), Luchs (S.176) und Rotfuchs gehören zu den in diesen Wäldern beheimateten Säugetieren. Die Elche waren in Neufundland ursprünglich nicht heimisch und wurden 1904 angesiedelt. Daraus ist eine Population von 120 000 Tieren entstanden, von denen 2 000 im Nationalpark vorkommen. Ebenso vom Festland importiert sind Kragenhuhn (S.170), Rothörnchen und Schneeschuhhase (S.208). Die Vegetation der sanft ansteigenden Vor-

Auf den Wiesen beim Cove-Head-Leuchtturm bildet *Habeneria fimbriata* reiche Bestände.

◁ Gezeitentümpel entlang der Küste am Green Point sind reich an Tangen, Weichtieren und Meeresalgen.

Ein weiteres geologisches Phänomen im Südteil von ▷ Gros Morne stellen die Tablelands dar.

berge lernt man am besten entlang des James Callaghan Trail kennen, der auf den Gipfel des 806 m hohen Gros Morne führt. Entlang des Weges stehen Schwarzfichten und Balsamtannen. Der dichte Unterwuchs besteht aus Hammersträuchern, Berglorbeer, Steinbeere und verschiedenen Farnarten. Im unteren Abschnitt können entlang des Weges Einsiedlerdrossel, Schwarzkopfmeise, Rubingoldhähnchen, Kletterwaldsänger, Weißkehlammer, Zwergdrossel und Haarspecht gesehen werden. Mit zunehmender Meereshöhe sind nur noch Gebüsche ausgebildet. Selbst im englischen Sprachgebrauch wird diese Formation als Krummholz bezeichnet, die Neufundländer nennen sie »tuckamore«. Für Wanderer ist sie undurchdringlich. Grauerlen und Graubirken lösen die Nadelbäume hangaufwärts ab und bilden gebüschähnliche Fluren über wasserzügigen Geröllfeldern.

Das Hinterland des Parks besteht aus flachen, tundraähnlichen Hochflächen der Long Range, die aus 1200 Mio. Jahre altem Granit aufgebaut ist. Die Berge weisen eine durchschnittliche Höhe von 600 m auf und sind von Krummholz, subarktischer Heide und alpinen Mooren bedeckt. Zu den Blütenpflanzen, die hier vorkommen, zählen Steinbrecharten, Stengelloses Leimkraut (S.209), Diapensia (S.211), Krähenbeere und die im Gebiet seltene Blauheide. Das Alpenschneehuhn ist ganzjährig hier beheimatet, während die Schneeschuhhasen im Winter in tiefere, bewaldete Regionen abwandern. Am Plateau rund um den Western Brook Pond und am Gregory-Plateau lebt eine kleine Herde des Waldkaribus (s.S.199), das sich von alpinen Gräsern ernährt.

Das Gestein der südlich im Park gelegenen Tablelands enthält giftige Schwermetalle, jedoch fehlt den Böden Stickstoff und Kalium. Deshalb können hier kaum Pflanzen aufkommen, mit Ausnahme von fleischfressenden Pflanzen wie Trompetenblatt, Sonnentau (S.180), Fettkraut und Wasserschlauch (S.177). Das Armblütige Kreuzkraut überlebt auch hier, weil es eine hohe Toleranz gegenüber Schwermetallen besitzt.

Kragenenten halten sich an felsigen Küsten auf, nisten jedoch gerne an ruhigen Inlandsflüssen.

23 Gros-Morne-Nationalpark

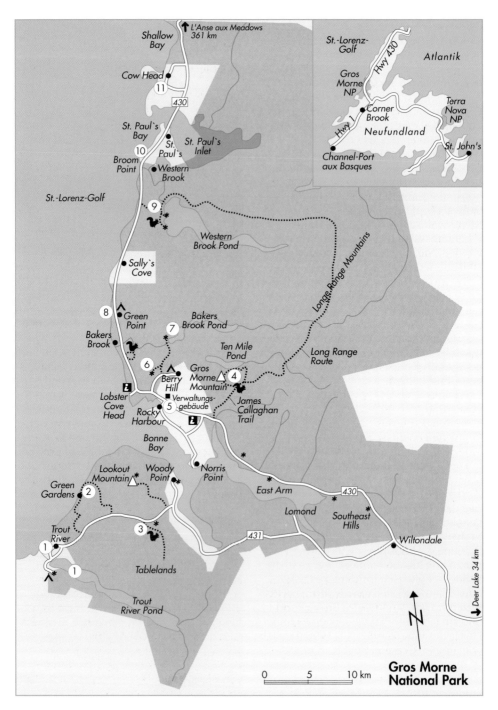

186 _____ 23 Gros-Morne-Nationalpark

Gros Morne wird wegen der uralten Gesteine als Galapagos der Geologen bezeichnet; hier der Broom Point.

Im Gebiet unterwegs

Gros Morne wird durch Highways gut erschlossen. Bei Wiltondale führt der Hwy 430 an der Südgrenze in den Park und verläuft nordwärts vorbei an Rocky Harbour Richtung Shallow Bay. Ebenfalls in Wiltondale zweigt der Hwy 431 nach Westen ab, über den man zu den Tablelands und zum Trout River Pond gelangt. Zwischen südlichem und nördlichem Abschnitt dringt die Bonne Bay tief in das Landesinnere des Parks ein, die auf der Höhe von Big Hill 230 m tief ist. Von den Highways gehen Pfade zu allen Lebensräumen des Parks aus. Das Besucherzentrum befindet sich in Rocky Harbour.

Highway 431: Von Woody Point verläuft die Straße durch das Tal, das die ockerfarbenen Tablelands von den grünen Anhöhen der Lookout Hills trennt. An der Straße liegt ein Aussichtspunkt zu den Tablelands, von dem aus man auf das U-Tal des Winterhouse Brook sieht. Die Straße endet an der Südgrenze des Parks in **Trout River** ①. In den Trout River Pond werden Bootstouren unternommen. An der Nordseite liegen die Tablelands, an der Südseite die North Arm Mountains. 7 km nördlich von Trout River liegt am Long Point der Ausgangspunkt eines Rundweges zu den **Green Gardens** ②. Auf der 18 km langen Wanderung erreicht man unterschiedliche Landschaften. An der Küste liegen die 480 Mio. Jahre alten Lavaformationen. Bei Ebbe wird eine Meereshöhle sichtbar. In einer Bucht fällt ein Wasserfall auf den Kieselsteinstrand. Auf dem Rückweg durchquert man das vegetationsreiche Tal des Wallace Brook. Zu den **Tablelands** ③ zweigt vom Highway eine Nebenstraße südostwärts ab. Am Parkplatz beginnt ein Wanderweg zum Winterhouse Brook.

Highway 430: 4 km vor Rocky Harbour zweigt nach Norden eine Nebenstraße zum James Callaghan Trail ab, der auf den **Gros Morne** ④ führt. Der Rundweg ist 16 km lang und steigt im mittleren Abschnitt steil durch eine Schuttrinne auf das Gipfelplateau des Gros Morne. Sehr lohnende Wanderung: Am flachen Gipfelplateau führt der Weg gut markiert über Schuttfluren mit alpiner Flora. Beim Wendepunkt des Weges erreicht man den beeindruckenden Aussichtspunkt in den Ten Mile Pond. An den Hängen des Berges kann man Schwarzbären beobachten. Im Besucherzentrum erhält man eine kleine Broschüre zum Pfad, die Landschaft und Lebewesen erklärt.

Rocky Harbour ⑤ bildet das wirtschaftliche Zentrum des Parks, die Ortschaft ist jedoch vom Schutzgebiet ausgenommen; Besucherzentrum. Eine Ausstellung im Lobster-Cove-Head-Leuchtturm erzählt die 4500 Jahre alte Geschichte von Neufundland und weist darauf hin, daß die Region des Parks im 18. Jh. unter der Herrschaft der Franzosen stand.

Zum **Bakers Brook Pond** ⑦ gelangt man vom Campingplatz am Berry Hill aus. Am Ende des 4,8 km langen Weges (eine Rich-

23 Gros-Morne-Nationalpark — 187

Das Kanadische Blutauge wächst an den Ufern von Moorseen und blüht auffällig weiß.

tung) trifft man auf die Bakers Brook Falls. Vom Campingplatz führt ein kurzer Weg auf den »Hummock« ⑥ mit gutem Rundblick auf den Park, vor allem auf die Bonne Bay und das Bakers Brook Valley. Südlich des Platzes ist rund um den Berry Hill Pond ein 1 km langer Naturlehrpfad angelegt, der sich mit der Gewässerökologie befaßt.

Zu den Küstenformationen am **Green Point** ⑧ gelangt man über den kurzen Pfad, der vom Campingplatz am Green Point ausgeht. Der **Western Brook Pond** ⑨ liegt 3 km östlich der Straße. Ein gut ausgebauter Weg durchquert Moorflächen, Fichtenwälder sowie Moränenwälle und endet

Eine Iris des Nordens, *Iris setosa* var. *versicolor*.

beim Bootdock. Mit dem Boot kann man in den Pond hineinfahren, besonders in den hinteren Abschnitt, wo das Fjordtal sehr eng wird. Der Pond selbst ist 165 m tief.

Broom Point ⑩ wird über einen kleinen Stichweg erreicht, der zu einer Fischerhütte führt. Unmittelbar neben dem Weg liegen an der Küste die uralten Gesteinsformationen. An der Nordgrenze des Parks lohnt ein Besuch von **Cow Head** und **Shallow Bay** ⑪ unmittelbar neben dem St. Paul's Inlet. Sanddünen und Salzmarschen mit blaublühender *Iris setosa* ssp. *canadensis* sowie *Iris versicolor*.

Praktische Tips

Anreise
Vom Fährendock Port-aux-Basques 285 km bis zum Park, über Trans Canada Highway bis Deer Lake, von dort 34 km über Hwy 430 zum Südtor des Parks.

Klima/Reisezeit
Am günstigsten sind die Monate Juli und August. Im Juni zahllose Mücken. Zwischen Oktober und Mitte Mai liegt Schnee. Die Sommer sind relativ warm.

Unterkunft
Campingplätze am Berry Hill, beim Green Point, am Trout River, an der Shallow Bay und in Lomond, insgesamt 282 Stellplätze; im Juli überfüllt. Motels, Restaurants und Geschäfte in Rocky Harbour und Trout River.

Adressen
⇨ Superintendent Gros Morne National Park, Box 130, Rocky Harbour, Newfoundland A0K 4N0, Tel. 709-458-2417.

24 Kluane-Nationalpark

Gewaltige Gebirgsmassive mit weiten Gletschertälern, Gletscherzungen mit mehr als 50 km Länge; Kanadas höchster Berg, Mount Logan; das größte geschlossene Eisfeld der Welt außerhalb der Pole; Dallschafe, Grizzlybären, Karibuherden; weite Tundrengebiete mit alpinen Polsterpflanzen.

Einer der jüngsten kanadischen Nationalparks wurde 1972 zum Schutze eines Abschnittes des nördlichen Küstengebirges im südwestlichen Yukon Territory eingerichtet. Die St. Elias Mountains bilden den zentralen Gebirgsstock und besitzen mit dem 5951 m hohen Mount Logan nicht nur die höchste Erhebung des Parks sondern auch von ganz Kanada. Da der Park nur in den äußersten Zonen einen unbeschwerten Zutritt erlaubt, bleibt die ganze Majestät des Berggebietes den Extrembergsteigern vorbehalten. Entlang des Alaska Highway und der Haines Road, die weitgehend der östlichen Grenze des Parks entsprechen, lassen sich nur die weniger steilen Vorberge des Parks einsehen. Die Kluane Range mit Gipfeln um 2500 m Höhe verschließt den Blick auf den eigentlichen Park, der dahinter auf einer Fläche von mehr als 20 000 km² mit zahllosen Gipfeln sowie mehr als 3000 Gletschern liegt und eines der reichsten Wildtiervorkommen Kanadas aufweist. 10 Gipfel sind höher als 4500 m, Gletscherzungen wie Lowell, Donjek oder Kaskawulsh erreichen Längen von mehr als 60 km. Beinahe zwei Drittel des Parks sind vom größten Eisfeld der Welt außerhalb der Pole bedeckt.

Der Herbst, der Ende August beginnt, gehört zu den schönsten Jahreszeiten im Kluane-Nationalpark.

189

Die einsamen, weitläufigen Berggebiete der St. Elias Range sind die Heimat des Steinadlers.

Zwei Gebirgsketten, die von Nordwesten nach Südosten verlaufen, beherrschen die Landschaft des Parks: die Kluane-Kette und die St.-Elias-Kette. Die jüngsten Gebirge Nordamerikas begannen sich erst vor 10 Mio. Jahren zu heben. Die Ausformung der heutigen Landschaft mit den gefurchten Berghängen, den weiten Gletschertälern und den Flußlandschaften ist gar erst 25 000 Jahre alt. Noch vor 200 Jahren ereigneten sich durch das Abschmelzen der äußeren Gletscher tiefgreifende Landschaftsveränderungen. Das Gebiet von Haines Junction, heute Sitz des Nationalparkzentrums, lag noch vor 150 Jahren unterhalb des Wasserspiegels des Alsek-Sees, der innerhalb von 2 Tagen verschwand, nachdem der Eisdamm des Gletschers abschmolz. Die regen tektonischen Vorgänge, die hier die meisten Erdbeben in Kanada hervorrufen, werden im Informationszentrum des Nationalparks mittels eines Seismographen sichtbar gemacht.

Die Gletscher in all ihren Ausformungen bilden das eigentliche Thema des Parks. Manche, wie der Steeles-Gletscher, »wandern« mit einer Geschwindigkeit von 10 m pro Tag zu Tal, andere, wie der Donjek, enden mit meterhohen Eiswänden in Gletscherseen. Die strömenden Formen etwa des Kaskawulsh-Gletschers werden besonders aus der Luft sichtbar. Entlang der Kluane Range sind »Fels-Gletscher« ausgebildet: Auf dem stets gefrorenen Permafrostboden verhalten sich Ströme aus Moränenschutt und Gesteinsblöcken wie fließende Eisgletscher.

Pflanzen und Tiere

Der Kluane-Nationalpark umfaßt mehr als nur Fels, Eis und Schnee. Das östlich anschließende, äußere Vorland wird als der Grüngürtel des Parks bezeichnet. Ausgedehnte Tundrengebiete mit borealen Nadelwäldern umschließen die Berge und laufen in die Niederung des Kluane-Sees und des Kluane-Flusses im Norden und in die Ebenen des Dezadish-Flusses im Süden aus. Hier konzentriert sich ein Großteil des Pflanzen- und Tierlebens, das durch die weit ausladenden und breiten Gletschertäler ein wenig in Richtung des ewigen Eises vordringt. Bemerkenswert ist die Vielfalt an Lebensräumen, die diesen Grüngürtel aufbauen.

Entlang der Straße fällt der boreale Nadelwald auf, der vor allem aus Weißfichten (S. 41) gebildet wird. Dieser Waldtyp bedeckt die Talböden entlang der Kluane Range und die sanfteren Berghänge, ehe er in Höhen um 1000 m die Waldgrenze erreicht. Dazwischen durchsetzen die besonders im Herbst orangegelb leuchtenden Espen- und Balsampappelbestände das satte Grün. Buschbirken (*Betula glandulosa*) und Weiden säumen die mäandrierenden Moorbäche und Sumpfgebiete. Dichte Strauchgürtel aus Büffelbeere (S. 19) und verschiedenen Zwergsträuchern wie Krähenbeere bieten den Grizzlybären im Herbst eine willkommene Nahrung. Über der Waldgrenze folgt die nordalpine Tundra aus Zwergsträuchern und Zwergbirken. In diesen Regionen blühen im Juni und Juli alpine Hochstauden wie Akelei-, Eisenhut- und Rittersporarten, vor allem rund um den St.-Elias-See. Über 200 Berg-

Dickhornschaf und Dallschaf

Dickhornschafe gehören zu den Säugetieren der kanadischen Berglandschaften, die man am leichtesten sehen kann. Sie leben ähnlich der Schneeziege in den baumlosen Berggebieten über der Waldgrenze. In den Vereinigten Staaten kommen sie jedoch auch in Küstengebieten und auf Wüstenböden im Death Valley vor. Sie sind mit dem Hausschaf verwandt und stammen von einer Wildform ab, die vor 500 000 Jahren aus Asien nach Nordamerika eingewandert ist. Durch die großen Gletscher der Eiszeiten wurden einzelne Populationen in zwei eisfreien Regionen isoliert, die sich unabhängig voneinander entwickelten, einmal in Zentralalaska, zum anderen südlich des Columbia und Snake River.
Die Schafe des »Alaska-Refugiums« entwickelten sich zum Dallschaf *(Ovis dalli)*, das schlankere Hörner und einen etwas kleineren Körperbau aufweist. Die Schafe des südlichen Refugiums, die Dickhornschafe *(Ovis canadensis)*, haben dickere Hörner und ein braun-graues Fell. Als sich die Gletscher zurückzogen, weitete das Dallschaf seinen Lebensraum auf südlichere Berggebiete des Mackenzie-Gebirges und bis zum Peace River aus. Zwei Unterarten bzw. Rassen entstanden, das weißgefärbte Dallschaf in Alaska und Yukon und das dunkle Dallschaf im südlichen Yukon und nördlichen British Columbia. Dieses wird auch als »Stone Sheep« bezeichnet, weil es vor allem im Stone Mountain Provincial Park entlang des Alaska Highway vorkommt. In den Pelly Mountains vermischen sich weißes und dunkles Dallschaf zu gefleckten Bastarden mit weißem Kopf und Hals und grauem Körper. Das Dallschaf bildet im Kluane-Nationalpark eine Population aus 4400 Tieren und ist damit das häufigste Säugetier dieses Schutzgebietes im Yukon Territory. Der Sheep Mountain am Slim River beherbergt eine dauerhafte Herde von über 250 Tieren, die das gesamte Jahr über von der Straße aus beobachtet werden kann. Da die Schafe äußerst scheu sind, sollte man nicht zu nahe an sie herangehen. Im Sommer verbringen sie die meiste Zeit auf den Steilhängen der Berge, wo sie nach speziellen Futterpflanzen suchen: Steinbrech-, Beifußarten und Zwergweiden. Sie bewegen sich dabei in Höhen zwischen 1700 und 2200 m.

Weißes Dallschaf am Sheep Creek Mountain.

◁ Mächtige Flüsse wie der Alcan führen aus den Gebirgen ins Vorland und münden in den Kluane-Fluß.

Grizzlybären bevorzugen vor allem die grasigen Berg- ▷ hänge der Front Range am Übergang zu den Talwäldern.

pflanzenarten gedeihen in den alpinen Wiesen, während auf den Schutthängen der Gipfelbereiche insbesondere Polsterpflanzen wie Moosbeere, Steinbrech- und Leimkrautarten sowie Flechtengesellschaften vorkommen.

Auffällig sind vor allem die Flußtäler des Kluane-Parks, die als breite Gletscherströme aus den Gebirgstälern fließen und breite Deltas aus Gletscherstaub und Schlamm auflanden. Entlang des Alaska Highway überquert man das breite Delta des Slim River, das zahlreichen Wasservögeln einen idealen Lebensraum bietet. Entlang der Flüsse sind wüstenähnliche Sandsteppen mit verschiedenen Wermutkräutern, Quecken und Rispengräsern ausgebildet. Das Kluane-Gebiet ist für die größte Dichte an Dallschafen in Kanada bekannt. Sie bevorzugen die steinigen und steilen Hänge des Sheep Mountain, etwa auf halbem Weg zwischen Haines Junction und Burwash Landing. Das gesamte Jahr über kann man Herden dieser stark gefährdeten Tiere von der Straße aus mit Ferngläsern beobachten. Das Informationshäuschen in Sheep Creek stellt auf einer Aussichtsplattform ein Fernrohr zur Verfügung. Dallschafe suchen auf den Gebirgshängen nach Beifuß- und Wermutgewächsen; die Tiere fressen nur ganz spezielle Pflanzen. Während die Dallschafe im Winter ins Tal hinabsteigen, verbleiben die Schneeziegen stets in Höhen über der Waldgrenze. Sie leben vorrangig im südlichen Teil des Parks, im Gebiet des Lake Kathleen. Ungefähr 250 Grizzlybären schätzen die grasigen, mäßig steilen Berghänge der Vor-

berge und das reiche Nahrungsangebot, das im Herbst durch die aufsteigenden Lachse im Kluane-Fluß noch vergrößert wird. Schwarzbären (S.201) halten sich im Sommer gerne in Flußnähe auf, sind aber im Gebiet selten. Eine eigene Unterart des Elches bildet einen Bestand von 500 Tieren. Im Sommer halten sie sich bevorzugt in den alpinen Wiesenregionen auf und ernähren sich von Zwergbirken und Gräsern. Etwa 50 Wölfe (S.120) leben im Nationalpark, vor allem im Gebiet des Dezadish River und des Lake Kathleen. An Säugern sind auch Schneeschuhhase (S.208), Luchs (S.176) und verschiedene Hörnchen im Park heimisch.

◁ Die Front Range ist mit 3000 m die niedrigste Erhebung im Kluane-Gebiet; die meisten Berge sind höher als 4500 m.

Auf den steinigen Hängen wächst das Purpurne ▷ Berufkraut, das den Dallschafen neben Beifußarten als Hauptnahrung dient.

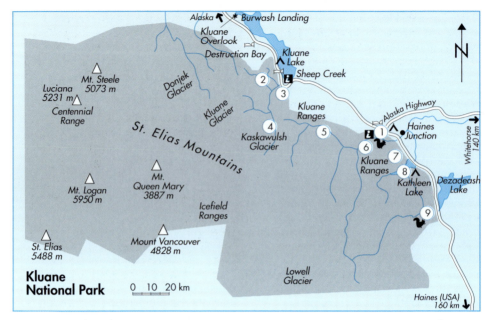

Nur wenige Vögel kommen ganzjährig im Park vor. Alpenschneehuhn und Moorschneehuhn überwintern im Hochland, während der häufigste Vogel des Parks, der Pazifische Wasserpieper, die Sumpfgebiete bevorzugt. An den größeren Flüssen leben Großer Gelbschenkel (S.157) und Amerikanischer Goldregenpfeifer. Im Tal des Slim und des Alsek River können Steinadler beobachtet werden, Wanderfalke (s.S.164) und Gerfalke leben in felsigen Bereichen der Tundren.

Im Gebiet unterwegs

Die einfachste Art, den Park kennenzulernen, ist aus der Luft. Da die Berggebiete nur schwer und in Mehrtages- oder Wochentouren zu erreichen sind, bieten Helikopterflüge die Möglichkeit, für ein paar Minuten die Gletscherwelt des Parks zu sehen, so den **Kaskawulsh-** ④, den **Stairway-** und den **Donjek-Gletscher**. Dennoch werden in einer kleinen Wanderbroschüre, die im Informationszentrum erhältlich ist, an mehreren Punkten Tageswanderungen angeboten, die sich hauptsächlich in den Vorbergen des Nationalparks befinden. Der günstigste Punkt für ein- oder mehrtägige Ausflüge in die wildreiche Natur des Kluane-Gebietes ist der **Sheep Mountain** ② am **Slim River Valley** ③, etwa 60 km von Haines Junction über den Alaska Highway zu erreichen (km 1707). Beim kleinen Informationshäuschen, das zu Ehren der Dallschafe errichtet wurde, zweigt ein schmaler Fahrweg ab, der nach ein paar hundert Metern einen Parkplatz erreicht. Dieser ehemalige Teil des Alaska Highway bildet den Ausgangspunkt zu mehreren Wanderungen im Sheep Creek, Bullion Creek und zum Sheep Mountain. Eine dreitägige Wanderung führt entlang des Slim River zum Observation Mountain, der einen unverstellten Blick auf den **Kaskawulsh-Gletscher** ④ bietet. Aber schon die mehrstündige Wanderung in den **Sheep Creek** erlaubt einen Einblick in die Dimensionen des Kluane-Nationalparks. Etwa 500 m nach dem Parkplatz zweigt ein schmaler Fahrweg rechts hinauf in die

Berghänge ab. Über den steilen Steig erreicht man bald aussichtsreiche Höhen. Man sieht das hintere Slim Valley ein, und mit einem Fernglas erkennt man die letzten Ausläufer des Kaskawulsh-Gletschers. Die Talblicke von den grasigen Hängen, die immer wieder von Espen durchsetzt sind, sind eindrucksvoll und stets kann man in den Hängen unterhalb des Sheep Mountain die Dallschafe beobachten. ACHTUNG: Hier sind Begegnungen mit Grizzlys stets möglich.

Ein zweiter zentraler Punkt des Gebietes ist Haines Junction ①. Nach dem Besuch des Informationszentrums bietet sich die Möglichkeit, am Auriol Trail ⑦ 7 km südlich von Haines Junction in die Bereiche der alpinen Tundra aufzusteigen. Der mäßig schwere, 15 km lange Wanderweg führt aus dem borealen Nadelwald auf die unteren Hänge des Auriol und durchquert als Rundweg Zwergstrauchheiden und Zwergbirkenbestände (besonders reizvoll im Herbst). Ein ausgebauter Pfad führt unmittelbar in Ortsnähe am Dezadeash River ⑥ entlang. Der Rundweg ist in 2 Stunden zu bewältigen und gibt Einblicke in die Lebensräume entlang des Flusses.

Etwa 17 km nördlich von Haines Junction zweigt das Alsek-Tal ⑤ ab, das in gut einer Woche durchwandert werden kann. Für alle Wege ins Hinterland des Nationalparks ist eine gute Vorbereitung, eine vollständige Ausrüstung, beste Kondition und viel hochalpine Erfahrung notwendig. Weitere mehrtägige Wanderungen führen ins Burwash-Hochland und zum Donjek-Gletscher, durch das Tal des Kathleen River, zum Mush Lake und ins Gebiet der Alsek Range. Genaue Informationen erhält man im Informationszentrum des Nationalparks.

58 km südlich von Haines Junction an der Haines Road liegt der St.-Elias-See. In 3 Stunden erreicht man einen weiteren kleinen See, der in einem Bergkessel liegt und in dem Eistaucher brüten. Schneeziegen begleiten den Wanderer am St.-Kathleen-See

⑧, wo ein Wanderweg in einem steilen, 3–4 stündigen Aufstieg zum King's Throne führt. Der Kathleen Lake Trail verläuft an der Südseite des Sees und mündet in den Cottonwood Trail, der über 83 km durchs Hinterland zum Mush Lake führt. 45 km südlich von Haines Junction wurde ein kleiner Naturlehrpfad eingerichtet, der einen »Rock Glacier« ⑨, einen Fels-Gletscher erklärt. Für den Weg ist etwa 1/2 Stunde einzuplanen.

Praktische Tips

Anreise
Der Nationalpark ist über den Alaska Highway von Whitehorse aus in etwa 2 Autostunden zu erreichen, 160 km bis Haines Junction. Hier zweigt die Haines Road ab, die über 240 km nach Haines in Alaska führt. Dort hat man Fähr-Anschluß an den Alaska Marine Highway, entweder nach Süden (Juneau, Prince Rupert) oder nach Skagway, von wo man wieder nach Kanada zurückkehren kann.

Klima/Reisezeit
Der Großteil des Parks liegt im Bereich eines kalten kontinentalen Klimas im Regenschatten der St. Elias Mountains. Die Sommertemperaturen können bis 30° C ansteigen, die Durchschnittstemperatur im Juni beträgt 11° C, im Januar -21° C. Ab Oktober frieren Bäche und Flüsse zu. Die beste Reisezeit sind Juli bis Mitte September, im August bleibt es 19 Stunden lang hell. Frost kann zu jeder Jahreszeit auftreten.

Unterkunft
Campingplätze gibt es in Haines Junction, und entlang des Alaska Highway zwischen Sheep Creek und Burwash Landing (empfehlenswert Cottonwood Campsite, km 1716, The Bayshore, km 1712). Einziger Campingplatz innerhalb des Parks am Kathleen Lake mit 41 Stellplätzen. Einfache Campingplätze gibt es auch entlang

24 Kluane-Nationalpark

Der Slim-Fluß, der das Schmelzwasser des Kaskawulsh-Gletschers zum Kluane-See ableitet, vom Hubschrauber aus.

unternimmt, muß sich in den Info-Zentren registrieren lassen. Für mehrtägige Wanderungen werden bärensichere Lebensmittelbehältnisse zur Verfügung gestellt.

Blick in die Umgebung

Lohnend ist die Fahrt über die Haines Road ins **Haines Valley**, das Tal der Weißkopfseeadler. Das gesamte Jahr über halten sich hier diese Vögel auf, im Herbst sammeln sich bis zu 3000 Adler. Der Haines River ist ein wildromantischer, talfüllender Fluß mit verschiedensten Lebensräumen für Wasservögel.

Km 1790 am Alaska Highway: **Kluane River Overlook**. Aussichtsterrasse mit eindrucksvollem Panoramablick auf den Fluß und das weite Tundragebiet. Im August und September wandert der »Chum-Lachs« im Fluß aufwärts, Grizzlybären und Seeadler können beobachtet werden. TIP: In der Touristeninformation in Whitehorse (beim Flughafen) erhält man die kostenlose Broschüre »Yukon-Wildlife Viewing Guide along the major highways«.

der Wanderwege. In Haines Junction findet man Tankstellen und einen General Store sowie einige einfache Motels; empfehlenswert ist die Bäckerei gegenüber dem Informationszentrum.

Adressen
- Informationszentrum des Nationalparks, Haines Junction, Yukon Y0B 1L0, Tel. 403-634-2251.
- Tourism Yukon, Box 2703, Whitehorse, Yukon Y1A 2C6, Tel. 403-667-5340.
- Informationszentrum Sheep Creek, geöffnet im August von 9.00 bis 19.00 Uhr, im September nur bis 17.00 Uhr, Tel. 403-841-5161.
ACHTUNG: Wer Wanderungen im Gebiet

Der Kaskawulsh-Gletscher, vom Observation Mountain aus gesehen, ist die längste Gletscherzunge im Nationalpark.

25 Nahanni-Nationalpark

Einsamer und wildreicher Park in den südlichen Mackenzie-Bergen, einige der tiefsten Fluß-Canyons der Welt; Virginia Falls, der höchste Wasserfall Nordamerikas; herausragende Landformen mit eindrucksvoller Geomorphologie; heiße Thermal-Schwefelquellen; unberührtes Tierleben mit Karibu, Schwarzbär, Wolf, Dallschaf und Elch.

Mit dem Nahanni-Nationalpark steht auf einer Fläche von 4766 km² ein Teil des südlichen Mackenzie-Naturraumes unter Schutz. Der Park wurde bisher weder durch Straßen noch Wanderwege erschlossen und ist nur auf dem Luftweg oder über den Fluß zugänglich.
Den Mittelpunkt des Schutzgebietes bildet der 385 km lange Flußabschnitt des Nahanni River, der in den nördlich des Parks liegenden Selwyn-Bergen entspringt. Der Fluß hat sich tief in die südlichen Ketten der Mackenzie-Berge eingeschnitten und bildete einige der höchsten Canyons der Erde aus, wie den Forth Canyon, den »Pulpit Rock«, das »Deadman Valley« oder die »Figure-8 Rapids«. Überall entlang des Flusses wird die eindruckvolle erdgeschichtliche Enstehung des Bergmassivs sichtbar. Das Flußtal ist älter als die Berge selbst. Als sich vor 65 Mio. Jahren das Bergmassiv zu heben begann, floß der Nahanni in seinem alten Flußtal weiter und schnitt sich durch das sich langsam hebende Sedimentgestein. Deshalb werden die Schluchten flußabwärts immer tiefer und atemberaubender. Der Third Canyon senkt sich mit seinen durch Oxidation rot und gelb gefärbten Felswänden 425 m tief ein.

Die Virginia-Fälle zählen zu den Highlights des Nahanni-Nationalparks und sind die höchsten Nordamerikas.

Der Bartkauz ist die größte Eule Kanadas und kommt in den borealen Nadelwäldern und bewaldeten Mooren vor.

Pulpit Rock steht als senkrechter Felszahn wie ein Wächter davor. Der Second Canyon weist bereits 725 m hohe Wände auf, in denen die Sandsteinschichtungen besonders deutlich zutage treten. Der Höhepunkt wird im First Canyon erreicht, nachdem der Fluß die weite Depression des Deadman Valley durchflossen hat. 900 m hohe Dolomitschichten türmen sich auf und werden von Sandstein abgeschlossen. Die Rabbitkettle Hot Springs im Nordteil des Parks lassen noch die einstige vulkanische Tätigkeit im Park erkennen. Das heiße Wasser enthält reichlich Mineralien, das Kalziumkarbonat bildet an den Rändern der Steinbecken Tufftürme aus, von denen der größte 27 m hoch aufragt. In der Mitte der Plateaus liegen einladende Wasserbecken, die 35° C heiß sind.
Im südwestlichen Teil des Parks hat die Tätigkeit der Gletscher eine weitere geologische Besonderheit ausgebildet. Weicher Sandstein wurde durch Regen- und Winderosion zu Steinbögen, Plattformen und Türmen geformt, die in allen Farben leuchten. Die Ureinwohner, die Slavey-Indianer, benannten diese Gegend als »Nintzi Enda«, was so viel wie »Wind des Lebens« bedeutet.

Pflanzen und Tiere

Auf den Berghängen zu beiden Seiten des Flusses herrscht ein borealer Nadelmischwald vor, der hauptsächlich aus Weißfichte (S.41), Balsampappel und Espe besteht. Hier leben Elch (S.122), Schwarzbär, Wolf (S.120), Maultierhirsch (S.70), Weißwedelhirsch und Karibu. Der Grizzlybär ist nicht heimisch. An trockenen, exponierten Stellen wird der Waldboden von silbernen Polstern der Rentierflechte überzogen, während in feuchteren Mulden dichte Schachtelhalm-Bestände vorkommen. Dieser Waldtyp reicht bis etwa 1200 m und wird von der alpinen Tundra abgelöst. Arktische Weiden, Flechten und alpine Polsterpflanzen wie der Purpursteinbrech (S.209) oder das Stengellose Leimkraut (S.209) gedeihen auf den kargen Böden. Sie bilden die Nahrung für das Dallschaf (S.191), einen Verwandten des Dickhornschafes, das durch sein leuchtend weißes Fell zu allen Jahreszeiten auffällt und besonders am Tlogotsho-Plateau, südlich des Deadman Valley vorkommt. Im Sommer steigt das Schaf von den Berggraten zum Fluß hinab, um die Salzlecken des Prairie Creek aufzusuchen.
Ausgedehnte Feuchtgebiete gibt es entlang des Flusses, sobald der Talboden breitflächiger wird. Hier halten sich vor allem Kanadabiber (S.136), Bisamratten, Amerikanischer Nerz und Elche (S.122) auf. Die kleineren und größeren Moorseen bevölkern Eistaucher (S.122), Sterntaucher und andere Wasservögel. Weißkopfseeadler (S.182) besuchen die Inseln des Yohin-Sees, der in der Südostecke des Parks liegt. Hier konnte auch ein Brutpaar des Trompeterschwans nachgewiesen werden, der um 1930 in Nordamerika beinahe ausgestorben war.
Weißwedelhirsche und Maultierhirsche sind in den espen- und birkenbestandenen Bergwiesen rund um den Yohin-See besonders häufig. Als bemerkenswert gilt die Waldbisonherde (S.68), die an der Süd-

Soweit die Hufe tragen – die Wanderung der Karibus

Das Karibu *(Rangifer tandrus)* ist ein Rentier, das jedoch bis heute nicht domestiziert werden konnte. Seinen Namen erhielt es von den Algonquin-Indianern: »Xalibu« bezeichnet ein Lebewesen, das mit seinen Hufen am Boden scharrt und den Schnee wegputzt, um zu seiner Nahrung zu kommen. Im Süden Kanadas gilt es als gefährdete Art. Nur noch rund 500 Tiere sind in den Rocky Mountains Albertas zu finden, eine Handvoll in Ostkanada, im Gaspésie-Regionalpark. Die Hauptverbreitung der Karibus liegt in den arktischen Gebieten des hohen Nordens und des Yukon Territory unmittelbar am Eismeer. Dort wird die Herde als »Porcupine Caribou« oder »Barren-ground Caribou« bezeichnet, was ihren Lebensraum umschreibt. Die Tundrengebiete vom nordöstlichen Alaska bis ins Yukon-Gebiet sind kahle, flechtenüberwachsene Schuttböden, die kaum eine geschlossene Vegetation aufweisen. Wetterbedingungen, Schnee und beängstigende Schwärme von Stechmücken veranlassen die Karibus, fast das gesamte Jahr über auf Wanderschaft zu sein. Dabei legen sie Tausende Kilometer durch die rauhe Arktis zurück.

Anfang Juli versammeln sich die Tiere im arktischen Tiefland, wo die Weibchen ihre Jungen zur Welt bringen. Der Sommer ist die Zeit der Mückenschwärme. Um den blutsaugenden Insekten zu entfliehen, ziehen die Karibus planlos über die Tundra, auf der Suche nach Schutz und Lagen über der Waldgrenze. Die Schneestürme des Herbstes veranlassen die Tiere, in südlichere Gefilde zu den schützenden borealen Nadelwäldern aufzubrechen. Die Karibus nehmen je nach Schneelage und Wetter verschiedenste Routen. Im Spätherbst erreichen die Herden ihre Winterquartiere, in denen sie bis zum Frühling bleiben oder von denen sie bei zuviel Schnee wiederum in andere aufbrechen. Im Frühjahr, wenn der Schnee schmilzt und die Weidegebiete mit frischen Knospen und saftigen Blättern aufwarten, kehren die Karibus in die arktischen Tiefländer zurück. Nach kurzer Zeit beginnen sie im Juli ihre Wanderung durch die arktische Tundra Nordkanadas von neuem.

Bei einem Flug in den Nationalpark werden die Strukturen der Landschaft Nahannis besonders deutlich.

Die Früchte der Bärentraube wurden von Ureinwohnern im Yukon zur Herstellung des Pemmikan, einer fettreichen Nahrung verwendet.

grenze des Parks auf den weiten Sandbänken des Nahanni-Flusses von Wildbiologen vor wenigen Jahren wieder angesiedelt wurde. Der Waldbison ist ein etwas größerwüchsiger Verwandter des Präriebisons und besitzt ein dunkleres Fell. Bei einem Charterflug von Blackstone aus in den Park hat man gute Chancen, diese Bisonherde am Flußufer aus der Luft beobachten zu können.

Die Seitentäler des Hauptstromes sind tief in den Kalkfelsen eingeschnitten und bieten ein schroffes, bizarres Bild. Die weißlichen Gesteinsformen werden von Engelmannsfichten, Drehkiefern und Espen überzogen. Buschbirken (Betula glandulosa) gedeihen im Unterwuchs und tauchen den Park im Herbst an diesen Stellen in ein flammendes Gelb. Die Beeren des Gewöhnlichen Wacholders, der auch in diesen Wäldern vorkommt, liefern dem Tannenhuhn (S.159) und dem Alpenschneehuhn Nahrung.

Das Gebiet des Nahanni-Nationalparks ist besonders auch für Pflanzenarten bekannt,

Das Großblättrige Wintergrün bildet oft ausgedehnte Blütenteppiche.

200   25 Nahanni-Nationalpark

Der Forth Canyon folgt auf die Virginia-Fälle und eröffnet den südlichen Abschnitt des Nahanni-Flusses.

die normalerweise weiter südlich beheimatet sind. *Buella elegans*, eine Flechte, die eigentlich 3200 km südlicher in den amerikanischen Great Plains vorkommt, findet man hier ebenso wie Frauenschuharten, die die Feuchtigkeit in der Umgebung des Sprühnebels der Virginia-Fälle ausnutzen. Rund um die heißen Quellen von Kraus Hot Springs wachsen dichte Bestände des tiefblauen Rittersporns *Delphinium glaucum* zusammen mit der kürzlich neu entdeckten Asterart *Aster nahaniensis*. Virginische Traubenkirschen (S.19) ziehen hier eine Vielzahl an Meisen und Waldsängern an.

Im Gebiet unterwegs

Wer den Park besuchen will, muß einen der von 6 verschiedenen Unternehmen angebotenen Charterflüge buchen, um mit einem Buschflugzeug entweder zu den Virginia Falls ④ oder zu den Rabittkettle Hot Springs ① zu fliegen. Nur dort dürfen die Flugzeuge am Nahanni River landen. Um den gesamten Fluß von den Rabittkettle Hot Springs im Norden bis zur Nahanni Butte im Süden mit dem Kanu zu durchfahren, müssen zumindest 2 Wochen eingeplant werden. Die Nationalparkverwaltung verschickt einschlägige Tourenanleitungen, aus denen alle Einzelheiten für die oft nicht einfache Kanufahrt entnommen werden können. Erfahrung und Sicherheit im Umgang mit dem Boot sind unbedingt erforderlich. Ein unmarkierter Steig führt von den **Rabbitkettle Hot Springs** ① 19 km zum See Hole-in-the-Wall.

Der Schwarzbär kann in allen Waldgebieten Kanadas angetroffen werden.

25 Nahanni-Nationalpark

Der Canyon im Whittaker Falls Territorial Park.

Die Flußstrecke zwischen den heißen Quellen und den im Zentrum des Parks liegenden Virginia Falls führt durch den **Hell Roaring Creek** ②, einen kleinen Canyon. Der anschließende Flußabschnitt des **South Nahanni River** ③ ist flacher und leichter zu befahren und weist weniger Stromschnellen auf als unterhalb der Wasserfälle. Die **Virginia Falls** ④, die zwischen ausgewaschenen Kalksteinwänden knapp 100 m in den unteren Flußabschnitt stürzen, umfließen einen Felsturm, der den Fall zweiteilt. Die zu Tal stürzende Wassermenge ist zwar bei weitem geringer als bei den Niagara-Fällen, aber die Virginia-Fälle sind fast doppelt so hoch.
Wer nur den Wasserfall besuchen möchte, der kann mit einen Tagesflug in den Park gelangen. Der Flugpreis enthält etwa 1 1/2 Stunden Aufenthaltszeit am Wasserfall, genug Zeit, um auf den Wegen (Holzstege) zu den Aussichtspunkten zu gelangen. Die atemberaubenden Tiefblicke lohnen sich in jedem Fall. Nach Süden eröffnen sich herrliche Sichten auf die nachfolgenden Canyons und die Bergketten der Mackenzie-Berge. Die Wege rund um den Wasserfall wurden als Portage-Strecken für die Kanuten angelegt. Um zum unteren Flußabschnitt zu gelangen, müssen mindestens 3 Stunden Aufenthalt eingeplant werden. Die Wege führen durch den herrlichen borealen Nadelwald, man wird begleitet von Kiefern und Engelmannsfichten, immer wieder sind Hangquellmoore ausgebildet. Am Waldboden kommen große Bulte der Rentierflechte vor.
Oberhalb des Wasserfalls wurde ein Campingplatz angelegt. In den Sommermonaten ist dort ein Parkaufseher stationiert, bei dem man sich registrieren lassen muß. Ein kleiner Informationsstand erklärt die Umgebung und die Wege, die sich im gesamten Park auf diese Stelle beschränken. Der Rest des Parks kann nur über den Fluß erreicht werden. Vom östlichen Ufer, gegenüber dem Campingplatz bei den Virginia-Fällen zieht ein mittlerweile ausgetretener, ebenfalls unmarkierter Pfad zum **Sunblood Mountain** (1600 m). Von oben genießt man einen herrlichen Rundblick auf die Fälle und den südlichen Nahanni. Südlich der Wasserfälle durchfließt der Nahanni River die tief eingeschnittenen Canyons wie **Figure-8-Rapids** ⑤, Third, Second und First Canyon sowie **Deadman Valley** ⑥. Von hier aus erreicht man den 5,6 km nördlich liegenden Dry Canyon Creek, der weiter zum Nahanni-Plateau führt. Im südlichsten Parkabschnitt liegen im Karstland nahe dem First Canyon wiederum heiße Quellen ⑦.

Praktische Tips

Anreise
Den Großraum der Mackenzie-Berge erreicht man von Edmonton aus über den Alaska Highway bis Fort Nelson und über den Liard Highway bis Nahanni Butte oder Blackstone. Von Yellowknife fährt man über den Mackenzie Highway entweder nach Fort Simpson (622 km) oder zum Blackstone Territorial Park (709 km).

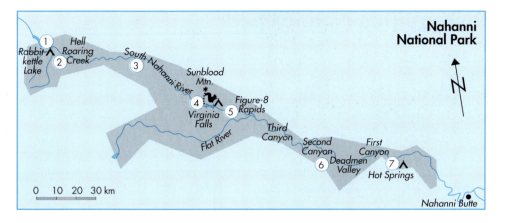

Klima/Reisezeit
Die besten Reisemonate sind Juli und August, weil das Wetter konstanter ist und der Fluß weniger Wasser führt. Obwohl es recht heiß werden kann, muß man auch im Sommer stets mit Schnee rechnen. Sommergewitter sind immer möglich, die Temperatur liegt an sonnigen Tagen um 20–25° C.

Unterkunft/Infrastruktur
In Fort Simpson hat die Nationalparkverwaltung ihren Sitz; von hier fliegen mehrere Unternehmen täglich in den Park; Campingplatz vorhanden. In Blackstone besteht ein moderner und gemütlicher Campingplatz mit einem direkt am Fluß gelegenen Informationszentrum. Von Blackstone-Lindbergh Landing fliegt die Familie Jones zum Park (Blackstone Aviation). Im Park gibt es 3 einfache Campingplätze: Rabbitkettle Hot Springs, Virginia Falls, Kraus Hot Springs. Wer im Park übernachten will, muß dies bei der Nationalparkverwaltung melden; dies kann nicht durch die Flugunternehmen vorgenommen werden. Ab 1996 dürfen nur noch 2 Kanugruppen pro Tag in den Park gebracht werden. Der Eintritt kostet 100 $ pro Person. In Fort Simpson und Fort Liard finden Sie einfache Hotels und Lebensmittelgeschäfte; kommen Sie jedoch so gut ausgerüstet wie nur möglich zum Park. In Blackstone kann nichts eingekauft werden. Benzin führt die Tankstelle »Checkpoint« an der Abzweigung zum Liard Highway. Campingplatz Blackstone 19 Stellplätze, Camping Fort Simpson 30 Stellplätze.

Adressen
- Nationalparkverwaltung Fort Simpson, Box 300, Fort Simpson, N.W.T. X0E 0N0, Tel. 403-695-3151.
- Blackstone Aviation, Box 30, Fort Simpson, N.W.T. X0E 0N0, Fax 403-695-2132.
- Simpson Air LTD., Box 260, Fort Simpson, N.W.T. X0E 0N0, Fax 403-695-2050.
- Nahanni Ram Tourism Association, Box 117, Fort Simpson, N.W.T. X0E 0N0, Fax 403-695-25 11.

Blick in die Umgebung

Ungefähr 200 km von Blackstone in Richtung Yellowknife (85 km ab »Checkpoint«) liegt der **Whittaker Falls Territorial Park**. Der Trout River hat sich einen tiefen Canyon durch den Kalkstein geschürft. Unmittelbar unter der Straßenbrücke beginnen mehrere Kaskaden, die Gesteinsschichtung ist eindrucksvoll und enthält zahllose Fossilien.

26 Auyuittuq-Nationalpark

Arktische Gebirgslandschaft mit mächtigen Eisfeldern, die höchste durchgehende Felswand der Welt, abgeflachte Granitberge, weite Gletscherströme und gewaltige U-Täler; gletscherbedingte Sanddünen; arktisch-alpine Flora und Fauna; Elemente der jahrtausendealten Inuit-Kultur; Schnee-Eule, Schneeammer.

1972 wurde der Auyuittuq als der erste Nationalpark Kanadas nördlich des Polarkreises gegründet. Auf der nordöstlichen Seite von Baffin Island gelegen, schützt er einen Gutteil der arktischen Wildnis der Cumberland-Halbinsel. Weite U-förmige Gletschertäler, die in steile Fjorde münden, hoch aufragende Granitberge, die von riesigen Gletschern umschlossen werden, und schwer zugängliche Flußtäler kennzeichnen die Landschaft des Nationalparks. Der Name stammt aus der Sprache der Inuit und beschreibt ein »Land, das niemals schmilzt«. Die Rauhheit des Klimas, das auch im Sommer Temperaturen kaum über +10°C zuläßt, umschrieb ein kanadischer Dichter als Landschaft »nördlich des Sommers«.

Nur kleine Teile des Parks sind im Sommer tatsächlich zugänglich. Die klassische Wanderroute verläuft in der Senke des Pangnirtung-Passes und führt vom Ende des südlichen Pangnirtung-Fjordes über 90 km in den nördlichen Pangnirtung-Fjord. Fast die gesamte restliche Fläche des 21500 km² großen Parks wird vom

Die gletschergeformte Landschaft des Weasel River Valley im Auyuittuq-Nationalpark.

Auf den felsigen Hängen bildet die Lappländische Alpenrose kleine Sträucher aus.

»Penny-Eisfeld« eingenommen, das bis 2700 m dick ist. Von diesem gehen nach allen Seiten Gletscherzungen aus, von denen der Highway- und der Coronation-Gletscher vom begehbaren Teil aus sichtbar sind. Innerhalb des Parks liegt am Südrand des Highway-Getschers der berühmte Mount Asgård, ein abgeflachter etwa 2200 m hoher Berg mit senkrechten Felswänden. Seinetwegen besuchen jährlich Alpinisten aus aller Welt den Nationalpark.

Naturfreunde begeben sich zumeist auf die Wanderung zum Summit Lake, mit 390 m der höchste Punkt des Pangnirtung-Passes. Ausgehend von Overlord verläuft ein schmaler Bergpfad durch das Tal des Weasel River zum 33 km entfernten Gletschersee. Entlang des Weges liegen Natursehenswürdigkeiten wie die Schwartzenbach Falls, der Mount Thor oder die weiten Schotterflächen des Weasel River. Von allen Seiten strömen wilde Gletscherbäche herbei; Gletscherzungen reichen über die steilen Felswände ins Tal herab. Erst am Summit Lake, wenn man etwas über der Talsohle steht, sieht man die weiten Gletscher des Gebietes. Heute sind im Tal meist nur noch die Moränenwälle und die riesigen Steinblöcke vorhanden, die die Entstehung dieser Landschaft erkennen lassen.

Der Mount Thor besitzt die höchste Felswand der Welt mit 1500 m, im Vordergrund Arktischer Mohn.

Nur wenige Tiere können wie der Polarfuchs in der arktischen Wildnis von Baffin Island leben.

Als sich vor 60 Mio. Jahren Baffin Island von Grönland abspaltete, wurden beide Inseln durch die Hebung der Landmassen auseinandergeschoben. Diese Kräfte bildeten die Berge des Parks. Noch vor 2 Mio. Jahren reichte das Penny Icefield weit über seine heutige Lage hinaus bis Neufundland. Dabei wurden die Täler und Fjorde gebildet, denen wir heute begegnen. Erst vor 15 000 Jahren, am Ende der Eiszeiten, begann sich das Eis auf die heutigen Areale zurückzuziehen und zwei Eisfelder blieben bestehen: das Barnes Icecap inmitten von Baffin und das Penny Icecap als zentrale Landschaft des heutigen Nationalparks.

Die Schnee-Eule kommt vor allem im Owl Valley, dem nördlichen Abschnitt des Pangnirtung-Passes, vor.

Trotz der unwirtlichen klimatischen Verhältnisse begannen erste Besiedlungen vor 3500 Jahren, als Jäger des Stammes der Dorsets erste Lager am Cumberland Sound errichteten. Ihnen folgten Menschen des Stammes der Thule, die das Kajak, den Hundeschlitten und das Umiak (ein rundes Boot) erfanden. Aus diesem Stamm entwickelten sich die heutigen Inuits, die bei uns als Eskimos bekannt sind.

Pflanzen und Tiere

Obwohl die äußeren Bedingungen des Parks äußerst hart, ja lebensfeindlich sind, trifft der Besucher im Sommer ein reiches Tier- und Pflanzenleben an. Wie überall im Norden kommen zwar nicht viele verschiedenen Arten vor, diese aber in hoher Zahl. Die für die Gegend relativ hohe Wärme des Sommers nützen Schwärme von großen Stechmücken, zum Leidwesen der Wanderer.

An Vögeln kommen 35 verschiedene Arten vor, wobei nur 4 das gesamte Jahr hier beheimatet sind. Etwa die Hälfte dieser Vogelarten bevölkern die Fjorde am Nord- und Südrand des Parks. Über 100 000 Skuas brüten auf Felsen am Cap Searle. Die Fjordtäler, in denen der Wasserspiegel infolge der Gezeiten um ca. 9 m schwankt, bieten ideale Lebensräume für Sandregenpfeifer. Diese suchen in den flachen Becken am Ende der Fjorde, die bei Ebbe trockenfallen, nach Nahrung. Eiderenten (S.141), Dreizehenmöwen (S.20), Eistaucher (S.122), Gryllteisten (S.154) und Dickschnabellummen tummeln sich in den Fjorden und den Buchten rund um den Park.

Im Tal des Pangnirtung-Passes kommen das Alpenschneehuhn und vor allem die Schnee-Eule vor, die im weitaus sanfteren Abschnitt des Owl Valley im Norden des Pangnirtung-Passes ideale Lebensbedingungen vorfindet. Zwischen den Felsen der Endmoränen brüten Wanderfalken,

Schnee- und Spornammern legen ihre Nester direkt am Tundraboden an. Kolkraben (S.52) sind überall im Tal zu finden. Größere Säugetiere sind selten. In manchem Sommer gibt es bei den Grönländischen Halsbandlemmingen das sprichwörtliche Massenauftreten, ansonsten sind Hermelin und Schneeschuhhase die einzigen Säugetiere. Früher haben sich im Tal Karibuherden (s.S.199) aufgehalten. Durch die zunehmenden Störungen durch die Wandergruppen im Sommer sind sie in einen Talboden am Nedlukseak-Fjord gezogen. Der Eisbär (S.221, s.S.222) das einzige für den Menschen gefährliche Tier dieser Gegend, kann in den nördlichen Fjorden des Parks angetroffen werden. Dort jagt er nach Seehunden (S.152). Nur im Frühjahr und Herbst wandert er gelegentlich in den nördlichsten Abschnitt des Owl Valley ein, um nach Beeren zu suchen.

Narwale, Orkas (S.76) und Walrosse können manchmal in den Fjorden an der Nordküste des Parks beobachtet werden, seltener sind Belugas (S.141), Buckel- und Grönlandwale. Seehunde bevölkern auch den südlichen Pangnirtung-Fjord und den Cumberland Sound regelmäßig.

Allen Pflanzen bleibt von der Knospung bis zur Samenreife nur sehr wenig Zeit. In 6–8 Wochen muß die Vegetationsperiode abgeschlossen sein, in schlechten Sommern kann sie ganz ausfallen. Durch die kugelige Gestalt oder bei Sträuchern durch gedrängten Zwergwuchs haben die Pflanzen Mechanismen entwickelt, um den rauhen äußeren Bedingungen zu begegnen. Zu der kurzen Vegetationszeit kommen noch scharfe Winde, die den feinen Gletschersand mittransportieren und zu mechanischen Schädigungen an den Pflanzen führen können.

Von Mai bis Juli herrschen 24 Stunden Tageslicht, was niederwüchsige Polsterpflanzen, Zwergsträucher und vor allem Flechten nutzen können. Die Permafrostböden, die noch dazu oft schutt- oder sandüberla-

Das Abschlachten von Robben und Seehunden

Unmittelbar nach der Entdeckung der Neuen Welt und der tierreichen Gewässer des Nordatlantiks und des Eismeeres begann ein erbarmungsloses Abschlachten der Tiere. Vor allem die Wale, Seehunde und Walrosse, aber auch die Fische und Seevögel waren davon betroffen.

Die große Wende setzte erst am 16. März 1964 ein, als eine kanadische Fernsehstation schockierende Bilder vom brutalen Abschlachten der Seehunde zeigte. Mittlerweile hatte man sich auch auf Sattelrobben verlagert, vor allem auf die weiß gefärbten Jungtiere, deren Fell man begehrte. 1966 gründete Brian Davis die IFAW (International Fund of Animal Welfare), die maßgeblich dazu beitrug, daß das Robbenschlachten ein Ende nahm. 1985 verhängte die Europäische Gemeinschaft ein Einfuhrverbot für Robbenfelle. Seither unterliegt die Jagd auf Robben in Kanada strengen, von der Regierung vorgegebenen Richtlinien. Die Freigabe der Robbenjagd wird jedoch nach wie vor heftig diskutiert.

gert sind, erlauben jedoch nur ein äußerst karges Wachstum. Am auffälligsten wirkt sicherlich das Arktische Weidenröschen, das die Schuttflächen im Tal des Weasel River im Juli leuchtend rot überzieht. Zwergbirke und Zwergweiden wie Netzweide und Krautweide bedecken Bodenbereiche mit etwas mehr Humusauflage. Hier kommen auch Einblütige Glockenblume, Arktischer Mohn und Alpensäuerling vor. Die steinigen Hänge zeigen niemals eine geschlossene Pflanzendecke; vor allem Polsterpflanzen wie das Stengellose Leimkraut, Alpenhornkraut, Purpur-

Die Schuttflächen des Weasel River sind im Juli von den Blüten des Arktischen Weidenröschens erfüllt.

Steinbrech und andere Steinbrecharten wachsen hier. Die typischen, teppichartigen Wuchsformen der Silberwurz (S.38), ein Schuttsiedler, sind reichlich vorhanden. Die silbernen Fruchtstände wirken im späten Juli besonders bizarr.

Weit verbreitet sind die typischen Tundrengesellschaften, die aus verschiedenen Heiden und Zwergsträuchern bestehen. Besonders die Schuppenheide, die Lappland-Diapensia, die Krähenbeere und die Blauheide bilden dichte Bestände. Dazwischen gedeiht die zartrote Lappländische Alpenrose, die sehr früh im Juli blüht. Die Zwergstrauch-Tundra überwiegt an den oberen Hängen des Weasel River Valley, während im Owl Valley eine Grasland-Tundra aus Wollgras, Tussock und verschiedenen Seggen ausgeprägt ist. Wollgras tritt zusammen mit Torfmoosen in moorähnlich vernäßten Mulden an kleineren Bächen auf. In höheren Regionen bilden Steinbrecharten Schneetälchen-Gesellschaften. Diese können bis in Höhen um 1100 m hinaufsteigen, besonders an den Südhängen rund um den Summit Lake. Darüber finden sich nur mehr Flechtengesellschaften, entweder Strauchflechten wie *Cladonia*-Arten (z. B. Rentierflechten) oder Krustenflechten, die an den Felsen wachsen. In Fjordnähe kann das salzresistente Sandkraut zusammen mit höherwüchsigen Weidenarten bestehen, die jedoch nie höher als 50 cm werden.

Im Gebiet unterwegs

Um den Nationalpark im Sommer zu besuchen, gibt es nur eine Möglichkeit, die Wanderung durch das Tal des Pangnir-

Der Schneeschuhhase ist nur im Winter weiß, behält aber auch im Sommer die weißen Hinterläufe.

26 Auyuittuq-Nationalpark

Nur Zwergsträucher und Polsterpflanzen, wie das Stengellose Leimkraut, können den arktischen Dauerfrostboden besiedeln.

tung-Passes. Der südliche Beginn, Overlord, liegt ca. 30 km von Pangnirtung entfernt. Nach Pangnirtung werden von **Iqaluit** aus täglich Linienflüge von der First Air und der Air Baffin durchgeführt. Die Strecke zum Park kann ab Anfang/Mitte Juli mit dem Boot bewältigt werden. Dazu wird im Tourismuszentrum des Ortes eine Bootsfahrt gebucht, die von einem »Outfitter« durchgeführt wird. Schon bei der Anfahrt zum Park muß der Termin für die Rückfahrt exakt vereinbart werden. Das Boot hält knapp vor **Overlord** ①, nur bei Flut ist der Fjord bis dorthin befahrbar. Wer durch das Weasel River Valley bis zum Summit Lake und weiter durch das Owl Valley wandert, wird alle Vegetationszonen des Nationalparks durchschreiten. Nördlich von Windy Lake nimmt die zuerst reiche Vegetation zusehends ab, da der einfallende Wind mehr an Einfluß gewinnt. Erst im hinteren Owl Valley wird die Vegetation wieder üppiger. Zahlreiche Geweihe von Karibus weisen heute noch auf die früheren Herden hin, die hier in den gräserreichen Wiesen ihr Futter fanden.

Die Nationalparkverwaltung hat entlang des Wanderweges, der in Overlord beginnt, orangefarbene, zeltförmige, aus Holz gebaute Nothütten eingerichtet. Diese sind mit einem Funkgerät und etwas Nahrung als Notration ausgerüstet. Von Overlord aus zieht der Weg quer über zahllose Seitenflüsse und Gletschermoränen zum **Windy Lake** ③, der ersten Zwischenstation. 14 km müssen bewältigt werden, knapp vor der Hütte überquert man den **Polarkreis**, der mit einem Steinmännchen markiert ist. Rechts ragt majestätisch Mount Odin auf und links stürzen

Der Purpursteinbrech blüht schon wenige Tage nach der Schneeschmelze als erste Pflanze der Berggebiete.

Die Schuppenheide aus der Familie der Heidekrautgewächse bildet dichte, hellgrüne Bestände und blüht reinweiß.

26 Auyuittuq-Nationalpark — 209

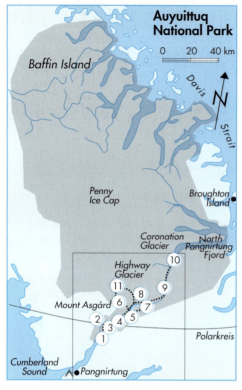

die **Schwartzenbach-Fälle** ② über die Felswände zu Tal. Bei jeder Nothütte sind primitive Plätze zum Aufstellen der Zelte eingerichtet. Die zweite Etappe endet beim **Mount Thor** ④, der über 2000 m in den Himmel ragt. Seine 1500 m hohe, durchgehende Felswand ist die höchste der Welt. Hier werden die Hänge reicher an Tundrenvegetation, die Schuttfächer der Bäche nehmen ab. Die dritte Etappe führt zum **Summit Lake** ⑤, der über 10 km lang ist und zwischen zwei Moränenbarrieren eingekesselt im Tal liegt. Erst am nördlichen Ende des Summit Lake am Übergang zum Glacier Lake hat man die Möglichkeit, den **Mount Asgård** ⑥ zu sehen, der am südwestlichen Ende des **Penny-Eisfeldes** ⑪ aufragt. Östlich des Summit Lake läßt sich der Bergrücken des Mount Battle relativ leicht besteigen, von wo aus der **Highway Glacier** ⑧ förmlich zu Füßen liegt und gut einsehbar ist. Etwa 10 km nördlich des Summit Lake beginnt der Abstieg ins **Owl Valley** ⑨, das sanfter ist und weniger Schuttfächer aufweist. 3 Etappen werden bis zum Rand des **nördlichen Pangnirtung-Fjordes** ⑩ benötigt. Hier kann man sich ebenfalls von »Outfittern« absetzen bzw. abholen lassen, die Rückfahrt nach Pangnirtung dauert etwa 5–6 Stunden.

Praktische Tips

Anreise
Pangnirtung erreicht man ausschließlich mit dem Flugzeug von Iqualuit, der Hauptstadt von Baffin Island. Regelmäßig (täglich) werden 1–2 Flüge durchgeführt, sofern es das Wetter erlaubt. Iqualuit ist von Ottawa, Montréal, Yellowknife/Edmonton und Winnipeg täglich erreichbar (Canadian Airways). Die Flüge sind sehr teuer!

Unterkunft/Verpflegung
Kommen Sie gut ausgerüstet nach Pangnirtung. Die Wanderung durch den Park erfordert eine gute physische Konstitution; es

muß die gesamte Ausrüstung und Nahrung mitgebracht werden; aus der Natur kann innerhalb des Tals außer Wasser nichts gewonnen werden. In Pangnirtung verkaufen 3 Supermärkte (Northern Store, High Arctic Enterprises, Inuit COOP) allerlei Lebensmittel; wenn man nicht wählerisch ist, bekommt man alles Notwendige. In der Auyuittuq Lodge kann man angenehm wohnen und essen, jedoch nicht sehr billig. Allen Campern wird außerhalb des Ortes ein kleiner primitiver Campingplatz geboten, zwar mit traumhaftem Blick auf den Fjord, aber ohne jeden Komfort. Anlaufstelle für Besucher ist das Nationalpark- und das Tourismuszentrum, die nebeneinander direkt am Fjord liegen. Man muß sich registrieren lassen, wenn man den Park besuchen will. Brennstoff erhalten Sie in der »Snack-Bar« beim Flughafen, jedoch nur bis 17.00 Uhr.

Klima/Reisezeit

Die besten Reisemonate sind Anfang Juli bis Mitte September; das Wetter ist konstanter, die Temperaturen können um 10° C liegen. Im Juli erlebt man die Hauptblütezeit, während im September die Flüsse weniger Wasser führen, was das Wandern erleichtert.

Die Lappland-Diapensia mit den winzigen Blättern.

Adressen

▷ Nationalparkverwaltung: Park Superintendent, Eastern Arctic District, Box 353, Pangnirtung, N.W.T. X0A 0R0, Tel. 819-473-8829, Fax 819-473-8612; Ausstellung zu den Tieren, Pflanzen und Ökosystemen des Parks, Videos, Bücherei.

▷ Tourismuszentrum: Angmarlik Visitor and Interpretive Centre, Pangnirtung, N.W.T. X0A 0R0, Tel. 819-473-8737, Fax 819-473-8685; Museum, das die historischen Walfänger und die Lebensweisen der Inuit zeigt; öffentliche Bücherei.

▷ Auyuittuq Lodge, Pangnirtung, N.W.T. X0A 0R0, Tel. 819-473-8955, Fax 819-473-8611.

Blick in die Umgebung

Kekerten National Historic Park: 50 km von Pangnirtung (= 2 Bootsstunden) entfernt, liegen im Cumberland Sound die Kekerten-Inseln. Hier errichteten frühe Walfänger Stationen. 3 Warenhäuser von 1857 und andere Utensilien (Boot, Eisentöpfe) von schottischen Fischern sind heute entlang eines Lehrpfades zu besichtigen. Zwischen 1820 und 1840 wurden hier 13 000 Wale gefangen und verwertet.

Ikuvik Trail: Von Pangnirtung in 3 Stunden auf den Mount Duval (671 m), mit herrlichem Ausblick auf den Fjord.

Ukama Trail: 14 km in ein nordwärts gerichtetes Tal, entlang des Duval River, vorbei an Wasserfällen.

Grönländischer Porst wächst auf trockenen Hängen.

Nebenreiseziele

N 1 Moresby-Island-Nationalpark, Charlotte-Inseln

Die Südspitze der Queen Charlotte Islands ist einer der jüngsten kanadischen Nationalparks. Die geschichtsträchtige Region wurde in Urzeiten von den »Haida People« bewohnt, deren Totempfähle (Nistints World Heritage Site der UNESCO) den Park bekannt gemacht haben und vor allem auf Anthony Island stehen. South Moresby ist die größte Insel des Nationalparks. Insgesamt besteht der Archipel der Queen Charlotte Islands aus 138 Eilanden, die die gleiche Entstehungsgeschichte wie Vancouver Island haben. Gwaii Haanas ist bekannt wegen seiner artenreichen Lebensräume: feuchtgemäßigte Regenwälder, Sümpfe, Berggipfel im subalpinen und alpinen Bereich, die direkt aus dem Ozean ragen. 11 verschiedene Walarten besuchen die Küstengewässer; auch Nördliche See-Elefanten, Kalifornische Seelöwen, Kegelrobben und Weißseitendelphine können beobachtet werden. Mehr als 1,5 Mio. Vögel nisten jedes Jahr entlang der 25 000 km Küstenlinien, darunter Weißkopfseeadler, der pazifische Klippenausternfischer und Papageitaucher.
Der Park ist nur mit Booten und Wassertaxis zu erreichen, es bestehen keinerlei Straßen oder Wege. Besucher müssen sich beim »Watchmen Headquarters« in Skidegate oder beim »Watchmen Basement« auf Hotspring Island anmelden, um genaue Anweisungen für den Parkbesuch zu erhalten. Manche Zonen sind im Sommer gesperrt. Die Queen Charlotte Islands werden täglich von Fähren angelaufen (von Prince Rupert aus 5–6 Stunden).
➪ Superindendent South Moresby National Park Reserve, Box 37, Queen Charlotte City, B.C. V0T 1S0, Tel. 604-559-8818, Fax 604-559-8366.

N 2 Umgebung von Vancouver, Stanley Park, Cypress Park

Im Norden Vancouvers liegt auf einer eigenen Insel der **Stanley Park**, der über Brücken mit der Stadt und der Nordküste verbunden ist. Vom Burrard Inlet und der English Bay umgeben, gibt der rund um die Insel führende Parkway stets die Möglichkeit, die Skyline von Vancouver »vom Meer aus« zu sehen. Der Park, Naherholungsgebiet von Vancouver, enthält zahlreiche historische und Natur-Sehenswürdigkeiten: Totems, Waldabschnitte der feuchtgemäßigten Regenwälder mit Douglasien, Hemlocktannen und einem Biberteich. Kanadareiher, Weißkopfseeadler, Ohrenscharbe, Löffelente, Höckerschwan, Felsentaube, Bandtaube, Gürtelfischer (S.164) und andere Vogelarten halten sich wie Virginia-Oppossum, Stinktier und Waschbär (S.22) im Stanley-Park auf. Kalifornische Seelöwen (S.78) kommen bis in die Bucht der English Bay. Das Aquarium von Vancouver im Stanley-Park zeigt Orkas, Belugas (S.141), Seeotter (S.80) und Seelöwen sowie zahlreiche »Biotop«-Aquarien, die marine Lebensräume vom Eismeer bis zu den Tropen vorstellen.
Rund um den Hollyburn Mountain liegt hoch über Nord-Vancouver der **Cypress Provincial Park**. Die Zufahrtsstraße durchquert eine Abfolge von Waldtypen, die durch die Nähe des Pazifiks bestimmt sind, ehe ein Plateau mit mehreren Seen erreicht wird. Douglasien, Hemlocktannen (S.170), Tannen und die namensgebende Nootka-Scheinzypresse (»Yellow Cedar«) sind die häufigsten Arten. Ein gut ausgebautes Wanderwegenetz durchzieht den Park.
➪ BC Parks Regional Director, 1610 Mount Seymour Road, North Vancouver, B.C. V7G 1L3, Tel. 604-924-2200.

N 3 Wells Grey Provincial Park

Beide Provincial Parks von British Columbia liegen in den Caribou Mountains, einer Gebirgskette am Westrand des Fraser River. **Wells Grey** ist mit 5200 km² einer der größten Provincial Parks in British Columbia und wird an seiner Nordseite von noch namenlosen und unbestiegenen Bergen begrenzt. 5 große Seen, alpine Bergwiesen mit einer reichhaltigen Flora, 2 große Flußsysteme und zahlreiche Wasserfälle sind für die aufregende Landschaft des Parks typisch. Maultierhirsche leben im Gebiet des Hemp Creek/Murtle River, Karibus halten sich bevorzugt in der Nähe des Angus-Horne-Sees, des Battle Mountain und des Mica Mountain auf. Elche können häufig am Murtle River und in Gebieten westlich der Clearwater gesehen werden. Im Norden des Parks kommen Grizzlybären (S.193) und Schneeziegen (s.S.47) vor, ferner Schwarzbären, Kojoten, Kanadabiber, Vielfraß (S.58) und Timberwölfe. Den besten Überblick erlaubt gleich am Beginn der 1017 m hohe **Green Mountain**. Weitere Höhepunkte sind die **Dawson Falls** am Murtle River und die **Helmecken Falls**, die tosend mit einer Fallhöhe von 137 m in eine Basaltsteinschlucht stürzen. Eine Zufahrtsstraße von Clearwater aus durchquert den **Spahats Creek Provincial Park**, der wegen eines 122 m tiefen Lava-Canyons bekannt ist. Ein Aussichtspunkt liegt direkt an der Straße. Aber auch der **Trophy Mountain** mit den blumenreichsten Bergwiesen der Rocky Mountains (*Erythronium grandiflorum*, Lupinen, Gauklerblume, Arnika und Berufkraut, S.61) ist sehenswert. Zwischen den hohen Blumen tummeln sich Zimtkolibris. Zufahrt vom Hwy 5 aus, von Kamloops Richtung Valemount bis Clearwater (123 km) oder Blue River (232 km); Serviceeinrichtungen und Campingplätze vorhanden.

↪ Ministry of Parks, Zone Manager, Box 70, Clearwater, B.C. V0E 1N0, Tel. 604-587-6150.

Der Mt. Assiniboine Provinicial Park mit dem Lake Magog im Kananasiks-Gebiet südlich von Banff (N 5).

Nebenreiseziele — 213

N 4 Mount Robson Provincial Park

Über den Yellowhead Highway erreicht man den 85 km nordwestlich von Jasper liegenden Mount Robson Provincial Park, der rund um den höchsten Berg der Rocky Mountains, den 3954 m hohen **Mount Robson** entstanden ist. Der Berg gehört zur Rainbow Range, die im Süden vom Oberlauf des Fraser River begrenzt wird. Auf einer Fläche von 2200 km² finden sich eisbedeckte Berge, Gletscherseen, Canyons und die typischen Bergwälder der Rocky Mountains mit Douglasien, Engelmannsfichten, Schwarzfichten und Espen. Elche besuchen die Sümpfe und die Ufer rund um den Moose Pond, während sich Schneeziegen und Grizzlybären auf den gras- und geröllbedeckten Hängen nördlich des Fraser Valley aufhalten. Maultierhirsche und Schwarzbären halten sich im gesamten Park auf. Eisgraue Murmeltiere, Chipmunks, Ziesel und Pikas kommen vor allem in den Felsbereichen rund um die Waldgrenze vor. Von den 170 im Park registrierten Vögeln sind Tannenhuhn und Kiefernhäher die häufigsten. Der 1913 zum ersten Mal bestiegene Mount Robson bleibt den Bergsteigern vorbehalten. Wanderer können auf einem der schönsten Gebirgswege der Rocky Mountains das Hinterland des Parks erkunden: Der 22 km lange Weg zum **Berg Lake** (1628 m) führt durch das Valley of the Thousand Falls zum See an der Nordwestseite des Berges. Darüber ragt fast senkrecht die 2400 m hohe Wand des Mt. Robson auf. Entlang des Weges sieht man auf die Emperor Falls und den malerischen Kinney Lake. Direkt am Highway liegen das Besucherzentrum und Campingplätze. Einige Kilometer westlich des Parks führt vom Highway ein kurzer Weg zu den **Rearguard Falls** am Fraser River, wo im Herbst springende Lachse die Stromschnellen überwinden.
⇨ Ministry of Parks, Box 579, Valemount, B.C. V0E 2Z0, Tel. 604-566-4325.

N 5 Kananaskis-Gebiet, Peter Lougheed Provincial Park

Ein Abstecher vom Trans Canada Highway vor der Einfahrt in die Rocky-Mountains-Schutzgebiete bei Canmore führt in das Kananaskis-Gebiet, in das im Westen unmittelbar der Mt. Assiniboine Provincial Park angrenzt (S. 213). Die Gebirgslandschaft liegt südöstlich von Banff und grenzt im Westen an den Nationalpark. In unmittelbarer Nähe liegt der Mt. Assiniboine Provincial Park. In Canmore zweigt der Smith Dorrien-Spray Trail nach Süden in den **Peter Lougheed Provincial Park** rund um den Mount Sir Douglas (3406 m) ab. Trotz der touristischen Erschließung bietet der Park eine reizvolle alpine Landschaft, die mit Banff vergleichbar, jedoch in den Sommermonaten wesentlich ruhiger ist. Eine Minerallecke am King Creek ist einer der besten Plätze, um Dickhornschafe, Wapitis, Weißwedelhirsche und Elche zu sehen. Im Pocaterra-Fen-Sumpfgebiet halten sich Kanadabiber und Bisamratten auf. Fischadler, Kiefernhäher, Steinadler, Weißschwanz-Schneehuhn (S.44), Kragenente (s.S.40), Felsengebirgshuhn, Diademhäher (S.75) und Grauwasseramsel sind häufig zu sehen. Die Kent Ridge ist die Heimat der Schneeziegen und Grizzlybären. In den Felsbereichen tummeln sich Pikas zwischen Gletscherlilien. Im Juli und August blühen die Bergwiesen, Ende September werden die Waldgebiete in leuchtende Herbstfarben getaucht. Von den beiden Kananaskis-Seen kann man über den Hwy 40 zum Trans Canada Highway zurückkehren. Das interessante Besucherzentrum am Kananaskis-See ist auch der beste Punkt, Tiere zu beobachten. Schöne, einsame Wildniscampingplätze befinden sich im Park, als Geheimtip gilt die Engadin Lodge; Informationen erteilen das
⇨ Park Office, Tel. 591-7222, sowie
⇨ Kananaskis Country, Suite 412, 1011 Glenmore Trail, Calgary, Alberta. T2V 4R6, Tel. 403-297-3362.

N 6 Dinosaur Provincial Park, Dinosaur Trail

Mitten in der Prärielandschaft Zentralkanadas liegt östlich von Calgary der relativ unbekannte, aber durch seine Landschaft und naturgeschichtliche Entwicklung einmalige **Dinosaur Provincial Park**. Temperaturunterschiede von 90–100 ° C zwischen Hochsommer und Winter, weithin natürlich entstandene baumlose Grasländer und die historischen Bisonherden sind für die Landschaft dieser Region typisch. Plötzlich bricht aus der ebenen Grassteppe eine scharfe Kante in eine bizarr wirkende Mondlandschaft ab, die in allen Grau-, Braun- und Ockertönen schillert. Die erodierenden Kräfte des Red Deer Rivers, der sich tief in die über Jahrmillionen abgelagerten Sedimente eingegraben hat, legten Dinosaurierskelette frei, die weltweit einmalig sind. Ein lohnender Autorundkurs führt zu 2 sehenswerten Dinosaurierversteinerungen; Badland Trail durch erosionsgeformte Landschaften, Cottonwood Trail; Campingplatz am Beginn der Parkstraße.
↪ Dinosaur PP, Patricia, Alberta
   T0J 2K0, Tel. 403-378-4587.
In der Umgebung führt der **Dinosaur Trail** zuerst vom **Tyrell-Museum** von Drumheller, in dem lebensgroße Nachbildungen der Saurier und der Pflanzen der damaligen Zeit ausgestellt sind, zum **Horsethief Canyon**, der spektakuläre Einblicke in die Badlands bietet. 18 km südöstlich erreicht man am Hwy 10 ein von Hoodoos geprägtes Gebiet. Beide Regionen geben wie ein Lehrbuch Einblicke in die geologische Entstehung dieser Landschaft. In den Badlands wirkt sich die Erosion 500mal schneller aus als zum Beispiel in den Rocky Mountains. Entfernungen Dinosaur-Park–Drumheller 170 km, Calgary–Dinosaur-Park 230 km.
↪ Tyrell Museum of Palaeontology,
   Box 7500, Drumheller, Alberta T0J 0Y0,
   Tel. 403-823-7703, am Hwy 838 nordwestlich von Drumheller.

N 7 Elk-Island-Nationalpark

Der mit nur 195 km² sehr kleine Nationalpark wurde zum Schutz einer typischen naturbelassenen Hügellandschaft der kanadischen Prärien eingerichtet. Er umfaßt einen waldbestandenen Abschnitt der Beaver Hills östlich von Edmonton mit zahlreichen Seen, Sümpfen und Mooren. Die typischen Seen und Teiche, auch »Kettles« genannt, bedecken ein Viertel des Parks. Der größte See des Nationalparks, der Lake Astotin, liegt im nördlichen Abschnitt.
Seit 1906 können sich durch die Gründung des Parks Tiere und Pflanzen ungehindert entwickeln. Durch die Unterschutzstellung wurde erreicht, daß nicht das gesamte Prärieland zu Ackerland umgewandelt wurde. So entstand ein Rückzugsgebiet für die größeren und kleineren Säuger der Ebenen, aber auch für zahlreiche Wasservögel. Elk Island ist heute im Verhältnis von Größe und Tierbestand der am dichtesten besiedelte Nationalpark, und es gibt kaum einen besseren Ort, um Kanadabiber, Bison, Elch und Wapiti aus nächster Nähe zu erleben. Der Park besteht aus einem Mosaik von Feucht- und Waldlebensräumen, vor allem aus den charakteristischen offenen grasreichen Espenbeständen, die als »Parkland« bezeichnet werden. Elk Island wurde aber auch zum Schutz der Präriebisons und der Manitobahirsche geschaffen, von denen heute 500 Tiere den Park bevölkern.
Elk Island ist hauptsächlich ein Park für Tagesbesucher, die sich für die Bisons, Manitobahirsche, Elche und Kanadabiber interessieren. Das Besucherzentrum liegt beim Lake Astotin. 12 Wanderwege, davon 6 Naturlehrpfade, erschließen den Park und führen zu allen Lebensräumen und Naturerscheinungen. Der spektakulärste Weg ist der Living Boardwalk Trail, der fast auf der gesamten Strecke als schwimmender Steg über eine Bucht des Sees führt. Der Amisk

Nebenreiseziele   215

Die gletschergeformte Insellandschaft des Georgian-Bay-Islands-Nationalparks im Huron-See (N 10).

Wuché Trail verläuft auf 2,5 km durch Espen- und Birkenwälder. Gleich nach der Abzweigung vom Yellowhead Highway beginnt eine 3 km lange Rundstraße durch das Bisongebiet (Bison paddock). Anreise über den Yellowhead Highway, 45 km östlich von Edmonton; Sandy Beach Campground mit 80 Stellplätzen beim Astotin Freizeitzentrum.
⇨ Elk Island National Park, R.R. #1, Site 4, Fort Saskatchewan, Alberta T8L 2N7.

N 8 Wood-Buffalo-Nationalpark

Der größte Nationalpark Kanadas, ungefähr so groß wie die Schweiz, liegt im Norden Albertas und reicht bis in das Northwest Territory. Er wurde 1922 gegründet, um die letzte wildlebende Bisonherde zu schützen. Später fand man heraus, daß der einzige natürliche Nistplatz der gefährdeten Schreikraniche im Park liegt, die in den Sümpfen von Texas überwintern und zur Eiablage hierher kommen. 1500 Waldbisons und 7000 Präriebisons leben in Herden, vor allem in den offenen Graslandern. Sumpfgebiete, mäandrierende Wasserläufe, seichte Seen, Moore und boreale Nadelmischwälder aus Bankskiefern, Weißfichten und Espen bestimmen das Landschaftsbild. 4 Zonen lassen sich unterscheiden: das Caribou-Birch-Hochland, das Alberta-Plateau, das Flachland rund um den Slave River und das Peace-Athabasca-Delta, ein RAMSAR-Feuchtgebiet von internationaler Bedeutung. Peace, Athabasca, Slave und Birch River münden hier und laden große Mengen Schlamm ab. Als Besonderheit gelten auch die borealen Salzebenen, die Gipsklippen und das Karstgebiet mit Dolinen. Schwarzbären, Wölfe, Luchse, Kanadabiber, Elche, aber auch Weißkopfseeadler und Wanderfalken kommen im Park vor.

Wood Buffalo liegt etwas abseits, und so kommen nur etwa 7000 Menschen jährlich in den Sommermonaten, um den Wildnis-Park kennenzulernen. Man erreicht den Nationalpark von Yellowknife

Zahllose Inseln bilden das Thousand-Island-Gebiet mit dem Nationalpark im St.-Lorenz-Strom nördlich von Toronto (N 12).

aus über den Mackenzie Highway bis zur Abzweigung des Hwy 5, der durch den Park nach Fort Smith und zum Point Providence führt, oder von Edmonton aus (2-Tagesreise). Besucherzentren bestehen in Fort Smith und Fort Chipewyan. Im Park ist ein Wanderwegenetz angelegt, 2 Naturlehrpfade führen ins Karstland und zu den Salzebenen. Campingplatz, Motel und Geschäfte in Fort Smith. Campingplätze beim Pine Lake und bei den Rainbow Lakes.
⇨ Superintendent Wood Buffalo National Park, Box 750, Fort Smith, N.W.T., Tel. 403-872-2349.

N 9 Grasslands-Nationalpark

Zwei voneinander getrennt liegende Abschnitte wurden zum Grasslands-Nationalpark zusammengeschlossen, der im Süden Saskatchewans direkt an der Grenze zu den USA liegt. Der sehr junge Park schützt auf 900 km² eine offene Prärielandschaft, die niemals durch landwirtschaftliche Tätigkeiten verändert wurde. Offene Dünenbereiche liegen zwischen mit Gras bewachsenen Hügeln, zahlreiche bizarre Landformen und Anzeichen der Eiszeiten wie trockene Gletscherflußtäler, Findlingssteine und Senken gliedern die Landschaft des Parks. 50 Grasarten, darunter »Blue Grama Gras« und das Federgras *Stipa comata*, 450 Wildblumen sowie Raritäten wie der »Pincushion«-Kaktus gedeihen im Nationalpark. Präriehunde, Amerikanische Dachse und vor allem Gabelböcke, eine Antilopenart, von der früher 30 Mio. Tiere die Prärien bevölkerten, sind häufig. Typische Vögel des Graslandes sind Steinadler und Beifußhuhn, der seltene Königsbussard und der Kaninchenkauz, der als südliche Art gerade noch bis Kanada vordringt. In sumpfigen Becken kommen Reiher, Gänse, und Enten vor, Grauwasseramseln tummeln sich an den Stromschnellen der Bäche. Fossilien von Dinosauriern wurden gefunden. Man erreicht den Park vom Trans Canada

Highway aus, 128 km südlich von Swift Current über den Hwy 4. Besucherzentrum in Val Marie; für die Prärien typische Schotterstraßen führen zum Frenchman Valley, der Hauptattraktion. Der Two Trees Nature Trail führt als Rundweg 1,5 km am Rand dieses Tales entlang und stellt die Schönheit der Prärielandschaft vor. 2 Campingplätze und 1 Hotel in Val Marie.

▷ Superintendent Grasslands National Park, Box 150, Val Marie, Saskatchewan S0N 2T0, Tel. 306-298-2257.

N 10 Nationalpark Georgian Bay Islands

Der 1929 gegründete Nationalpark umfaßt 59 Inselchen der »Group of Thousands Islands« innerhalb der Georgian Bay, die durch die Landzunge von Bruce und der Inselgruppe von Manitolin nordöstlich vom Lake Huron abgetrennt wird. Die größte, Beausoleil Island mit 9 km Länge, die Insel 95 B und die Centennial Island können von Honey Harbour aus besucht werden. Die anderen 56 Inselchen bleiben der Natur und ihren Lebewesen vorbehalten. Der östliche Abschnitt des Parks besteht aus angehobenen Felsmassen des südlichen Kanadischen Schildes der präkambrischen Region, während im Süden Abschmelzbecken der zurückweichenden Gletscher liegen, die sich mit Moränen und Schluff füllten. Auf tiefgründigen Böden wachsen dichte und artenreiche Hartholzwälder aus Hemlocktanne, Balsamtanne und Zedernarten, während auf den kahlen Granitfelsen im Norden nur die charakteristischen windgeformten Weymouthskiefern aufkommen. In der Übergangszone entwickelten sich sommergrüne Laubwälder. Besonders bekannt sind die Inseln für ihr hohes Amphibien- und Reptilienvorkommen. Mit 34 verschiedenen Arten, darunter die seltene und geschützte Massasauga-Klapper-

schlange (S.113), weisen die Inseln die größte Anzahl aller kanadischen Nationalparks auf. Auf Beausoleil Island, die mit einem privat gemieteten Wassertaxi erreicht werden kann, sind zahlreiche Wanderwege zur Erkundung der Natur angelegt: Huron Trail, Rockview Trail, Fairy Lake Trail, Cambrian Trail oder Georgian Trail (13 kleinere Campingplätze mit Trinkwasser). Der günstigste Startpunkt liegt beim Informationszentrum an der Papoose Bay. Wassertaxis von Honey Harbour: Honey Harbour Boat Club, Tel. 705-756-2411, Bluewater Resort, Tel. 705-756-2454. Bayview Marine Resort, Tel. 705-756-2421. Anreise über den Hwy 12 und die Muskoka Road bis Honey Harbour, ca. 180 km nordwestlich von Toronto.

▷ Superintendent Georgian Bay Island National Park, Box 28, Honey Harbour, Ontario P0E 1E0, Tel. 705-756-2415.

N 11 Niagara-Fälle

Die Niagara-Fälle zählen zu den bekanntesten und meistbesuchten Natursehenswürdigkeiten Kanadas, obwohl sie das Attribut »Natur« fast nicht mehr verdienen. Entlang der 640 m breiten und 54 m hohen Horseshoe-Fälle auf kanadischer Seite und dem 328 m breiten und 55 m hohen Fall auf amerikanischem Boden sind disneylandartige Vergnügungszentren entstanden. Die Fälle, die in der Nacht in allen Spektralfarben mit riesigen Scheinwerfern beleuchtet werden, können aus allen Himmelsrichtungen von Terrassen, Aussichtstürmen, Holzstiegen, Balkonen und Gängen, die im Fels hinter den Wasserschleier führen, eingesehen werden. Boote fahren so weit wie möglich in die Schlucht, und der gelbe Regenmantel, den jeder zahlende Besucher erhält, gehört zum geschätzten Souvenir. Immerhin kommen 12 Mio. Besucher, um die Fälle, aber auch die anschließende Schlucht mit den »Whirlpool«-Buchten zu sehen.

Geologisch gesehen sind die Fälle nichts Besonderes. Eine härtere Kalksteinsschicht liegt auf weicheren Mergelschichten, die durch die Erosionskraft des Wassers abgetragen werden. Dadurch bildet sich ein schluchtartiges Tal; die Kante, über die die Wassermassen stürzen, ist aus dem härteren Gestein aufgebaut. Im Fallbereich ist ein Becken entstanden, das tiefer ist als die Fallhöhe selbst. Die Fälle wandern jährlich ungefähr 1 m flußaufwärts. Ein Kraftwerk am Oberlauf zieht etwa 40–50% des Wassers ab, in der Nacht wird eine größere Menge den Turbinen zugeführt. Im Sommer fließen 2800 m^3/sec, von Natur aus wären es bis zu 5740 m^3. Einmal, seit Menschen Aufzeichnungen führen, fielen die Wasserfälle im Winter durch einen Eisstau im Oberlauf trocken. Niagara erreicht man von Toronto aus über den QEW Highway (128 km).

N 12 Nationalpark St. Lawrence Islands

Der mit einer Gesamtfläche von 6 km^2 kleinste kanadische Nationalpark umfaßt 23 Inseln der Thousand Islands, die zwischen Mallorytown und Gananoque einen Archipel inmitten des St.-Lorenz-Stromes bilden. Rosa Granitgestein, Sandstein und Kalk bauen die Eilande auf. Trotz der kleinen Fläche weisen die Inselgruppen mit 800 Arten ein reiches Pflanzenleben auf, da sie in einer Übergangszone zwischen Ausbreitungsgrenzen nördlicher und südlicher Arten liegen. Die nordöstlichen Inseln sind mit Weymouthskiefern bewachsen, während auf den nördlichen vor allem Kanadische Hemlocktannen gedeihen. Im Inneren größerer Inseln kommen Hartholzwälder vor. Die Pechkiefer, die hier ihre nördliche Verbreitungsgrenze erreicht und zu den seltensten Bäumen Kanadas gehört, bildet das Symbol des Nationalparks und kommt besonders auf Grenadier, Hill und Endymion Island vor. Das Gebiet ist reich an Reptilien und Amphibien: 6 verschiedene Salamander, 5 Schildkrötenarten, 8 verschiedene Frösche und Kröten sowie 8 Schlangenarten. Im Frühjahr und Herbst finden sich zahllose Entenvögel im Park ein, da die Inseln im Kreuzpunkt der atlantischen und zentralen Zugrouten liegen.

Der Thousand Islands Parkway zweigt nach Brockville vom Hwy 401 ab und verläuft direkt am Flußufer. Zahlreiche Aussichtspunkte geben den Blick auf die Inselgruppe frei. Den besten Überblick gewinnt man vom Turm des »Thousand Islands Skydeck«. Von Gananoque aus werden Bootsrundfahrten durch die Inselwelt unternommen. Ein Informationszentrum ist in Mallorytown Landing eingerichtet. Motels und Hotels in Kingston, Gananoque und Ivy Lea; 15 Parkinseln verfügen über einfache Campingplätze.

↪ Nationalpark Headquaters, RR # 3, Mallorytown Landing, Ontario K0E 1R0, Tel. 613-923-5261.

N13 Gatineau Park, Hull/Ottawa

Unmittelbar im Norden an Hull/Ottawa angrenzend reicht der traditionsreiche Provinzpark fast bis ins Stadtgebiet der kanadischen Hauptstadt. Eine Mischung aus bewaldetem Hügelland, Mooren, Seen sowie der Flußlauf des Gatineau River bestimmen das Landschaftsbild. Artenreiche Laubwälder, die sich im Herbst zu einem Farbenmeer wandeln, bestehen aus Zuckerahorn, Rotahorn und Amerikanischer Eiche. Die schönsten Wälder stehen am **King Mountain**, der von einem Naturlehrpfad erschlossen wird (2,5 km). Gatineau liegt auf den ältesten Gesteinen des Kanadischen Schildes, der an der Südseite über eine deutliche Geländestufe über 200 m ins sedimentgefüllte St.-Lorenz-Tiefland übergeht. Noch vor 11 000 Jahren waren die Bergrücken Ufer eines Meeresarmes, des Lac Champlain, der das Tief-

Nebenreiseziele

land zwischen Montréal und Ottawa bedeckte. Funde von Salzwasserfischen (»Three-spined Stickleback«) weisen darauf hin. Vom Aussichtspunkt des King Mountain wird dieser Übergang besonders deutlich. Die Gesteine des Parks, vorwiegend Kalzit, Syemit und phosphatreicher Gipsmarmor, sind 900 Mio. Jahre alt, während der Talboden des Ottawa Valley weit jünger ist. Am Abbruch, dem Eardley Escarpment, stocken trocken- und wärmeliebende Eichengebüsche. Darüber kreisen Rotschwanzbussarde und Truthahngeier. Ein weiterer Naturlehrpfad, der 1,2 km lange **Sentier Champlain**, stellt dieses Escarpment samt seinen Pflanzen vor. Ein 1,4 km langer Rundweg führt um den **Pink Lake**, der vor 10 600 Jahren entstanden ist. Aussichtsterrassen und Informationstafeln stellen das spezielle Ökosystem dieses Sees vor. Das Besucherzentrum liegt in Old Chelsea (Chemin du Lac Meech, Tel. 819-827-2020) nördlich von Hull; Zufahrt über den Hwy 5. Eine 45 km lange Rundstraße durchquert den Park und führt an allen Sehenswürdigkeiten vorbei.

N14 Gaspésie-Regionalpark

Ein »Meer« aus Bergen und Tälern, Seen und Hochplateaus inmitten der Halbinsel von Gaspé kennzeichnen diesen 802 km^2 großen Regionalpark. Der höchste Berg der Monts ChicChoc, der 1270 m hohe Jacques-Cartier, bildet das Zentrum des Parks. Trotz der geringen Höhe der aus Sedimenten, Serpentin und Granit aufgebauten Berge wirkt der Park hochalpin, mit einsamen Gebirgstälern, malerischen Seen und rauhen Bergkulissen. Wanderwege führen auf beinahe alle Gipfel. Pflanzenarten der nördlichen Tundren und der südlichen gemäßigten Laubwaldstufe treffen aufeinander, obwohl das Gebiet dem borealen Waldgürtel angehört. Auf den waldfreien Bergkuppen wachsen Gebirgspflanzen wie Lappländische Alpenrose (S.205), Diapensia (S.211) und eine alpine Form der Grasnelke (*Armeria maritima* ssp. *labradorica*). Neben Weißwedelhirsch, Schwarzbär, Kojote und Elch ist der Park vor allem wegen der 250 Karibus besuchenswert. Sie erreichen im Park ihre südliche Verbreitungsgrenze und sind ein Relikt der einstmals sehr häufigen Karibuherden Ostkanadas. An den Ufern der einsamen Bergseen, wie dem Lac aux Américains, kann man die Kanadabiber beim Bau ihrer Dämme beobachten. Die besten Punkte, um Vögel wie Pieper, Steinadler, Junko und Ohrenlerche zu sehen, sind entlang der Wege auf den Mont Jacques Cartier und Mont Albert. Eulenarten kommen

◁ Die vielbesuchten Niagara-Fälle (N 11).
»Spielkampf« der Eisbären bei Churchill (N 17). ▷

in tieferliegenden Wäldern vor. Das gut ausgestattete Besucherzentrum gibt einen lehrreichen Einblick in die Naturschönheiten des Parks. Serviceeinrichtungen wie Campingplätze sind vorhanden, die Zufahrt erfolgt von der Autoroute 312 über die Route 299 von Ste.-Anne-Des-Monts.
↪ Parc de la Gaspésie, C.P. 550, Sainte-Anne-des-Monts, Québec G0E 2G0, Tel. 418-763-3301.

N 15 Nationalpark Prince Edward Island

Der Prince-Edward-Island-Nationalpark umfaßt einen Abschnitt der südlichen Küstenlinie entlang des St.-Lorenz-Golfes, dessen warme Wasser zur Bildung der feinsten Sandstrände der Region beitrugen. Stellenweise umfaßt der 40 km lange, aber mit 26 km² sehr kleine Nationalpark nur den schmalen Sandstrand an der Küste und die daran anschließenden roten Sandsteinkliffs. Landeinwärts sind Buchten ausgebildet, die trichterförmig über schmale Ausgänge mit dem Meer verbunden sind: Brackley, Covehead, New London und Rustico. Im wesentlichen umfaßt der Park Lebensräume, die sich auf Sand entwickelt haben. Bis zu 10 m hohe Dünen sind landeinwärts mit Strandhafer befestigt. Die Buchten, die Salzmarschen und Brackwasserbereiche ziehen zahlreiche Wasservögel an, insgesamt werden 303 Vogelarten registriert, von denen 92 im Park brüten. Im Juli sind manche Stellen der Sandstrände an der Cavendish-Düne und am Blooming Point gesperrt, um das ungestörte Brüten des gefährdeten Flötenregenpfeifers (S.159) zu ermöglichen. Die Brackley-Bucht mit den Salzmarschen gilt als der beste Punkt, das vielfältige Vogelleben des Parks zu beobachten.

Der Park läßt sich über den Gulf Shore Parkway leicht besichtigen, der knapp an den Dünen, Sandsteinklippen und Buchten vorbeiführt. Der Reeds and Rushes Nature Trail am Dalvay Beach überquert auf Stegen die Verlandungszone des Dalvay Pond und erklärt die Enstehung einer Inlandbucht (Barachois). Prince Edward Island erreicht man von Nova Scotia und New Brunswick mit Fähren: Marine Atlantic (Tel. 800-565-9470) von Cape Tourmentine nach Borden (45 min). Zum Park führen der Hwy 2 und 6. 3 Campingplätze im Park mit 570 Stellplätzen, Hotels, Motels, Cottages und 1500 private Camping-Stellplätze rund um den Park.
↪ Visitor Center, Cavendish, Box 1506, Charlottetown, P.E.I. C1A 7N3, Tel. 902-694-4246.

N16 Terra-Nova-Nationalpark

Neben Gros Morne an der Westküste ist Terra Nova der zweite Nationalpark auf Neufundland, der auf 400 km² die atlantische Region des östlichen Neufundland repräsentiert. Der aus präkambrischen Kalken bestehende Park spiegelt deutlich die Auswirkungen wider, die die Eiszeiten auf die Landschaften hatten: Rauhe, exponierte Küstenlinien, Kiesstrände, Felsklippen, hektargroße Moore, Sumpfgebiete und boreale Nadelwälder aus Schwarzfichte, Balsamtanne, Birken und Pappeln kennzeichnen das Erscheinungsbild von Terra Nova. Während der letzten Eiszeit lag der Park unter gewaltigen Eismassen, die die Täler ausschürften und den nackten Fels mit Moränen überschütteten. Bedeutend sind die zahlreichen Meeressäuger an den zerklüfteten Küsten des Newman Sound und der Lion's Den Bay. Landsäugetiere kommen nur begrenzt vor. Fischadler (S.178) und Weißkopfseeadler (S.182) nisten im Park. Entlang des Ochre Hill Pond Loop Trail kommt man an den meisten Lebensräumen des Parks vorbei und erreicht einen Aussichtspunkt, von dem man einen ersten Überblick gewinnt. Der Trans Canada Highway durchquert den Park 222 km nordwestlich von St. John's. 2 Campingplätze innerhalb des Parks: Newman Sound und Malady Head.

↪ Superintendent Terra Nova National Park, Glovertown, Newfoundland A0G 2L0, Tel. 709-533-2801.

N17 Churchill: »Polar Bear Capital« Kanadas

Churchill an der Hudson Bay wurde in den letzten Jahren als »Hauptstadt« der Eisbären bekannt. Ein zweistündiger Flug oder eine 35-stündige erlebnisreiche Zugfahrt durch Wald und Tundra führen von Winnipeg aus an die Hudson Bay. Wer sicher sein will, Eisbären (S.221) zu sehen, muß im Spätherbst kommen. Dann beginnt die Hudson Bay, vom Ufer her zuzufrieren. Dies treibt die hungrigen Bären in die Stadt, um bei den menschlichen Behausungen nach Abfall zu suchen. Etwa 150 Eisbären halten sich zwischen Mitte September und Anfang November in der Umgebung Churchills auf. Der Eisbär gehört zu den gefährlichsten Raubtieren und ist in seinem Verhalten schwer einzuschätzen. Man sagt, daß Bären, die landeinwärts wandern, selten angriffslustig

sind. Erst, wenn der Bär nach einer Begegnung zum Meer hin verschwindet, plant er den Angriff. In Kanada kommen ungefähr 15 000 Eisbären vor, 600 davon dürfen jährlich von den Inuit erlegt werden, die so ihre Traditionen aufrechterhalten. Die goldgelb-weißlichen Tiere erreichen ein Körpergewicht von 600 kg und haben einen auffällig längeren Hals als ihre in den Wäldern lebenden dunklen Verwandten. Sie halten sich fast ausschließlich in küstennahen Gebieten auf, wo sie nach Seehunden, Walrossen, Karibus und Moschusochsen (S.224) jagen.

In Churchill werden geführte Touren mit speziellen Fahrzeugen, den »Tundra Buggys« angeboten. Aus mit mannshohen Ballonreifen bestückten Fahrzeugen kann man in aller Ruhe die Tiere beobachten und aus sicherer Höhe fotografieren. Aber auch im Sommer sind die Touren ein Erlebnis, wenn die Fahrzeuge durch die Sumpflandschaft und die Küstenabschnitte an der Hudson Bay schaukeln. Im Meer vor Churchill herrscht im Sommer Hochbetrieb. Hunderte Belugas, aber auch Seehunde kommen an das Flußdelta des Churchill River und tummeln sich um die Ausflugsboote. Bei einem Besuch der Stadt sollte man unbedingt das Eskimo-Museum besichtigen, in dem Ausstellungsstücke aller Kulturen der Arktis gezeigt werden.

↪ Churchill Wilderness Encounter, Box 9, Churchill, Manitoba R0B 0E0, Tel. 204-675-2248; frühzeitig buchen !

N18 Northern-Yukon-Nationalpark

Dieses Wildnisreservat liegt im nördlichsten Winkel des Yukon Territory und schützt seit 1984 einen Abschnitt der arktischen Küstenebenen an der Grenze zu Alaska. Der westliche Abschnitt wird von den British Mountains eingenommen, einer Bergkette mit Erhebungen bis 1700 m. Kanadas nördlichste Population des Dallschafes lebt hier. Die nördlich anschließenden baumlosen Küstenebenen, die bis zur Beaufort-See reichen, beheimaten 180 000 Karibus. An den Küsten drängen sich Abertausende Wasservögel. Belugas, Grönlandwale, Eismeer-Ringelrobben, Bartrobben und ab und zu Walrosse schwimmen der Küste entlang. Ferner kommen Eisbären (S.221), Grizzlys, Elche, Moschusochsen (S.224) und Gerfalken vor. Der Firth River bildet im Gebirge einen 40 km langen Canyon und breitet sich in der Ebene zu einem weit verzweigten Delta aus. In geschützten Flußtalabschnitten stocken Kanadas nördlichste Wälder. Das Parkgebiet war das einzige Stück Land, das während der letzten Eiszeit nicht vergletschert war. Der 10 700 km² große Park liegt 200 km westlich von Inuvik und ist praktisch nur aus der Luft zu erreichen. Im Sommer sind große Teile des Parks gesperrt; im Park gibt es keinerlei Serviceeinrichtungen für Besucher. 1993 wurde südlich das Gebiet von Vuntut als **Vuntut-Nationalpark** angeschlossen, der Sommerweidegebiete der Porcupine-Karibuherde und arktische Ebenen schützt. Das Verwaltungszentrum liegt in Inuvik, wo auch kleine Hotels betrieben werden.

➪ Chief of Park Warden, Northern Yukon National Park, Box 1840, Inuvik, N.W.T. X0E 0T0, Tel. 403-979-3248.

N 19 Aulavik-Nationalpark

1994 gegründet, umfaßt der Aulavik-Nationalpark das frühere Banks-Island-Vogelschutzgebiet im Norden der Insel an der Mc Clure Strait. Banks Island ist die westlichste aller arktischen Inseln oberhalb des Polarkreises. Das Schutzgebiet liegt im Zentrum von Banks und stellt Lebensräume der Schneegans und der Ringelgans unter Schutz, die im Juli und August rund um die Teiche und Seen des unteren Thomson River Valley nisten. Die Insel ist frei von Räubern, weshalb sich hier in den Sommermonaten 95% aller in Kanada vor-

kommenden Schneegänse aufhalten. Das Thomson-Delta und die Castel Bay sind Futter- und Nistplätze für Möwen, Falkenraubmöwen, Regenpfeifer- und Strandläuferarten. Etwa 25 000 Moschusochsen (S.224) grasen auf den arktischen Weiden dieses Flußtales, das mit den Canyons, Ödländern und Tundren das Herzstück des Nationalparks bildet. Der Thomsen ist der nördlichste Fluß Kanadas, der mit Kanus befahren werden kann. Die einzige Ortschaft der Insel, Sachs Harbour mit 160 Einwohnern, wird von Inuvik (496 km südwestlich) aus regelmäßig angeflogen. Unterkunft im Icicle Inn, General Delivery, Sachs Harbour, N.W.T. X0E 0Z0, Tel. 403-690-4444. Weitere Informationen: Canadian Wildlife Service, Box 637, Yellowknife, N.W.T. X1A 2N5, Tel. 403-920-8530. Die Arctic Tour Company, Box 2021, Inuvik, N.W.T. X0E 0T0, Tel. 403-979-4100, veranstaltet 2-3-tägige geführte Touren zur Banks-Insel.

N 20 Ellesmere-Island-Nationalpark

Der nördlichste Nationalpark Kanadas ist gleichzeitig jener, der am schwierigsten zu erreichen ist. Jenseits des 80. Breitengrades schützt er auf fast 40 000 km² Teile der östlichen arktischen Region und des nördlichen arktischen Eismeeres. Ellesmere ist mit Eis in jeder Form gleichzusetzen. 900 m dicke und 100 000 Jahre alte Eisfelder und Hunderte ins Meer reichende, bis zu 40 km lange Gletscherzungen bedecken die Grant Land Mountains im nordwestlichen Abschnitt. **Mount Barbeau**, mit 2604 m der höchste Berg des östlichen Nordamerika, ragt mit der felsigen Spitze über das Eis. Südwestlich schließt das Hazen-Plateau an, ein von Flüssen zerfurchtes Hochland, das mit 1000 m hohen Klippen an der Lady Franklin Bucht endet. Im Herzen dieser Landschaft liegt der **Lake Hazen**, umgeben von arktischen Wiesen, Mooren und mit Zwergsträuchern be-

Nebenreiseziele ——————————————————— 223

Schmelzwassertümpel mit Wollgräsern auf sommerlichen Tundraflächen von Ellesmere Island.

wachsenen Schuttfeldern. Hier leben das ganze Jahr über Moschusochsen (S.224); eine zerstreute Population der »Peary«-Karibus, der kleinsten Karibu-Unterart, weidet auf höher gelegenen Hängen. Schneeschuhhasen, arktische Wölfe (S.120), Polarfüchse (S.206) und Eisbären (S.221) gehören zu den häufigsten Säugetieren. Nistende Vögel wie Prachteiderenten, Sterntaucher, Küstenseeschwalben (S.177), Schneegänse, Eisenten und Steinwälzer sind leicht zu sehen und zu fotografieren. Aus Fossilien geht hervor, daß diese arktische Wüste vor 40 Mio. Jahren mit Wäldern aus *Metasequoia*-Bäumen bewachsen war, die heute in China vorkommen. Tapire, Schlangen, Leguane und Alligatoren hielten sich darin auf. Ellesmere Island kann man nur als gut vorbereitete Expedition besuchen, Informationen erteilt das Besucherzentrum des Auyuittuq-Nationalparks in Pangnirtung, N.W.T. X0A 0R0, Tel. 819-473-8828, das auch den Ellesmere-Island-Nationalpark verwaltet. Flüge gehen 2mal wöchentlich nach Resolute Bay, mit 5-stündigen Charterflügen, die etwa 45 000 $ für 10 Personen kosten, gelangt man zum Park (Lake-Hazen-Gebiet nahe dem Tanquary-Fjord).

▷ Bradley Air Service, Resolute Bay, N.W.T. X0A 0V0, Tel. 819-252-3981.
▷ High Arctic International Explorer Service, Box 20, Resolute Bay, N.W.T. X0A 0V0, Tel. 819-252-3875.

Moschusochsen kommen in den Ebenen der arktischen Inselwelt von Banks Island in großen Herden vor.

Nebenreiseziele

Reiseplanung

Vor der Reise

Informationen über Reisemöglichkeiten nach und in Kanada erhalten Sie in jedem Reisebüro sowie den diplomatischen Vertretungen:

⇨ Deutschland: Kanadische Botschaft, Godesberger Allee 119, D-53175 Bonn, Tel. 0228-810060, Fax 0228-376525;
⇨ Österreich: Kanadische Botschaft, Schubertring 12, A-1010 Wien, Tel. 0222-5333691, Fax 0222-5354473;
⇨ Schweiz: Kanadische Botschaft, Kirchenfeldstraße 88, CH-3005 Bern, Tel. 031-3526381, Fax 031-3527315.

Informationsmaterial zu allen kanadischen Provinzen können Sie anfordern bei:
⇨ Kanada Tourismusprogramm, Postfach 200247, D-63469 Maintal, Fax 06181-497558.

Im Land selbst stellen die Touristen-Informationszentren der Städte sowie die Informationszentren der Nationalparks umfassende und hilfreiche Unterlagen und Broschüren zur weiteren Reiseplanung in näherer und weiterer Umgebung zur Verfügung.

Einreise

Deutsche, österreichische und schweizer Bürger benötigen für Urlaubsreisen bis zu 90 Tagen einen noch mindestens 6 Monate gültigen Reisepaß beziehungsweise einen Kinderausweis (ab 10 Jahren ist ein Lichtbild erforderlich). Es wird kein Visum benötigt. Es dürfen 200 Zigaretten, 50 Zigarren oder 1000g Tabak und 1,1 Liter Spirituosen zollfrei eingeführt werden. Die Einfuhr von Pflanzen und landwirtschftlichen Produkten ist nicht gestattet. Als Geschenk dürfen Gegenstände im Wert von 40 Dollar pro zu beschenkender Person eingeführt werden.

Gesundheit

Für Reisende aus infektionsfreien Gebieten werden keine Impfungen verlangt. Kanada verfügt über ein erstklassiges Gesundheitswesen. Da Arzt- und Krankenhauskosten aber sehr hoch sind und europäische Krankenscheine keine Gültigkeit haben, ist der Abschluß einer Reisekranken- beziehungsweise Unfallversicherung anzuraten.

Reisezeit

Das Reiseziel und die Urlaubswünsche des einzelnen werden über die Reisezeit entscheiden: Wer die nördlichsten Gebiete eisfrei und in voller Blüte erleben möchte, muß die Sommermonate Juli und August wählen; die herbstliche Farbenpracht der Laubwälder Québecs und Ontarios, der »Indian Summer«, lockt Touristen Ende September bis Anfang Oktober nach Ostkanada. Wer dem Ansturm nordamerikanischer und japanischer Touristen auf die Nationalparks der Rocky Mountains in den Sommermonaten Juli und August entkommen möchte, weicht auf den wettersicheren Mai oder den Herbst (September, Oktober) aus. Wenn schließlich jemand tiefwinterliche und schneesichere Verhältnisse sucht, kann Kanada diese von Dezember bis April bieten. Die besten Reisezeiten für zum Beispiel ornithologisch oder botanisch Interessierte sind bei den entsprechenden Kapiteln angegeben.

Anreise

Von Deutschland, Österreich und der Schweiz werden zahlreiche Direktflüge nach Ost- (Halifax, Montréal, Toronto) und Westkanada (Calgary, Vancouver) angeboten. Da die Preise nach Saison und in Abhängigkeit von Sondertarifen stark schwanken, sollten Sie Informationen bei Ihrem Reisebüro einholen. Wenn Sie zu-

225

◁ Nothütten am Windy Lake im Auyuittuq-Nationalpark. Abend am Joe Lake im Algonquin Provincial Park. ▷

sätzlich Flüge in Kanada planen, aus Kostengründen den Überseeflug und die Inlandsflüge bei derselben Fluggesellschaft (oder deren europäischen Partnern) buchen.

Reisen im Land

Mit dem Auto

Ohne ein eigenes Fahrzeug sind die oft abgelegenen Nationalparks nur mühsam und mit erheblichem Zeitaufwand zu bereisen. Das Straßennetz ist gut ausgebaut und der Verkehr geruhsam. Es genügt ein nationaler Führerschein; ein zusätzlicher internationaler ist jedoch anzuraten, damit alle Ordnungshüter ihn entziffern können. Es wird rechts gefahren, Verkehrszeichen und -ampeln haben die gleiche Bedeutung wie zu Hause, die Entfernungen werden in Kilometern angegeben (nur am Alaska Highway findet man noch die alten Meilenangaben).

Um Kosten zu sparen, empfiehlt es sich, das Mietauto bereits zu Hause mit dem Transatlantikflug zu buchen; es steht dann bereits am Flughafen für Sie bereit. Auch Wohnmobilbuchungen müssen rechtzeitig von zu Hause aus erfolgen.

Sowohl für das Leihen eines Mietautos als auch eines Wohnmobils ist für die Hinterlegung der Kaution eine Kreditkarte unbedingt notwendig.

Mit Bus und Bahn

Alle größeren Orte sind durch Buslinien miteinander verbunden, die Busse halten immer im Stadtzentrum. Greyhound bietet Pässe für 7–60 Tage an.

Der Passagierverkehr der Bahn wurde beinahe völlig eingestellt, und die berühmten Canadian Pacific und Canadian National Railways Companies verkehren für den Personenverkehr nicht mehr.

Mit dem Flugzeug

In allen Teilen Kanadas sorgen nationale und regionale Fluglinien für die Verbindung zwischen Orten, die zeitsparend oft nur durch die Luft erreichbar sind. Die beiden großen konkurrierenden Fluggesellschaften Canadian Airlines und Air Canada bieten bei ähnlichen Preisen und Serviceleistungen auch ein ähnliches Angebot an Destinationen, allerdings bedient Canadian Airlines allein nördlich gelegene Zielflughäfen (z.B. Pangnirtung, Yellowknife). Es empfiehlt sich, die benötigten Flüge in Abstimmung mit dem Transatlantikflug bereits in Europa zu buchen, Umbuchungen sind in Kanada, wenn rechtzeitig, telefonisch unter einer gebührenfreien Nummer sehr leicht möglich.

Fährverbindungen

Die meisten Küstenorte British Columbias werden regelmäßig von Fährschiffen angelaufen. Von Vancouver Island über die zahllosen Inseln in der Strait of Gorgia bis nach Norden zu den Queen Charlotte Islands ist die Inselwelt der Westküste so für den Touristen leicht und auch preiswert zu erkunden. Die B.C. Ferries verkehren zwischen Port Hardy an der Nordspitze von Vancouver Island und Prince Rupert (In-

lands-Passage) mit Anschluß an den Alaska Marine Highway. Fahrzeugplätze und Kabinen für die Inlandspassage sollte man unbedingt (vor allem im Sommer) von zu Hause vorreservieren. Informationen zu allen Fährverbindungen in British Columbia erhalten Sie bei:
- British Columbia Ferry Corporation, 1112 Fort St. Victoria, BC V8V 4V2, Tel. 604-386-3431, Fax 604-381-5452.

Sonstiges

Diplomatische Vertretungen
- Deutschland: Embassy of Germany, 275 Slater St., Ottawa, ON K1P 5H9, Tel. 613-232-1101;
- Österreich: Austrian Embassy, 445 Wilbrod St., Ottawa, ON K1N 6M7, Tel. 613-563-1444;
- Schweiz: Embassy of Switzerland, 5 Marlborough Av., Ottawa, ON K1N 8E6, Tel. 613-235-1837.

Elektrizität
Die Stromspannung beträgt 110 V, die Steckdosen sind für Blattstecker eingerichtet. Es hat also nur Sinn, umstellbare Geräte mit geeigneten Zwischensteckern mitzunehmen.

Geld und Geldwechsel:
Es empfiehlt sich, auf Kanadische Dollar ausgestellte Reiseschecks mitzubringen, da Euroschecks in Kanada nicht akzeptiert werden und auch der Umtausch europäischer Währungen bei kanadischen Banken Schwierigkeiten bereitet. Reiseschecks werden nicht nur von Banken eingetauscht, auch Hotels, Geschäfte und Tankstellen nehmen diese an. Am einfachsten bezahlt man jedoch in Kanada (kleine und große Beträge) mit einer Kreditkarte (American Express, VISA, Mastercard); für das Mieten eines Fahrzeuges erspart diese die Hinterlegung einer hohen Bargeldsumme als Kaution, bei Hotel- und Motelreservierungen erleichtert sie erheblich die Formalitäten.

Maße, Gewichte und Temperaturen
Seit 1971 mißt Kanada offiziell nach dem SI (Système international d'unités), also metrisch. Die alten britischen Einheiten sind aber hier und da noch gebräuchlich.

Sprachen
Kanada ist offiziell zweisprachig, Schilder von Bundesbehörden tragen deshalb eine englische und eine französische Aufschrift. Auch wenn Englisch die weiter verbreitete Sprache ist, wird dennoch in Qué-

bec, in Teilen von New Brunswick und Nova Scotia Französisch gesprochen; französische Sprachinseln gibt es auch auf Cape Breton Island, im Südwesten von Neufundland, in Ontario und Manitoba.

Telefon

Das kanadische Fernmeldewesen ist privatisiert und dementsprechend vielseitig. Von öffentlichen Telefonzellen können Sie preiswert Ortsgespräche (generell 25 Cents) beziehungsweise innerkanadische Gespräche (dreistelligen Area-Code vorwählen) führen, für Ferngespräche nach Europa müssen Sie jedoch eine Plastiktüte mit 25-Cent-Stücken (Quarters) mitbringen, da nur diese von den Telefonautomaten angenommen werden. In den Städten und touristischen Zentren werden deshalb die Kreditkartentelefone immer zahlreicher. In nördlicheren Gebieten ohne Kreditkartentelefone empfiehlt es sich, das Büro der Telefongesellschaft aufzusuchen, um dort zu telefonieren. Aber auch Hotels, Informationszentren und Fremdenverkehrsämter sind zumeist zuvorkommend, wenn Sie sich dringend zurückrufen lassen wollen. Sie können von Kanada nach Europa durchwählen: 011+ Landeskennzahl (49 Deutschland, 43 Österreich, 41 Schweiz). Von Europa nach Kanada wählen Sie 001+Area Code+siebenstellige Rufnummer. Für Auskünfte kann man sich in Kanada jederzeit an den Operator (0 wählen) wenden; zahlreiche Hotels, Bahn-, Fähr-, und Fluggesellschaften, Mietwagenfirmen und Fremdenverkehrsämter bieten gebührenfreie Telefonnummern an, die immer mit 800 beginnen.

Unterkunft

Das Angebot an Unterkunftsmöglichkeiten ist vielfältig: Hotels liegen zumeist im Ortszentrum, Motels säumen die Ein- und Ausfahrtsstraßen der kleineren und größeren Städte, Privatzimmervermieter bieten Bed&Breakfast, Lodges und Guest Ran-

ches bieten zumeist eine komfortable Unterkunft zum Jagen und Angeln in der ausgedehnten Wildnis. In jedem Fall empfiehlt es sich (vor allem in den Sommermonaten) in »information centers« oder »tourist bureaus« rechtzeitig die Unterkunft für den oder die nächsten Tage buchen zu lassen. Wenn Sie nach 18 Uhr in der jeweiligen Unterkunft ankommen, sollten Sie dies bei der Reservierung mitteilen. Sollten Sie mit dem Wohnmobil unterwegs sein, müssen Sie sich ebenfalls rechtzeitig, am frühen Nachmittag, um einen Campingplatz bemühen. Gerade im Juli und August sind auch große Campingplätze häufig voll, da in Kanada jedes Fahrzeug oder Zelt einen fest zugeteilten Stellplatz mit Tisch, Sitzbank und Feuerstelle zugeteilt bekommt und somit ein fixes Kontingent an Plätzen, das niemals überschritten wird, zur Verfügung steht. Telefonische Reservierungen sind selten möglich. Bei großen Campingplätzen werden die Gebühren bei der Einfahrt erhoben, kleinere Plätze funktionieren auf der Basis der Selbstverwaltung (»self-registration«), wobei die Gebühr in ein aufliegendes Kuvert gelegt und dieses in eine dafür vorgesehen Box geworfen wird. Wildes Campen ist in Kanada nur mit der Genehmigung des Grundstückeigentümers oder der örtlichen Behörden gestattet.

Zeitzonen

Kanada erstreckt sich über 7 Zeitzonen: Yukon West (-10), Pacific (-9), Mountain (-8), Central (-7), Eastern (-6), Atlantic (-5) und Newfoundland (-4,5). Die Zeitgrenzen fallen nur selten mit Provinzgrenzen zusammen, so gilt etwa die Mountain Time nicht nur in Alberta, sondern auch in der Südost- und Nordostecke von British Columbia und in West-Saskatchewan. In allen Provinzen außer Saskatchewan wird die Uhr am ersten Sonntag im April um eine Stunde auf Daylight Saving Time vor- und am letzten Sonntag im Oktober wieder auf Standard Time zurückgestellt.

Anhang

Literatur

AUDUBON SOCIETY (1992): Field Guide to North American Trees. Alfred A. Knopf, New York.

AUDUBON SOCIETY (1995): Field Guide to North American Wildflowers. Eastern Region. Alfred A. Knopf, New York.

BANNON, PIERRE (1991): Birdfinding in the Montreal Area. Centre de conservation de la faune ailée de Montréal, Montréal.

DUNBAR, DAVID (1991): The Outdoor Traveler's Guide Canada. Stewart, Tabori & Chang, New York.

FITZHARRIS, TIM - LIVINGSTON, JOHN (1988): Canada. A Natural History. Penguin Books Canada, Markham.

FUCHS, ARVED (1986): South Nahanni. Kanu-Abenteuer im Norden Kanadas. Pietsch Verlag, Stuttgart.

GADD, BEN (1995): Handbook of the Canadian Rockies. Geology, plants, animals, history and recreation from Waterton/Glacier to the Yukon. Corax Press, Jasper.

GAGNON, LOUIS - SCHELL, JOSÉ (1994): Anticosti. Guide écotouristique. Broquet, L'Acadie.

GODFREY, W. E. (1986): The Birds of Canada. National Museum of Natural Sciences, Ottawa.

HAMILTON, RICHARD (1993): The Baffin Handbook. Travelling in Canada's Eastern Arctic. Nortext Publishing, Iqualuit.

JULIEN, MICHEL - MARCOUX, JEAN-LOUIS (1995): Montréal. Guide écotouristique. Broquet, L'Acadie.

KAVANAGH, J. (1991): Nature. An illustrated guide to common plants and animals. Alberta. Lone Pine Publishing, Edmonton.

KAVANAGH, J. (1993): Nature. An illustrated guide to common plants and animals. B.C. Lone Pine Publishing, Edmonton.

LOUGHEED, VIVIEN (1992): Kluane Park Hiking Guide. Routes and trails in Canada's north. Repository Press, Prince George.

MACKINNON, A. - POJAR, J. - COUPÉ, R. (1992): Plants of Northern British Columbia. Lone Pine Publishing, Edmonton.

NATIONAL GEOGRAPHIC SOCIETY (1987): Field Guide to the Birds of North America. Washington.

NEWCOMB, L. (1977): Newcomb's wildflower guide. Little, Brown and Company, Boston/Toronto/London.

OBEE, BRUCE (1992): The Pacific Rim Explorer. The Outdoor Guide. Whitecap Books, Vancouver.

RUNTZ, MICHAEL W.P. (1993): The Explorer's guide to Algonquin Park. Stoddart Publishing, Toronto.

SCOTTER, G. W. - FLYGARE, H. (1986): Wildflowers of the Canadian Rockies. Hurtig Publishers, Toronto.

STEPHENSON, MARYLEE (1991): Canada's National Parks. A Visitor's Guide. Prentice-Hall Canada Inc., Scarborough.

TANGUAY, SERGE (1988): Guide des sites naturels du Québec. Editions Michel Quintin, Montréal.

Bildnachweis

B. u. C. Alexander: 224 o
G. Baumgart: 22 u
W. Bittmann: 98 ol, 123 o, 169 u
M. Breiter: 19 ol, 191, 193 o
R. Cramm: 58, 70 ur, 78 ol, 92 o, 104 o, 110 o, 113, 152, 157, 169 o, 198
L. Gagnon: 143 o, 143 u, 177 u
D. Hopf: 22 o, 23 o, 75 u, 89, 139 (alle), 164 u
J. Janßen: 48 u, 103 u, 211 u
R. König: 19 M, 19 u, 65, 82, 131 ol, 138 u, 170 ol
J. Klausner: 23 u, 44 o, 159 ur, 196 u, 213
A. Kostrzewa: 200 M, 209 o
P. Mertz: 2/3, 11, 14, 15, 19 or, 26/27, 29, 30 o, 30 u, 31 o, 31 u, 33 (alle), 34, 35, 36 o, 36 u, 37, 38, 39, 40 o, 40 u, 41 (alle), 43, 44 u, 45, 46, 47, 48 o, 49, 52 o, 53, 54, 56 (alle), 57 o, 57 u, 59, 60 o, 60 u, 61 o, 61 u, 64, 66 u, 67, 68, 70 o, 71 o, 71 u, 74, 75 o, 76 o, 78 or, 79 o, 79 u, 80 o, 80 u, 81 o, 81 u, 84, 85 o, 85 u, 86 o, 88 (alle), 90, 91 u, 93 (alle), 95, 96, 98/99, 98 u, 99 (alle), 102, 103 o, 104 u, 106, 107, 110 M, 110 u, 111, 112, 114, 115 o, 115 M, 118, 119 u, 121, 122 o, 125, 126, 127 o, 127 u, 128 u, 130 o, 131 or, 134, 135, 138 o, 141 r, 142 o, 142 u, 145, 146, 147 o, 147 u, 151, 154 o, 154 u, 155, 156, 158 ol, 158/159, 159 ul, 159 M, 161 o, 161 u, 162, 163, 166 o, 166 u, 167, 168, 170 u, 170/171, 171 M, 171 ul, 173, 174, 175 o, 176 u, 177 o, 180 o, 180 u, 181, 183, 184 o, 184 u, 185 o, 187, 188 o, 188 u, 189, 192 o, 192 u, 193 u, 196 o, 197, 200 o, 200 u, 201 o, 201 u, 202, 204, 205 o, 205 u, 208 o, 208 u, 209 M, 209 u, 211 o, 216, 217, 220, 226, 227
S. Osolinski: 66 o
E. Pott: 28, 50, 73, 91 o, 92 u, 115 u, 119 o, 128 o, 182, 185 u, 199
Tierfoto Reinhard:16, 76 u, 77, 78 u, 123 u, 136, 140, 176 o, 206 o, 224 u
J. Schell: 158 u
G. Schulz: 52 u, 70 ul, 122 u, 178
U. Walz: 20, 51, 86 u, 120, 141 l, 154 M
K. Wothe: 1, 116, 127 M, 130 u, 131 u, 147 M, 164 o, 171 ur, 175 u, 190, 206 u, 221

Umschlagfotos:
P. Mertz (großes Foto: Algonquin Provincial Park; kleines Foto vorn: Moraine Lake; kleines Foto hinten: Indian Paint Brush)
E. Pott (kleines Foto hinten: Waldbison)
Foto S. 1: Dickhornschaf
Foto S. 2/3: Jasper-Nationalpark; Athabasca River mit Dickhornschafen

Wörterbuch
Deutsch/Latein/Englisch

Säugetiere

Amerikanischer Dachs / Taxidea taxus / Badger
Amerikanischer Nerz / Mustela vison / Mink
Beluga-Wal / Delphinapterus leucas / Beluga
Berglöwe / Felis concolor / Mountain Lion
Bisamratte / Ondatra zibethicus / Muskrat
Blauwal / Balaenoptera musculus / Blue Whale
Buckelwal / Megaptera novaeangliae / Humpback Whale
Columbianisches Ziesel / Spermophilus columbianus / Columbian
   Ground Squirrel
Dallschaf / Ovis dalli / Dall's Sheep
Dickhornschaf / Ovis canadensis / Bighorn Sheep
Eisbär / Ursus maritimus / Polar Bear
Elch / Alces alces / Moose
Fichtenmarder / Martes americana / Pine Marten
Finnwal / Balaenoptera physialus / Fin Whale
Fischermarder / Martes pennanti / Fisher
Fischotter s. Nordamerikanischer Fischotter
Gabelbock / Antilocapra americana / Pronghorn
Gleithörnchen / Glaucomys volans / Southern Flying Squirrel
Goldmantel-Ziesel / Spermophilus lateralis / Golden-Mantled
   Ground Squirrel
Grauhörnchen / Sciurus carolinensis / Grey Squirrel
Grauwal / Eschrichtius robustus / Grey Whale
Grizzlybär (Braunbär) / Ursus arctos / Grizzly Baer
Grönlandwal / Balaena mysticetus / Bowhead Whale
Haariges Murmeltier / Marmota caligata / Hoary Marmot
Hermelin / Mustela erminaea / Ermine
Hirschmaus / Peromyscus maniculatus / Deer Mouse
Kalifornischer Seelöwe / Zalophus californianus / California Sea Lion
Kanadabiber / Castor canadensis / Beaver
Karibu / Rangifer tarandus / Caribou
Kegelrobbe / Italichoerus grypus / Grey Seal
Kleines Chipmunk / Tamias minimus / Least Chipmunk
Kojote / Canis latrans / Coyote
Luchs / Felis lynx canadensis / Lynx
Manitobahirsch / Cervus elaphus manitobensis / Manitoba Elk
Maultierhirsch / Odocoileus hemionus / Mule Deer
Mauswiesel / Mustela nivalis / Least Weasel
Moschusochse / Ovibos moschatus / Muskox
Nordamerikanischer Fischotter / Lutra canadensis / River Otter
Nördlicher See-Elefant / Mirounga angustirostris / Elephant Seal
Orka / Orcinus orca / Killerwhale, Orca
Pazifischer Weißseitendelphin / Lagenorhynchus obliquidens /
   Pacific White-sided Dolphin
Pika / Ochotona princeps / Pika
Pilotwal / Globicephala melaena / Pilot Whale
Polarfuchs / Alopex lagopus / Arctic Fox
Präriebison / Bison bison bison / Plain Bison
Puma s. Berglöwe
Richard's Ziesel / Spermophilus richardsonii / Richardson's Ground
   Squirrel
Rotbacken-Wühlmaus / Clethrionmys gapperi / Red-backed Vole
Rotfuchs / Vulpes vulpes / Red Fox
Rothörnchen / Tamiasciurus hudsonicus / Red Squirrel
Rotluchs / Felis rufus / Bobcat
Sattelrobbe / Pagophilus groenlandicus / Harp Seal
Schneehase / Lepus americanus / Snowshoe Hare
Schneeziege / Oreamnos americanus / Mountain Goat
Schwarzbär / Ursus amercanus / Black Bear
Schwarzschwanz-Präriehund / Cynomys ludocianus / Black-tailed
   Prairie Dog
Seehund / Phoca vitulina / Harbor Seal
Seeotter / Enhydra lutris / Seaotter
Stachelschwein / Erethizon dorsatum / Porcupine
Stinktier / Mephitis mephitis / Striped Skunk
Streifenbackenhörnchen / Tamias striatus / Eastern Chipmunk
Sumpflemming / Synaptomys borealis / Northern Bog Lemming

Vielfraß / Gulo gulo / Wolverine
Waldbison / Bison bison athabascae / Wood Bison
Waldmurmeltier / Marmota monax / Woodchuck
Wapitihirsch / Cervus elaphus / Elk, Wapiti
Waschbär / Procyon lotor / Raccoon
Weißseitendelphin / Lagenorhynchus acutus / Atlantic White-sided
   Dolphin
Weißwedelhirsch / Odocoileus virginianus / White-tailed Deer
Wolf / Canis lupus / Grey Wolf, Timber Wolf

Vögel

Abendkernbeißer / Hesperiphona vespertina / Evening Grosbeak
Alpenschneehuhn / Lagopus mutus / Rock-Ptarmigan
Amerikanischer Goldregenpfeifer / Pluvialis dominica /
   Lesser Golden Plover
Amerikanischer Sandregenpfeifer / Charadrius semipalmatus /
   Semipalmated Plover
Amerikanischer Uhu / Bubo virginianus / Great Horned Owl
Baltimoretrupial / Icterus galbula / Northern Oriole
Bartkauz / Strix nebulosa / Great Grey Owl
Baßtölpel / Sula bassanus / Gannet
Bekassine / Gallinago gallinago / Common Snipe
Bergente / Aythya marila / Greater Scaup
Berghüttensänger / Sialia currucoides / Mountain Bluebird
Bindenkreuzschnabel / Loxia leucoptera / White-winged Crossbill
Bindentaucher / Podilymbus podiceps / Pied-billed Grebe
Blauflügelente / Anas discors / Blue-winged Teal
Blauhäher / Cyanocitta cristata / Blue Jay
Bobolink (Reisstärling) / Dolichonyx oryzivorus / Bobolink
Brautente / Aix sponsa / Wood Duck
Breitflügelbussard / Buteola platyptera / Broad-winged Hawk
Brillenente / Melanitta perspicillata / Surf Scoter
Büffelkopfente / Bucephala albeola / Bufflehead
Buntfalke / Falco sparverius / American Kestrel
Carolinameise / Poecile carolinensis / Carolina Tit
Carolinasumpfhuhn / Porzana carolina / Sora
Diademhäher / Cyanocitta stelleri / Steller's Jay
Dickichtwaldsänger / Oporornis tolmiei / Macgillivray's Warbler
Dickschnabellumme / Uria lomvia / Thick-billed Murre
Dreizehenmöwe / Rissa tridactyla / Black-legged Kittiwake
Drosseluferläufer / Actitis macularia / Spotted Sandpiper
Dunkelente / Anas rubripes / American Black Duck
Eckschwanzsperber / Accipiter striatus / Sharp-shinned Hawk
Eiderente / Somateria mollissima / Common Eider
Einsiedlerdrossel / Catharus guttatus / Hermit-Trush
Eisente / Clangula hyemalis / Long-tailed Duck
Eismöwe / Larus hyperboreus / Glaucous Gull
Eistaucher / Gavia immer / Common Loon
Falkenraubmöwe / Stercorarius longicaudus / Long-tailed Jaeger
Felsengebirgshuhn / Dendragapus obscurus / Blue Grouse
Felsentaube / Columba livia / Rock-Pigeon
Feuerkopf-Saftlecker / Sphyrapicus varius / Yellow-bellied Sapsucker
Feuertangare / Piranga rubra / Summer-Tanager
Fichtenkreuzschnabel / Loxia curvirostra / Red Crossbill
Fichtentyrann / Contobus mesoleucus / Olive-sided Flycatcher
Fichtenzeisig / Spinus pinus / Pine Siskin
Fischadler / Pandion haliaetus / Osprey
Flötenregenpfeifer / Charadrius melodus / Piping Plover
Flußseeschwalbe / Sterna hirundo / Common Tern
Gänsesäger / Mergus merganser / Goosander
Gartentyrann / Empidonax minimus / Least Flycatcher
Gelbbauchtyrann / Mitrephanes phaeocerus / Tufted Flycatcher
Gelbbrust-Waldsänger / Icteria virens / Yellow-breasted Chat
Gelbkehlvireo / Vireo flavifrons / Yellow-throated Vireo
Gerfalke / Hierofalco rusticolus / Gyrfalcon
Goldspecht / Colaptes auratus / Northern Flicker
Goldwaldsänger / Dendroica petechia / Yellow Warbler
Goldzeisig / Spinus tristis / American Goldfinch
Grasammer / Passerculus sandwichensis / Savannah Sparrow
Graubruststrandläufer / Calidris melanotos / Pectoral Sandpiper
Grauwangendrossel / Catharus minimus / Grey-cheeked Thrush
Grauwasseramsel / Cinclus mexicanus / American Dipper
Großer Gelbschenkel / Tringa melanoleuca / Greater Yellowlegs

Gryllteiste / Cepphus grylle / Black Guillemot
Gürtelfischer / Streptoceryle alcyon / Belted Kingfisher
Haarspecht / Picoides villosus / Hairy Woodpecker
Habicht / Accipiter gentilis / Goshawk
Halsbanddrossel / Ixoreus naevius / Varied Thrush
Haustyrann / Sayornis phoebe / Eastern Phoebe
Helmspecht / Hylatomus pileatus / Pileated Woodpecker
Hemlockwaldsänger / Dendroica magnolia / Magnolia-Warbler
Heuschreckenammer / Ammodramus savannarum /
    Grasshopper-Sparrow
Höckerschwan / Cygnus olor / Mute Swan
Indianerbläßhuhn / Fulica americana / American Coot
Junko / Junco hyemalis / Dark-eyed Junco
Kanadagans / Branta canadensis / Canada Goose
Kanadakleiber / Sitta canadensis / Red-breasted Nuthatch
Kanadakranich / Grus canadensis / Sandhill Crane
Kanadareiher / Ardea herodias / Great Blue Heron
Kanadaschnepfe / Scolopax minor / American Woodcock
Kaninchenkauz / Athene cunicularia / Burrowing Owl
Kappensäger / Lophodytes cucullatus / Hooded Merganser
Kapuzenwaldsänger / Wilsonia citrina / Hooded Warbler
Keilschwanzregenpfeifer / Charadrius vociferus / Killdeer
Kentuckywaldsänger / Frutiornis formosus / Kentucky Warbler
Kiefernhäher / Nucifraga columbiana / Clark's Nutcracker
Kieferntangare / Piranga ludoviciana / Western Tanager
Kiefernwaldsänger / Pinacantor pinus / Pine-Warbler
Klapperammer / Spizella pusilla / Field-Sparrow
Kletterwaldsänger / Mniotilta varia / Black-and-white Warbler
Klippenausternfischer / Haematopus bachmani / Black Oystercatcher
Kolkrabe / Corvus corax / Common Raven
Königsbussard / Buteo regalis / Ferruginous Buzzard
Königstyrann / Tyrannus tyrannus / Kingbird
Kornweihe / Circus cyaneus / Hen-Harrier
Kragenente / Histrionicus histrionicus / Harlequin Duck
Kragenhuhn / Bonasa umbellus / Ruffed Grouse
Kreischeule / Megascops asio / Screech-Owl
Krickente / Anas crecca carolinense / Green-winged Teal
Kronwaldsänger / Dendroica coronata / Myrtle-Warbler
Küstenseeschwalbe / Sterna paradisaea / Artic Tern
Kuhreiher / Bubulcus ibis / Cattle Egret
Löffelente / Anas clypeata / Common Shoveler
Mangrovereiher / Butorides striatus / Striated Heron
Mantelmöwe / Larus marinus / Great Black-backed Gull
Marmorschnepfe / Limosa fedoa / Marbled Godwit
Meerscharbe / Phalacrocorax pelagicus / Pelagic Cormorant
Meisenhäher / Perisoreus canadensis / Grey Jay
Meisenwaldsänger / Parula americana / Parula Warbler
Merlin / Falco columbarius / Merlin, Pigeon Hawk
Mönchswaldsänger / Wilsonia pusilla / Wilson's Warbler
Moorschneehuhn / Lagopus lagopus / Willow-Ptarmigan
Nachtreiher / Nycticorax nycticorax / Black-crowned Night Heron
Nashornpelikan / Pelecanus erythrorhynchus / American White
    Pelikan
Nordamerikanische Pfeifente / Mareca americana / American Wigeon
Nordamerikanische Rohrdommel / Botaurus lentiginosus /
    American Bittern
Ohrenlerche / Eremophila alpestris / Horned Lark
Ohrenscharbe / Phalacrocorax auritus / Double-crested Cormorant
Ohrentaucher / Podiceps auritus / Horned Grebe
Papageitaucher / Fratercula arctica / Puffin
Pazifischer Wasserpieper / Anthus rupescens / American Pipit
Pappelwaldsänger / Azuria cerulea / Cerulean Warbler
Pieperwaldsänger / Seiurus aurocapillus / Ovenbird
Pfuhlschnepfe / Limosa lapponica / Bar-tailed Godwit
Prachteiderente / Somateria spectabilis / King Eider
Präriehuhn / Tympanuchus cupido / Prairie-Chicken
Prärieläufer / Bartramia longicauda / Upland Sandpiper
Purpurgimpel / Erythrina purpurea / Purple Finch
Raubseeschwalbe / Hydroprogne caspia / Caspian Tern
Rauhfußbussard / Buteo lagopus / Rough-legged Buzzard
Rauhfußkauz / Aegolius funereus / Tengmalm's Owl
Ringschnabelente / Aythya collaris / Ring-necked Duck
Ringschnabelmöwe / Larus delawarensis / Ring-billed Gull
Rosenbauchschneegimpel / Leucostice arctoa / Rosy Finch

Rosenbrust-Kernknacker / Pheucticus ludovicianus / Rose-breasted
    Grosbeak
Rotaugenvireo / Vireo olivaceus / Red-eyed Vireo
Rothalstaucher / Podiceps grisegana / Red-necked Grebe
Rotkopfente / Aythya americana / Redhead
Rotschulterstärling / Agelaius phoeniceus / Red-winged Blackbird
Rotschwanzbussard / Buteo jamaicensis / Red-tailed Hawk
Rubingoldhähnchen / Regulus calendula / Ruby-crowned Kinglet
Sägekauz / Aegolius acadicus / Saw-whet Owl
Sandregenpfeifer / Charadrius hiaticula / Ringed Plover
Sandstrandläufer / Calidris pusillus / Semipalmated Sanspiper
Schellente / Bucephala clangula / Common Goldeneye
Schlammtreter / Catoptrophorus semipalmatus / Willet
Schnäpperwaldsänger / Setophaga ruticilla / American Redstart
Schnee-Eule / Nyctea scandiaca / Snowy Owl
Schneeammer / Plectrophenax nivalis / Snow-Bunting
Schneegans / Chen caerulescens / Snow Goose
Schreikranich / Grus americana / Whooping Crane
Schwarzkopfmeise / Parus atricapila / Black-capped Chickadee
Schwarzkopfruderente / Oxyura jamaicensis / Ruddy Duck
Silbermöwe / Larus argentatus / Herring Gull
Silberreiher / Casmerodius albus / Great White Heron
Skua / Catharacta skua / Great Skua
Steinadler / Aquila chrysaetos / Golden Eagle
Steinschmätzer / Oenanthe oenanthe / Northern Wheatear
Steinwälzer / Arenaria interpres / Ruddy Turnstone
Sterntaucher / Gavia stellata / Red-throated Diver, Loon
Stockente / Anas platyrhynchos / Mallard
Streifenkauz / Strix varia / Barred Owl
Tannenhuhn / Falcipennis canadensis / Spruce-Grouse
Tordalk / Alca torda / Razorbill
Trompeterschwan / Cygnus buccinator / Trumpeter Swan
Truthahngeier / Cathartes aura / Turkey Vulture
Vallisneriaente / Aythya valisneria / Canvasback
Wanderdrossel / Turdus migratorius / American Robin
Wanderfalke / Falco peregrinus / Peregrine Falcon
Weißaugenvireo / Vireo griseus / White-eyed Vireo
Weißkehlammer / Zonotrichia albicollis / White-throated Sparrow
Weißkopfseeadler / Haliaeetus leucocephalus / Bald Eagle
Weißschwanz-Schneehuhn / Lagopus leucurus / White-tailed
    Ptarmigan
Wiesenstrandläufer / Calidris minutillus / Least Sandpiper
Zedernseidenschwanz / Bombycilla cedrorum / Cedar Waxwing
Zwergdrossel / Catharus ustulatus / Swainson's Trush
Zwergschwan / Cygnus columbianus / Tundra Swan

Reptilien/Amphibien/Fische/Wirbellose

Amerikanischer Aal / Anguilla rostrata / American Eel
Atlantischer Lachs / Salmo salar / Atlantic Salmon
Bachsaibling / Salvelinus fontinalis / Brook Trout
Blandings Schildkröte / Emydoidea blandingi / Blandings Turtle
Blaurückenlachs / Oncorhynchus nerka / Kokanee oder
    Sockey Salmon
Erdnatter / Elaphe obsoleta / Black Rat Snake
Europäische Forelle / Salmo trutta / Sea Trout
Großer Schwalbenschwanz / Papilio cresphontes / Giant
    Swallowtail
Kisutch / Oncorhynchus kisutch / Coho Salmon
Kleiner Sumpffrosch / Rana palustris / Pickerel Frog
Leopardfrosch / Rana pipiens / Leopard Frog
Massasauga-Klapperschlange / Sistrurus catenatus / Massasauga Rattle-
    snake
Milchschlange / Lampropeltis triangulum / Milk Snake
Monarchfalter / Danaus plexipus / Monarch
Ochsenfrosch / Rana catesbeiana / Bull Frog
Pazifischer Laubfrosch / Hyla regilla / Pacific Tree Frog
Quinnat / Oncorhynchus tschawytscha / Chinook Salmon
Regenbogenforelle / Oncorhynchus mykis / Rainbow Trout
Schmuckschildkröte / Chrysemys picta / Painted Turtle
Schnappschildkröte / Chelydra serpentina / Common Snapping Turtle
Seesaibling / Salvelinus namaycush / Lake Trout
Strumpfbandnatter / Thamnophis sirtalis / Common Garter Snake
Waldfrosch / Rana sylvatica / Wood Frog

Wandersaibling / Salvelinus alpinus / Dolly Varden (=Arctic Char)
Zierschildkröte / Chrysemys picta / Eastern Painted Turtle

Pflanzennamen

Amerikanische Buche / Fagus americana / American Beech
Amerikanische Roteiche / Quercus rubra / Red Oak
Amerikanische Rotfichte / Picea rubens / Red Spruce
Amerikanische Ulme / Ulmus americana / American Elm, White Elm
Amerikanische Zitterpappel / Populus tremuloides / Quaking Aspen
Arktische Lupine / Lupinus arcticus / Arctic Lupine
Arktischer Mohn / Papaver radiatum / Arctic Poppy
Arktisches Weidenröschen / Epilobium latifolium /
    Broad-leaved Willowherb
Armblütiges Greiskraut / Senecio paupperculus / Balsam Ragwort
Arnika / Arnica mollis / Hairy Arnica
Balsampappel / Populus balsamifera / Balsam Poplar
Balsamtanne / Abies balsamea / Balsam Fir
Bankskiefer / Pinus banksiana / Jack Pine
Bärengras / Xerophyllum tenax / Common Beargrass
Berg-Frauenschuh / Cypripedium montanum / Mountain Lady's
    Slipper
Berg-Weidenröschen / Epilobium latifolium / Alpine Fireweed
Bergbaldrian / Valeriana sitchensis / Mountain Valerian
Bergeberesche / Sorbus scopulina / Western Mountain Ash
Berglorbeer / Kalmia latifolia / Mountain Laurel
Berufkraut / Erigeron purpuratus / Fleabane
Blaue Iris / Iris setosa ssp. canadensis / Blue Flag
Blauesche / Fraxinus quadrangulata / Blue Ash
Blauheide / Phyllodoce caerulea / Mountain Heather
Blutweiderich / Lythrum salicaria / Purple Loosestrife
Buche / Fagus grandifolia / American Beech
Büffelbeere / Shepherdia canadensis / Buffalo Berry
Buntes Dreiblatt / Trillium undulatum / Painted Trillium
Buschbirke / Betula glandulosa / Dwarf Birch
Dingel / Calopogon tuberosus / Pink
Douglasie / Pseudotsuga menziesii / Douglas Fir
Drehähre / Spiranthes ramanzoffiana / Hooded Ladies Tresses
Drehkiefer / Pinus contorta var. latifolia / Lodgepole Pine
Drummonds Distel / Cirsium drummondii / Short-stemmed Thistle
Einblütiger Kleingriffel / Malaxis monophyllis / White Adder's Mouth
Engelmannsfichte / Picea engelmannii / Engelmann Spruce
Erle / Alnus crispa / Green Alder
Eschenahorn / Acer negundo / Boxelder
Espe, Zitterpappel / Populus tremula / Trembling Aspen
Felsenbirne / Amelanchier alnifolia / Sascatoon
Felsengebirgstanne / Abies lasiocarpa / Subalpine Fir
Fichtenspargel / Monotropa uniflora / Indian Pipe
Franklins Frauenschuh / Cypripedium passerinum /
    Franklin's Lady's Slipper
Frauenhaarfarn / Athyrium filix-femina / Maidenhair
Frauenschuh / Cypripedium calceolus / Yellow Lady's Slipper
Frühlingskrokus / Pulsatilla patens / Wild Crocus
Gebirgslärche / Larix laricina / Tamarack
Geflecktes Springkraut / Impatiens capensis / Spotted Touch-me-not
Gefranstes Herzblatt / Parnassia fimbriata /
    Fringed Grass-of parnassus
Gelbbirke / Betula alleghaniensis / Yellow Birch
Gelbe Akelei / Aquilegia flavescens / Yellow Columbine
Gelbkiefer, Goldkiefer / Pinus ponderosa / Ponderosa Pine
Gelbrote Taglilie / Hermerocallis fulva / Day Lily
Goldenes Gnadenkraut / Gratiola aurea / Golden Hedge Hyssop
Goldrute / Solidago rigida / Stiff Goldenrod
Goldtanne / Abies magnifica / Red Fir
Götterblume / Dodecatheon alpinum / Alpine Shooting Star
Grannenkiefer / Pinus aristata / Bristlecone Pine
Greiskraut / Senecio paupperculus / Balsam Ragwort
Grönländischer Porst / Ledum groenlandicum / Labrador Tea
Grönländisches Läusekraut / Pedicularis groenlandica / Elephant's
    Head
Großblättriges Wintergrün / Pyrola grandifolia / Large-flowered
    Wintergreen
Harzkiefer / Pinus resinosa / Red Pine
Haselerle / Alnus serratula / Hazel Alder, Common Alder

Hickory-Nuß / Carya ovata / Shagbark hickory
Hirschzungenfarn / Phyllitis scolopendrium / Hart's-tongue
Hundszahnlilie / Erythronium grandiflorum / Yellow Glacier Lily
Hundszahnlilie / Erythronium revolutum / Pink Fawn Lily
Igelkolben / Sparganium eurycarpum / Great Bur Reed
Igelkraftwurz / Oploopanax horridum / Devil's Club
Immergrüne Heidelbeere / Vaccinium myrtilloides /
    Velvet-leaved Blueberry
Indianernessel / Monardia fistulosa / Western Wild Bergamot
Irisches Moos / Chondrus crispus / Irish Moss
Kahle Aster / Aster laevis / Smooth Aster
Kanada-Hartriegel / Cornus canadensis / Bunchberry
Kanadische Alpenrose / Rhododendron canadense / Rhodora
Kanadische Goldrute / Solitago canadensis/altissima / Tall Goldenrod
Kanadische Hemlocktanne / Tsuga canadaensis / Eastern Hemlock
Kanadisches Berufkraut / Erigeron peregrinus / Mountain Daisy
Kanadisches Blutauge / Sanguisorba canadensis / Canadian Burnet
Kardinalslobelie / Lobelia cardinalis / Cardinal Flower
Kartoffelrose / Rosa rugosa / Rugose Rose
Kastanieneiche / Quercus prinus / Chestnut Oak
Kleinblättrige Kugelblume / Polygala paucifolia / Fringed Polygala
Kletternder Spindelstrauch / Celastrus candens / Climbing Bittersweet
Korallenwurz / Corallorhiza trifida / Northern Coral-root
Krähenbeere / Empetrum nigrum / Black Crowberry
Lappländische Alpenrose / Rhodod. lapponicum / Lapland Rosebay
Läusekraut / Pedicularis bracteosa / Western Lousewort
Lebensbaum / Thyuja plicata / Western Red Cedar
Lederstrauch / Pteleatrifoliata / Common Hoptree
Manitoba-Ahorn s. Eschenahorn
Mauerraute / Asplenium ruta-muraria / Spleenwort
Moltebeere / Rubus chamaemorus / Baked-apple Berry
Moosglöckchen / Linnaea borealis / Twinflower
Nootka-Scheinzypresse / Chamaecyparis nootkatensis / Yellow Cedar
Norne / Calypso bulbosa / Fairy Slipper
Oeders Läusekraut / Pedicularis oederi / Oeder's Lousewort
Östliche Hemlocktanne / Tsuga canadensis / Eastern Hemlock
Papierbirke / Betula papyrifera / Paperbirch
Pazifische Eibe / Taxus brevifolia / Western Yew
Pechkiefer / Pinus rigida / Pitch Pine
Perlpfötchen / Anaphalis margaritacea / Pearly Everlasting
Pfeilkraut / Sagittaria latifolia / Arrowhead
Prächtige Himbeere / Rubus spectabilis / Salmonberry
Prachtscharte / Liatris punctata / Dotted Gayfeather
Prärierose / Rosa arkansana / Prairie Rose
Purpurnes Berufkraut / Erigeron purpuratus / Purple Daisy
Purpursteinbrech / Saxifraga oppostifolia / Purple Mountain Saxifrage
Purpurtanne / Abies amabilis / Pacific Silver Fir
Riesenschachtelhalm / Equisetum giganteum / Giant Horsetail
Rippenfarn / Blechnum spicant / Deer Fern
Rosarotes Wintergrün / Pyrola asarifolia / Pink Wintergreen
Rotahorn / Acer rubrum / Red Maple
Rote Buckelbeere / Gaylussacia sp. / Red Huckleberry
Roteiche / Quercus rubra / Red Oak
Roter Türkenbund / Lilium philadelphicum var. andinum / Western
    Red Lily
Rotes Christophskraut / Actaea rubra / Red Baneberry
Rotfichte / Picea rubens / Red Spruce
Rotzeder / Juniperus virginiana / Eastern Red Cedar
Rundblättriger Sonnentau / Drosera rotundifolia / Round-leaved
    Sundew
Rundblättriges Knabenkraut / Orchis rotundifolia / Round-leaved
    Orchid
Runzelbart / Arethusa bulbosa / Dragon's Mouth
Salal / Gaultheria shallon / Salal
Sandkraut / Arenaria peploides / Sandwort
Scharfer Sumach / Rhus radicans / Poison Ivy
Schattenblümchen / Maianthemum canadense / False Lily-of-the-
    valley
Schattenblume / Smilacina stellata / Starry False Solomon's Seal
Schmalblättr. Weidenröschen / Epilobium angustifolium / Fireweed
Schneebeere / Symphoricarpus albus / Western Snowberry
Schnee-Hahnenfuß / Ranunculus eschscholtzii / Snow-Buttercup
Schraubenstendel / Spiranthes ramanzoffiana / Ladies Tresses
Schuppenheide / Cassiope mertensiana / Arctic Bell Heather

Schwanenblume / Butomus umbellatus / Flowering Rush
Schwarze Himbeere / Rubus occidentalis / Pacific Blackberry
Schwarzer Sonnenhut / Rudbeckia hirta / Black-eyed Susan
Schwarzesche / Fraxinus nigra / Black Ash
Schwarzfichte / Picea mariana / Black Spruce
Seerose / Nymphaea odorata / Fragrant Water Lily
Siebenstern / Trientalis borealis / Star-flower
Silberahorn / Acer saccharinum / Silver Maple
Silberwurz / Dryas integrifolia / Mountain Avens
Sitkafichte / Picea sitchensis / Sitka Spruce
Spierstrauch / Spirea latifolia / Meadowsweet
Stengelloses Leimkraut / Silene acaulis / Moss Campion
Stinkkohl / Lysichiton americanum / Yellow Skunk Cabbage
Strandflieder / Limonium carolianum / Sea Lavender
Strandhafer / Ammophila brevilingulata / Beach Grass
Sumpfcalla / Calla palustris / Water Arum
Sumpfhyazinthe / Platanthera dilatata / White Bog Orchid
Trompetenblatt / Sarracenia purpurea / Pitcherplant
Tulpenbaum / Liriodendron tulipifera / Tuliptree
Tüpfelfarn / Polypodium glycyrrhiza / Licorice Fern
Vielblättrige Lorbeerrose / Kalmia polifolia / Pale Laurel
Vierkantige Moosbeere / Cassiope tetragona / White Heather
Virginische Traubenkirsche / Prunus virginiana / Common Chokecherry
Wasserlobelie / Lobelia dortmanna / Water Lobelia
Wasserschlauch / Utricularia vulgaris var. americana / Common Bladderwort
Weiße Alpenrose / Rhododendron albiflorum / White Rhododendron
Weißeiche / Quercus alba / White Oak
Weißesche / Fraxinus americana / White Ash
Weißfichte, Schimmelfichte / Picea glauca / White Spruce
Weißkiefer / Pinus sabiniana / Digger Pine
Westamerikan. Hemlocktanne / Tsuga heterophylla / Western Hemlock
Westliches Netzblatt / Goodyera oblongifolia / Rattlesnake-Plantain
Weymouthskiefer / Pinus strobus / Eastern White Pine
Wilde Aralie / Aralia nudicaulis / Wild Sarsaparilla
Windröschen / Anemone occidentalis / Western Anemone
Winterlieb / Chimaphila umbellata / Prince's Pine
Zahnwurz / Dentaria laciniata / Cut-leaved Toothwort
Zederzypresse / Thuja occidentalis / Northern White Cedar
Zerbrechlicher Ohrenkaktus / Opuntia fragilis / Fragile Pricklypear
Zuckerahorn / Acer saccharum / Sugar Maple
Zwergbirke / Betula nana / Dwarf Arctic Birch

Englisch / Deutsch

Bei Arten, die keinen deutschen Namen haben, wird hier ihr lateinischer Name angegeben.

Säugetiere

Arctic Fox / Polarfuchs
Atlantic White-sided Dolphin / Atlantischer Weißseitendelphin
Badger / Amerikanischer Dachs
Beaver / Kanadabiber
Beluga / Beluga-Wal
Bighorn Sheep / Dickhornschaf
Black Bear / Schwarzbär
Black-tailed Prairie Dog / Schwarzschwanz-Präriehund
Blue Whale / Blauwal
Bobcat / Rotluchs
Bowhead Whale / Grönlandwal
California Sea Lion / Kalifornischer Seelöwe
Caribou / Karibu
Columbian Ground Squirrel / Columbia-Ziesel
Coyote / Kojote
Dall's Sheep / Dallschaf
Deer Mouse / Hirschmaus
Eastern Chipmunk / Streifenbackenhörnchen
Elephant Seal / Nördlicher See-Elefant
Elk, Wapiti / Wapitihirsch
Ermine / Hermelin
Fin Whale / Finnwal
Fisher / Fischermarder
Golden-mantled Ground Squirrel / Goldmantel-Ziesel
Grey Seal / Kegelrobbe
Grey Squirrel / Grauhörnchen
Grey Whale / Grauwal
Grey Wolf, Timber Wolf / Wolf
Grizzly Baer / Grizzlybär, Braunbär
Harbor Seal / Seehund
Harp Seal / Sattelrobbe
Hoary Marmot / Haariges Murmeltier
Humpback Whale / Buckelwal
Killerwhale, Orca / Orka
Least Chipmunk / Kleines Chipmunk
Least Weasel / Mauswiesel
Lynx / Luchs
Min / Amerikanischer Nerz
Moose / Elch
Mountain Goat / Schneeziege
Mountain Lion / Berglöwe
Mule Deer / Maultierhirsch
Muskox / Moschusochse
Muskrat / Bisamratte
Pacific White-sided Dolphin / Pazifischer Weißseitendelphin
Pilot Whale / Pilotwal
Plain Bison / Präriebison
Polar Bear / Eisbär
Porcupine / Stachelschwein
Pronghorn / Gabelbock
Raccoon / Waschbär
Red Fox / Roter Fuchs
Red Squirrel / Rothörnchen
Red-backed Vole / Rotbacken-Wühlmaus
Richardson's Ground Squirrel / Richard's Ziesel
River Otter / Fischotter
Sea Otter / Seeotter
Snowshoe Hare / Schneehase
Southern Flying Squirrel / Gleithörnchen
Striped Skunk / Stinktier

White-tailed Deer / Weißwedelhirsch
Wolverine / Vielfraß
Wood Bison / Waldbison
Woodchuck / Waldmurmeltier

Vögel

American Bittern / Nordamerikanische Rohrdommel
American Black Duck / Dunkelente
American Dipper / Grauwasseramsel
American Goldfinch / Goldzeisig
American Kestrel / Buntfalke
American Redstart / Schnäpperwaldsänger
American Robin / Wanderdrossel
American White Pelican / Nashornpelikan
Artic Tern / Küstenseeschwalbe
Bald Eagle / Weißkopfseeadler
Barred Owl / Streifenkauz
Bewick's Swan / Zwergschwan
Black Guillemot / Gryllteiste
Black Oystercatcher / Klippenausternfischer
Black-capped Chickadee / Schwarzkopfmeise
Black-crowned Night Heron / Nachtreiher
Black-legged Kittiwake / Dreizehenmöwe
Blue Grouse / Felsengebirgshuhn
Blue Jay / Blauhäher
Blue-winged Teal / Blauflügelente
Broad-winged Hawk / Breitflügelbussard
Bufflehead / Büffelkopfente
Canada Goose / Kanadagans
Canvasback / Vallisneriaente
Cedar Waxwing / Zedernseidenschwanz
Clark's Nutcracker / Kiefernhäher
Common Eider / Eiderente
Common Goldeneye / Schellente
Common Loon / Eistaucher
Common Raven / Kolkrabe
Common Shoveler / Löffelente
Common Snipe / Bekassine
Common Tern / Flußseeschwalbe
Dark-eyed Junco / Junco
Double-crested Cormorant / Ohrenscharbe
Evening Grosbeak / Abendkernbeißer
Ferruginous Buzzard / Königsbussard
Gannet / Baßtölpel
Glaucous Gull / Eismöwe
Golden Eagle / Steinadler
Goosander / Gänsesäger
Goshawk / Habicht
Great Black-backed Gull / Mantelmöwe
Great Blue Heron / Kanadareiher
Great Grey Owl / Bartkauz
Great Horned Owl / Amerikanischer Uhu
Great White Heron / Silberreiher
Greater Scaup / Bergente
Greater Yellowlegs / Großer Gelbschenkel
Green-winged Teal / Karolinakrickente
Grey Jay / Meisenhäher
Gyrfalcon / Gerfalke
Harlequin Duck / Kragenente
Hen-Harrier / Kornweihe
Hermit-Trush / Einsiedlerdrossel
Herring Gull / Silbermöwe
Horned Grebe / Ohrentaucher
Horned Lark / Ohrenlerche
Killdeer / Keilschwanzregenpfeifer
King Eider / Prachteiderente
Least Flycatcher / Gartentyrann
Lesser Golden Plover / Amerikanischer Goldregenpfeifer
Least Sandpiper / Wiesenstrandläufer
Long-tailed Jaeger / Falkenraubmöwe
Loon / Sterntaucher

Mallard / Stockente
Marbled Godwit / Marmorschnepfe
Merlin, Pigeon Hawk / Merlin
Mountain Bluebird / Berghüttensänger
Mute Swan / Höckerschwan
Myrtle-Warbler / Kronwaldsänger
Northern Flicker / Goldspecht
Northern Oriole / Baltimoretrupial
Northern Wheatear / Steinschmätzer
Olive-sided Flycatcher / Fichtentyrann
Osprey / Fischadler
Ovenbird / Pieperwaldsänger
Pectoral Sandpiper / Graubruststrandläufer
Pelagic Cormorant / Meerscharbe
Peregrine Falcon / Wanderfalke
Pied-billed Grebe / Bindentaucher
Pileated Woodpecker / Helmspecht
Pine Siskin / Fichtenzeisig
Piping Plover / Flötenregenpfeifer
Puffin / Papageiaucher
Purple Finch / Purpurgimpel
Razorbill / Tordalk
Red Crossbill / Fichtenkreuzschnabel
Redhead / Rotkopfente
Red-eyed Vireo / Rotaugenvireo
Red-necked Grebe / Rothalstaucher
Red-tailed Hawk / Rotschwanzbussard
Red-throated Diver / Sterntaucher
Red-winged Blackbird / Rotschulterstärling
Ring-billed Gull / Ringschnabelmöwe
Ringed Plover / Sandregenpfeifer
Rock-Ptarmigan / Alpenschneehuhn
Rose-breasted Grosbeak / Rosenbrust-Kern-
    knacker
Rosy Finch / Rosenbauchschneegimpel
Ruby-crowned Kinglet / Rubingoldhähnchen
Ruddy Duck / Schwarzkopfruderente
Ruddy Turnstones / Steinwälzer
Ruffed Grouse / Kragenhuhn
Sandhill Crane / Kanadakranich
Saw-whet Owl / Sägekauz
Semipalmated Plover / Amerikanischer Sand-
    regenpfeifer
Semipalmated Sandpiper / Sandstrandläufer
Sharp-shinned Hawk / Eckschwanzsperber
Snow Goose / Schneegans
Snow-Bunting / Schneeammer
Snowy Owl / Schnee-Eule
Spotted Sandpiper / Drosseluferläufer
Spruce-Grouse / Tannenhuhn
Steller's Jay / Diademhäher
Tengmalm's Owl / Rauhfußkauz
Thick-billed Murre / Dickschnabellumme
Trumpeter Swan / Trompeterschwan
Turkey Vulture / Truthahngeier
Varied Thrush / Halsbanddrossel
White-eyed Vireo / Weißaugenvireo
White-tailed Ptarmigan / Weißschwanz-
    Schneehuhn
White-throated Sparrow / Weißkehlammer
White-winged Crossbill / Bindenkreuz-
    schnabel
Whooping Crane / Schreikranich
Willet / Schlammtreter
Willow-Ptarmigan / Moorschneehuhn
Wilson's Warbler / Mönchswaldsänger
Wood Duck / Brautente
Yellow-bellied Sapsucker / Feuerkopf-
    Saftlecker

Reptilien/Amphibien/Fische/Wirbellose

American Eel / Amerikanischer Aal
Atlantic Salmon / Atlantischer Lachs

Banana Slug / Bananen-Nacktschnecke
Black Rat Snake / Erdnatter
Blandings Turtle / Blandings Schildkröte
Brook Trout / Bachsaibling
Bull Frog / Ochsenfrosch
Chinook Salmon / Quinnat
Coho Salmon / Kisutch
Common Garter Snake / Strumpfbandnatter
Common Snapping Turtle / Schnappschild-
    kröte
Dolly Varden (=Arctic Char) / Wandersaibling
Eastern Painted Turtle / Zierschildkröte
Giant Swallowtail / Großer Schwalben-
    schwanz
Green Frog / Rana clamitans
Kokanee Salmon / Blaurückenlachs
Lake Trout / Seesaibling
Leopard Frog / Leopardfrosch
Massasauga Rattlesnake / Massasauga-
    Klapperschlange
Milk Snake / Milchschlange
Monarch / Monarchfalter
Northern Water Snake / Nerodia Sipedon
Pacific Tree Frog / Pazifischer Laubfrosch
Painted Turtle / Schmuckschildkröte
Pickerel Frog / Kleiner Sumpffrosch
Rainbow Trout / Regenbogenforelle
Red-bellied Snake / Storeria dekayi
Red-legged Frog / Rana aurora
Sea Trout / Europäische Forelle
Sockeye Salmon / Blaurückenlachs
Two-tailed Swallowtail / Papilio multilandata
Wood Frog / Waldfrosch

Pflanzennamen

Alaska Spirea / Luetkea pectinata
Alpine Fireweed / Berg-Weidenröschen
Alpine Shooting Star / Götterblume
American Beech / Amerikanische Buche
American Beech / Buche
Arctic Bell Heather / Schuppenheide
Arctic Lupine / Arktische Lupine
Arctic Poppy / Arktischer Mohn
Arrowhead / Pfeilkraut
Baked-apple Berry / Moltebeere
Balsam Fir / Balsamtanne
Balsam Poplar / Balsampappel
Balsam Ragwort / Greiskraut
Balsam Ragwort / Armblütiges Greiskraut
Beach Grass / Strandhafer
Black Ash / Schwarzesche
Black Crowberry / Krähenbeere
Black Spruce / Schwarzfichte
Black-eyed Susan / Schwarzer Sonnenhut
Blue Ash / Blauesche
Blue Flag / Blaue Iris
Boxelder / Eschenahorn
Bristlecone Pine / Grannenkiefer
Buffalo Berry / Büffelbeere
Bunchberry / Kanada-Hartriegel
Canadian Burnet / Kanadisches Blutauge
Cardinal Flower / Kardinalslobelie
Chestnut Oak / Kastanieneiche
Climbing Bittersweet / Kletternder Spindel-
    strauch
Common Beargrass / Bärengras
Common Bladderwort / Wasserschlauch
Common Chokecherry / Virginische
    Traubenkirsche
Common Hoptree / Lederstrauch
Corn Lily / Clintonia borealis
Day Lily / Gelbrote Taglilie
Deer Fern / Rippenfarn

Devil's Club / Igelkraftwurz
Digger Pine / Weißkiefer
Dotted Gayfeather / Prachtscharte
Douglas Fir / Douglasie
Dragon's Mouth / Runzelbart
Dwarf Arctic Birch / Zwergbirke
Dwarf Birch / Buschbirke
Eastern Hemlock / Kanadische Hemlock-
    tanne
Eastern Red Cedar / Rotzeder
Eastern White Pine / Weymouthskiefer
Elephant's Head / Grönländisches Läusekraut
Engelmann Spruce / Engelmannsfichte
Fairy Slipper / Norne
False Lily-of-the-valley / Schattenblümchen
Fireweed / Schmalblättr. Weidenröschen
Fleabane / Berufkraut
Flowering Rush / Schwanenblume
Fragile Pricklypear / Zerbrechlicher Ohren-
    kaktus
Fragrant Water Lily / Seerose
Fringed Grass-of-parnassus / Gefranstes Herz-
    blatt
Fringed Polygala / Kleinblättrige Kugelblume
Giant Horsetail / Riesenschachtelhalm
Giant Hyssop / Agastache foeniculum
Giant Ragwort / Senecio triangluaris
Golden Hedge Hyssop / Goldenes Gnaden-
    kraut
Grass Pink / Calopogon pulchellus
Great Bur Reed / Igelkolben
Green Alder / Erle
Hairy Arnica / Arnika
Hart's-tongue / Hirschzungenfarn
Hooded Ladies Tresses / Drehähre
Indian Paintbrush / Castilleja miniata
Indian Pipe / Fichtenspargel
Jack Pine / Bankskiefer
Labrador Tea / Grönländischer Porst
Ladies Tresses / Schraubenstendel
Lapland Diapensia / Diapensia lapponica
Lapland Rosebay / Lappländische Alpenrose
Large-flowered Wintergreen / Großblättriges
    Wintergrün
Large Purple Fringed Orchid / Habenaria
    fimbriata
Licorice Fern / Tüpfelfarn
Lodgepole Pine / Drehkiefer
Maidenhair / Frauenhaarfarn
Meadowsweet / Spierstrauch
Moss Campion / Stengelloses Leimkraut
Mountain Avens / Silberwurz
Mountain Daisy / Kanadisches Berufkraut
Mountain Heather / Blauheide
Mountain Hemlock / Tsuga mertensiana
Mountain Lady's Slipper / Berg-Frauenschuh
Mountain Laurel / Berglorbeer
Mountain Valerian / Bergbaldrian
Northern Coral-root / Korallenwurz
Northern White Cedar / Zederzypresse
Oeder's Lousewort / Oeders Läusekraut
Pacific Blackberry / Schwarze Himbeere
Pacific Silver Fir / Purpurtanne
Painted Trillium / Buntes Dreiblatt
Pale Laurel / Vielblättrige Lorbeerrose
Paperbirch / Papierbirke
Pearly Everlasting / Perlpfötchen
Pickerel-weed / Pontederia cordata
Pink / Dingel
Pink Fawn Lily / Hundszahnlilie
Pink Wintergreen / Rosarotes Wintergrün
Pitch Pine / Pechkiefer
Pitcherplant / Trompetenblatt
Poison Ivy / Scharfer Sumach

Ponderosa Pine / Gelbkiefer, Goldkiefer
Prairie Rose / Prärierose
Prince's Pine / Winterlieb
Purple Daisy / Purpurnes Berufkraut
Purple Loosestrife / Blutweiderich
Purple Mountain Saxifrage / Purpursteinbrech
Quaking Aspen / Amerikanische Zitter-
  pappel
Rattlesnake-Plantain / Westliches Netzblatt
Red Baneberry / Rotes Christophskraut
Red Fir / Goldtanne
Red Huckleberry / Rote Buckelbeere
Red Maple / Rotahorn
Red Oak / Amerikanische Roteiche
Red Pine / Harzkiefer
Red Spruce / Amerikanische Rotfichte
Red Wood Lily / Lilium umbellatum
Rhodora / Kanadische Alpenrose
Rose Pogonia / Pogonia ophioglossoides
Round-leaved Orchid / Rundblättriges Kna-
  benkraut
Round-leaved Sundew / Rundblättriger
  Sonnentau
Rugose Rose / Kartoffelrose
Salmonberry / Prächtige Himbeere
Sandwort / Sandkraut

Sascatoon / Felsenbirne
Sea Lavender / Strandflieder
Shagbark hickory / Hickory-Nuß
Silver Maple / Silberahorn
Sitka Spruce / Sitkafichte
Smooth Aster / Kahle Aster
Spleenwort / Mauerraute
Spotted Touch-me-not / Geflecktes
  Springkraut
Star-flower / Siebenstern
Starry False Solomon's Seal / Schattenblume
Stiff Goldenrod / Solidago rigida
Subalpine Fir / Felsengebirgstanne
Sugar Maple / Zuckerahorn
Tall Goldenrod / Kanadische Goldrute
Tall Larkspur / Delphinium glaucum
Tamarack / Gebirgslärche
Trailing Arbutus / Epigaea repens
Trembling Aspen / Espe, Zitterpappel
Tuliptree / Tulpenbaum
Twinflower / Moosglöckchen
Water Arum / Sumpfcalla
Water Lobelia / Wasserlobelie
Western Anemone / Windröschen
Western Hemlock / Westamerikanische
  Hemlocktanne

Western Lousewort / Läusekraut
Western Mountain Ash / Bergeberesche
Western Red Cedar / Lebensbaum
Western Red Lily / Roter Türkenbund
Western Snowberry / Schneebeere
Western White Pine / Pinus monticola
Western Wild Bergamot / Indianernessel
Western Yew / Pazifische Eibe
White Ash / Weißesche
White Bog Orchid / Sumpfhyazinthe
White Fringed Orchis / Plathantera blepha-
  riglottis
White Heather / Vierkantige Moosbeere
White Oak / Weißeiche
White Rhododendron / Weiße Alpenrose
White Spruce / Weißfichte, Schimmelfichte
Whitebark Pine / Pinus albicaulis
Wild Crocus / Frühlingskrokus
Wild Sarsaparilla / Wilde Aralie
Yellow Birch / Gelbbirke
Yellow Cedar / Nootka-Scheinzypresse
Yellow Columbine / Gelbe Akelei
Yellow Glacier Lily / Hundszahnlilie
Yellow Lady's Slipper / Frauenschuh
Yellow Skunk Cabbage / Stinkkohl

Register

Fett wiedergegebene Seitenzahlen verweisen auf Fotos, schräge auf Essays (im Text
blau unterlegt).

Tier- und Pflanzennamen

Abendkernbeißer 136, **139**
Alaska Spirea **59**
Alpenhornkraut 207
Alpensäuerling 207
Alpenschneehuhn 22, 35, 194
Amerikanische Buche 109, 169, 176
Amerikanische Kröte 24, 122, 171
Amerikanische Linde 116
Amerikanischer Aal 166
Amerikanischer Dachs 21, 91, 217
Amerikanischer Goldregenpfeifer 194
Amerikanischer Nerz 110, 116, 123, 137,
  140
Amerikanischer Sandregenpfeifer 183
Amerikanischer Uhu **104**
Anemone 31, 48
Arethusa bulbosa **158**
Arktische Lupine **64**, 87, 213
Arktischer Mohn 207
Arktisches Weidenröschen 32, 207, **208**
Armblütiges Kreuzkraut 185
Armeria maritima ssp. labradorica 220
Arnika 63, 65, 87, 213
Atlantik-Lachs 23
Bachsaibling 23
Balsampappel 28, 34, 39, 63, l51
Balsamtanne 20, 28, 97, 109, 184
Baltimoretrupial 100, 132
Bananenschnecke **76**, 79
Bankskiefer 20, 97, 110, 121, 216
Bärengras 69, **70**
Bärentraube **200**
Bartflechte 63
Bartkauz 94, 97, **198**

Baßtölpel 23, *145*, 147, 149, 150
Baumfrosch 24
Baumstachler 35, **50**, 123, 165, 171
Bekassine 30, 112, 129, 164, 183
Beluga 21, **141**, 147, 207
Bergbaldrian 63, 65
Bergente 154, 160
Berghüttensänger 30
Berglilie 87
Berglöwe (Puma) 21, 39, 69, **73**
Bindenkreuzschnabel 21, 63
Bindentaucher 23, 116, 173
Birkentyrann 133
Bisamratte 21, 30, 34, 64, 65, 69, 116, 129,
  137, 198
Bison 20, 24, 34
Blanding's Schildkröte 116
Bläßgans 116
Blauband-Kärpfling 160
Blauesche 116
Blaue Iris **188**
Blau Grama 19
Blauflügelente 97, 129, 154
Blauhäher **66**, 136
Blauheide185
Blaumückenfänger 116, 133
Blaumuschel 148
Blauwal 21, 147
Blue Grama 19
Blutweiderich **147**
Berglorbeer 185
Bobolink 154
Brauenwaldsänger 136
Brautente 112, 122, 154
Breitblättrige Stendelwurz 110
Breitblättriger Rohrkolben 115
Breitflügelbussard 22, 98, 122, 137
Brillenente 183
Bristlecone-Kiefer 49
Buckelbeere 79, 87
Buckelwal 21, 78, 83, 147, 155, 207
Buella elegans 200
Büffelbeere **19**, 69, 190
Büffelkopfente **147**

Bullennatter 24
Buntes Dreiblatt 116, 165, **169**
Buntfalke 98, 153

Calopogon pulchellus **110**
Carolinameise 22
Carolinasumpfhuhn 23, 130
Chinooklachs 23
Chipmunk 35
Chokecherry **19**, 69, 100, 110, 136, 201
Christophskraut **93**
Cirsium foliosum 150
Cirsium pitcherii 104
Clintonia 165, **183**
Coho-Lachs 23
Columbianisches Ziesel 30, **60,** l30

Dallschaf 21, **191**, *191*, 193, 198, 222
Delphin 83
Delphinium glaucum 201
Devil's Club **66**
Diademhäher 22, 63, 69, **75**, 79
Diapensia 185, 208, **211**, 220
Dickhornschaf 21, 26, 28, 31, 32, 34, **35**,
  39, 42, 47, 49, 55, 69, *191*
Dickichtwaldsänger 62
Dickschnabellumme 206
Dolly Warden 23
Douglasie 28, 38, 54, 65, 69, 87, 212
Drehähre **16**, 110,158
Drehkiefer 28, 58, 69, 200
Dreizehenmöwe 20, 147, 150, 206
Drosseluferläufer l 30, 178
Drummonds Distel 97
Dunkelente 129, 137, 165, 177

Eckschwanzsperber 87
Eiderente 23, **141**, 147, 148, 183, 206
Einblütige Glockenblume 207
Einblütiger Kleingriffel 110
Einsiedlerdrossel 21, 31, 136, 185
Eisbär 20, **221**, 222
Eisente 160, 224

Eisgraues Murmeltier 21, 32, 35, **39**, 48, 49, 62, 69, 87
Eismöwe 129
Eistaucher 23, 94, 98, 116, **121**, 122, 137, 147, 164, 172, 198, 206
Elch 21, 26, 30, 34, 35, 38, 43, 49, 55, 62, 69, **122**, 136, 148, 160, 165, 178, 184, 198, 214
Engelmannsfichte 31, 32, 35, 38, 39, 55, 61, 63, 200, 214
Engelsüßfarn 112
Espe 20, 28, 34, 39

Falkenraubmöwe 223
Felsenbirne 100
Felsengebirgshuhn 32, 214
Felsengebirgstanne 31, 38, **41**, 55, 61
Felsenkrabbe 155
Felsenseegras 164
Felsentaube 212
Fettkraut 28, 185
Feuerkopf-Saftlecker 136
Feuertangare 133
Fichtenkreuzschnabel 31, 63
Fichtenmarder 35, 98, 123, 178
Fichtenspargel 169
Fichtentyrann 21, 136
Fichtenwaldsänger 122
Fichtenzeisig 21, 22, 28
Fieberklee 94
Finnwal 21, 78, 147, 155
Fischadler 23, 28, 35, 94, 98, 137, 149, 154, **178,** 178
Fischermarder 123
Flötenregenpfeifer 23, **159**, 160, 173, 221
Flughörnchen 21
Flußseeschwalbe 112, 178
Franklin's Frauenschuh 104
Frauenhaarfarn 62, 112
Frauenschuh **167,** 169
Froschlöffel 144
Frühlingsschönheit 65

Gabelbock 21, 217
Gänsesäger 30, **40**, 97, 116, 122, 137, 177
Gartentyrann 100, 169
Gauklerblume 213
Gebirgslärche 31, 39, 49, 58, 94, 97, 121
Gefleckter Furchenmolch 24
Geflecktes Springkraut 116, 129, **131**
Gefranstes Herzblatt 55
Gelbbauchtyrann 122
Gelbbirke 20
Gelbbrustwaldsänger 116
Gelbe Akelei **30**, 31, 55
Gelbe Kokardenblume 30
Gelbe Zypresse 212
Gelber Frauenschuh 28
Gelber Wasserschlauch 94
Gelbkehlvireo 22, 133
Gelbrote Taglilie **166**
Gelbschenkel **157,** 194
Gelbzeder 79
Gerfalke 194, 223
Gewöhnliche Strumpfbandnatter 112, 122
Gewöhnlicher Wacholder 110
Glacier Lily 65
Glanzkraut 110
Glattechse 116
Gletscherlilie 55, 213
Goldenes Gnadenkraut **173**
Goldmantel-Ziesel 21, 30, **34**, 65, 69, 87
Goldrute 97
Goldspecht 28, **139**
Goldwaldsänger 116
Goldzeisig 100, 154, 165
Götterblume **19**

Grasammer 154
Graubruststrandläufer 164
Grauer Laubfrosch 24
Grauhörnchen 21, 97, **128,** 133
Grauwal 21, 76, *77*
Grauwangendrossel 133
Grauwasseramsel 32, 63, 214
Grizzlybär 20, 26, 31, 35, 46, 49, 69, 185, **193,** 198, 214
Grönländischer Halsbandlemming 207
Grönländischer Porst 98, 158, 177, **211**
Grönländisches Läusekraut **33**
Grönlandwal 21, 207
Großblättrige Lupine 63
Großblättriges Knabenkraut 104
Großblättriges Wintergrün **200**
Großer Gelbschenkel 165
Grüne Hohlzunge 110
Grüne Krabbe 164
Grüner Germer 87
Grünerle 61
Gryllteiste 22, 23, 147, 149, **154**, 178, 206
Gürtelfischer 122, **164,** 164, 212

Haarspecht 185
Habenaria fimbriata **184**
Habicht 21, 98, 122
Halsbanddrossel 22, 69
Harzkiefer 121
Haustyrann **128**
Hecht 23
Heilbutt 23
Helmspecht 55, 65, 98, 122, 136
Hemlocktanne 18, 20, 62, 63, 65, 121, 170, **169**, 176, 212,
Hemlockwaldsänger 94, 136
Hering 23
Hermelin 104, 123, 207
Herz-Zweiblatt 110
Heuschreckenammer 128
Hickory-Nuß 116
Himmelsherold 32
Hirschmaus 62
Hirschzungenfarn 87, 110
Höckerschwan 212
Hopfenbuche 116
Hundszahnfarn 63, 110
Hundszahnlilie *Erythronium grandiflorum* 61
Hundszahnlilie *Erythronium revolutum* 79
Hundszahnlilie *Erythronium americanum* 165

Igelkolben **90**, 144
Immergrüne Heidelbeere 79, 87
Indian Paintbrush 31, **36**, 55, 63, 65, 87, 110
Indian Pipe **176**
Indianerbläßhuhn 69
Indianernessel **99**

Junko 21, 28, 88, 136

Kabeljau 23
Kahle Aster 97, **98**
Kalifornische Muschel 76
Kalifornischer Seelöwe **78,** 212
Kanada-Hartriegel 94, 110, **123,** 165
Kanadabiber 21, 30, 31, 34, 38, 49, 50, 64, 65, 69, 92, 110, 122, 123, **136**, 137, 149, 170, 198, 214
Kanadagans 22, 76, 146, 149, 154, 165, **168**
Kanadakleiber 165
Kanadakranich **22**, 146
Kanadareiher 23, 28, **130**, 154, 164, 172, 212
Kanadaschnepfe 112
Kanadische Alpenrose 178

Kanadische Goldrute **19**
Kanadisches Berufkraut **61**
Kanadisches Blutauge **188**
Kaninchenkauz 22, 217
Kappensäger 154
Kapuzenwaldsänger 133
Kardinalslobelie 122, **159**
Karibu 21, 32, 39, 42, 47, 62, 63, 104, 185, 198, *199*, **199**, 207, 220
Kartoffelrose **154**
Kegelrobbe 21, 148, 149, 155, 160, 212
Keilschwanzregenpfeifer 30, 34, 69
Kentuckywaldsänger 133
Kiefernhäher **28**, 35, 69, 79
Kieferntangare **23**
Kiefernwaldsänger 133
Klapperammer 23
Kleines Chipmunk 21, 30, 39, **88**
Kletterwaldsänger 185
Klippenausternfischer 76, 212
Kojote 21, 30, 31, 35, 69, **98**, 112, 137, **160,** 165
Kokanee-Lachs 23
Kolkrabe 22, **52**, 122, 207
Kolumbianischer Schwarzwedelhirsch 79
Königsbussard 22, 217
Königsfrauenschuh 110
Königslachs 23
Königsnatter 24
Königstyrann 122
Korallenwurz 87, 104, **119**, 121
Kornweihe 130, 154
Kragenente 40, 116, 173, **185**
Kragenhuhn 98, 165, **170**
Krähenbeere 98, 158, 185, 208
Krautweide 207
Kreischeule 133
Krickente 112, 165
Kriechende Schneebeere 165
Kriechender Wacholder 110
Kronwaldsänger **56**, 154, 165
Kuhreiher 116
Küstenseeschwalbe 149, **177**, 178

Langschnabel-Schlammläufer 76
Lanzenschildfarn 112
Lappländische Alpenrose **205,** 220
Laubfrosch 24
Läusekraut 54
Lebensbaum 18, **80**
Leopardfrosch 24, 122, **171**, 171
Löffelente 154, 212
Luchs 21, 98, 104, 123, **176**, 178, 184, 194
Lupine 65

Mangrovereiher 129
Manitoba-Ahorn 97 (s. auch Eschenahorn)
Manitobahirsch 98 (s. auch Wapitihirsch)
Mantelmöwe 129, 147, 164
Margerite 63
Marmorschnepfe 76
Massasauga-Klapperschlange 24, 112, **113,** 218
Mauerpfeffer 153
Mauerraute 110, 112
Maultierhirsch 20, 31, 35, 39, 55, 64, 69, **70,** 198, 212, 214
Mauswiesel 110
Meerscharbe 83, 212
Meisenhäher 22, 35, 43, **51,** 94, 122, 165
Meisenwaldsänger 169
Merlin 122, 178
Mertensia 30
Milchschlange 112
Minkwal 21, 178, 183
Moltebeere 158, **175,** 183
Monarchfalter 114, **115**
Mönchswaldsänger 62, 178

Moorschneehuhn 51, 194
Moosbeere 94, 98, 104, 165
Moosglöckchen 55, 94, 121, **125**, 165, 169
Moschusochse 223, **224**, 224

Nachtreiher **116**, 129
Narwal 207
Nashornpelikan 21, 91, **92**, 98
Netzblatt 110
Netzweide 207
Nordamerikanische Pfeifente 116, 165
Nordamerikanische Rohrdommel **115**, 122, 130
Nordamerikanischer Fischotter 21, 90, **91**, 95, 123, 137, 160
Nordisches Zweiblatt 104
Nördlicher See-Elefant 78, 212
Nördliche Wasserschlange 112
Norne **103**, 104

Ochsenfrosch 122
Ohrenlerche 21, 32, 220
Ohrenscharbe 23, 76, 112, 147, 148, 149, 150, **154**, 164, 178, 212
Ohrentaucher 116
Orangefleckwaldsänger 133
Orka (Schwertwal, Killerwal) 21, **76**, 78, 83, 207
Osterglocke 87

Papageitaucher 23, 76, **143**, 149, 150, 164, 212
Pappelwaldsänger 22
Papierbirke 20, 39, 92, 165, 184
Pazifische Eibe 63
Purpurtanne 78
Pazifischer Baumfrosch **78**, 79
Pazifischer Wasserpieper 21, 32, 194
Pazifisches Waldveilchen 79
Pazifischer Weißseitendelphin 83, 155
Pechkiefer 219
Pedicularis bracteosa **33**
Perlpfötchen **86**
Pfeilkraut **127**, 144
Pfuhlschnepfe 130
Pieperwaldsänger 100, 116, 122, 136, 177
Pika 21, 32, 35, 39, 49, 62, 72, 87, **89**
Pilotwal 155, 178, 183
Pinus albicaulis 31, 39
Platane 116
Plathantera blephariglottis **112**
Pogonia ophioglossoides 110, **161**
Polarfuchs 21, **206**, 224
Prachteiderente 154, 160
Prächtige Himbeere 79
Prachtscharte **99**
Präriebison 21, 67, 92, 97, 214
Präriehuhn 22
Präriehund 21, 217
Prärieläufer 22
Prärierose 69, 97
Präriewermut 97
Psilophyton princeps 153
Puma s. Berglöwe
Purpurgimpel 122, 136
Purpurnes Berufkraut **193**
Purpursteinbrech 198, 207, **209**
Pyramidenpappel 92, 116

Queller 144, 164

Rana palustris **110**
Raubseeschwalbe 112
Rauhfußbussard 154
Rauhfußkauz **86**, 94
Rauhhäutiger Molch 24
Regenbogenforelle 23
Richard's Ziesel 21, **92**

Riesenlebensbaum 62
Riesenschachtelhalm **82**
Ringelgans 154, 223
Ringschnabelente 146
Ringschnabelmöwe 147
Rippenfarn **79**
Rohrkolben 144
Rosarotes Wintergrün 28
Rosenbauchschneegimpel 22, 32, 55, 62, 72
Rosenbrust-Kernknacker 65, 100, 122, 132, 177
Rosenfink 88
Rosmarinheide 94
Rotahorn 165, 176, 184
Rotaugenvireo 63, 122, 136, 169, 177
Rotbacken-Wühlmaus 62
Rotbauchnatter 24
Roteiche 19, 128, 136
Rotfichte 20
Rote Lilie 30
Rotes Dreiblatt 121
Rotfleckenmolch 24
Rotfuchs 21, 94, 112, 123, 137, 148, 165
Rothalstaucher 23, 30, 94, 98
Rothörnchen 21, 32, 65, 94, 112
Rotkardinal 116
Rotkopfente 137, 177
Rotlachs 23
Rotluchs 165
Rotrückenmeise 22
Rotschulterbussard 22
Rotschulterstärling 23, 30, 112, **127**, 154
Rotschwanzbussard 39, 87, 98, 133, 154, 166, 178, 220
Rotzeder 78, 86, 109
Rubinfleckwaldsänger 136
Rubingoldhähnchen 31, 122, 136, 185
Rubinkehlkolibri 154
Rundblättrige Orchis 112
Rundblättriger Sonnentau 94, 110, **180**

Sägekauz 122
Salal 79
Samtente 183
Sandkraut 208
Sandregenpfeifer 148, 154, 206
Sandstrandläufer **104**
Sattelrobbe 21, 183, *207*
Schachtelhalm 63
Schafgarbe 97
Scharfer Sumach 100
Scharlachtangare 122, 132
Schattenblümchen 169
Schattenblume **78**, 79, 87, 110
Schellente 23, 137, 147, 177
Schlammschildkröte 24
Schlammtreter 76
Schlickgras 144
Schlickkrebs 164
Schmuckschildkröte 24, 116, 129, 171
Schnäpperwaldsänger169
Schnappschildkröte 24, 122, **169**, 170
Schneeammer 21
Schnee-Eule 21, **206**, 206
Schneegans 22, 146, 223
Schnee-Hahnenfuß 87
Schneehuhn 21
Schneeschuhhase 21, 69, 87, 92, 171, 178, 185, 194, 207, **208**
Schnee-Trauerammer 206
Schneeziege 21, 32, 35, 39, *47*, 49, 62, 87, 213
Scholle 23
Schreikranich 21, 216
Schuppenheide 87, 104, 208, **209**
Schwalbenschwanz **23**, 116
Schwanenblume **131**, 144

Schwarzbär 20, 26, 31, 35, 39, 43, 49, 55, 62, 69, 87, 94, 104, 137, 178, 184, 194, 198, **201**
Schwarze Walnuß 116
Schwarze Himbeere 87
Schwarzer Sonnenhut 97, **99**
Schwarzfichte 39, 94, 178
Schwarzkopfente 154
Schwarzkopfmeise 22, 28, 69, 98, 136, 159, 185
Schwarzkopfruderente 129, **131**, 154
Schwarzkopftaucher 173
Schwarzpappel 39
Schwertfarn 87
Schwertwal s. Orka
Schwimmender Knöterich 122
Seehund 21, 78, 83, 148, 149, 150, **152**, 155, 207
Seelöwe 21, 78
Seeotter **80**, 212
Seerose **115**
Seesaibling 23
Senecio triangularis **84**
Sibirische Äsche 23
Siebenstern 169
Silberahorn 19, 116, 129, 136, 170
Silberfuchs 149
Silbermöwe 122, 147, 148, 154
Silberreiher 116, 129, 130
Silberwurz 32, **38**, 208
Singammer 166
Sitkafichte 18
Skua 206
Sockeye-Lachs 23
Solidago rigida 49
Spatelente 116, 129
Spierstrauch 122, **161**
Spornammer 21, 206
Springmaus 160
Steinadler 22, 39, 62, 72, 87, 104, 122, 133, 154, **190**, 194
Steinwälzer 224
Stengelloses Leimkraut 32, 153, 185, 198, 207, **209**
Sterntaucher 154, 198
Stinkkohl 18, 63, 65, **65**
Stinktier 212
Stipa comata 217
Stockente 122
Strandflieder 144, **147**
Streifenbackenhörnchen 112
Streifenkauz 22, 65, 122
Strumpfbandnatter **110**, 165
Sumpfammer 122, 130
Sumpfblutauge 94
Sumpfcalla **95**
Sumpf-Dreizack 144
Sumpfmalve 116
Sumpf-Porst 122
Sumpfschildkröte 170
Sumpfzaunkönig 130

Tannenhuhn 32, 55, 92, 94, 122, 136, **159**, 165, 178
Taschenratte 97
Teichhuhn 130
Tigerquerzahnmolch 24
Tigerwaldsänger 94
Timberwolf (Grauwolf) 21, 34, 39, 42, 98, 104, *120*, 126, 123, 137, 198, 213
Tordalk 23, 150
Townsendwaldsänger 55
Trauerseeschwalbe 130
Trillium undulatum (Dreiblatt) **169**
Trompetenblatt 94, 122, **138**, 158, 177
Trompeterschwan 76, 198
Trottellumme 147
Truthahngeier 22, 220

237

Tulpenbaum 116
Tundrawolf *120*
Tussock 208

Vallisneriaente 97
Venusmuschel 148
Vielblättrige Lorbeerrose 122, **158**, 158, 165, 183
Vielfraß 21, 26, **58**, 62, 104, 198, 213
Virginia-Opossum 212
Virginia-Uhu 122, 154, 178
Virginiaralle 130
Virginische Zeder 116

Waldbison 21, **68**, 198, 214
Walddrossel 22, 122
Waldlauch 129
Waldlilie 97, 121
Waldmurmeltier **127**
Waldsänger 122
Waldsauerklee 169
Waldtyrann 22
Walroß 21, 207
Wanderdrossel **139**, 154, 165, 166
Wanderfalke **164**, 164, 194, 206, 216
Wapitihirsch 20, 26, 28, **31**, 34, 35, 39, 55, 64, 214
Waschbär 21, **22**, 123, 165, 212
Wasserhahnenfuß 31
Wasserlobelie **171**
Wasserschlauch 31, 122, **177**, 177
Weidengelbkehlchen 23, 122
Weidentyrann 128, 130
Weißaugenvireo 116, 133
Weißbürzel-Strandläufer 148
Weiße Alpenrose 63, 87
Weißeiche 19
Weißesche 19
Weißer Frauenschuh 28
Weißes Dreiblatt 121
Weißfichte 20, **41**, 97
Weißkehlammer 23, 116, 178, 185
Weißkiefer 28, 39, 65, 176
Weißkopfseeadler 23, 35, 76, 83, 87, 89, 94, 98, 104, 149, 178, **182**, 198, 212
Weißschwanz-Schneehuhn 22, 32, **44**, 62, 72, 214
Weißwedelhirsch 20, 28, 35, 55, **56**, 64, 69, 92, 123, 149, 160, 165, 171, 178, 198
Westamerikanische Hemlocktanne 78, 86
Westlicher Zürgelbaum 146
Westliches Netzblatt176
Weymouthskiefer 19, 20, 109, 121, 129, 169, 218
Wiesenstärling 22
Wiesenstrandläufer164
Wilde Aralie 110, 169, 165, 176
Wilde Rose 30
Wilder Wein 116
Windröschen **48**
Winterlieb **88**
Wohlriechende Balsamtanne 152
Wühlmaus 31

Zahnwurz 176
Zedernseidenschwanz 122, 154, 166
Zederzypresse 109, 159
Zerbrechlicher Blasenfarn 112
Zerbrechlicher Ohrenkaktus 55
Zierschildkröte **171**
Zimtente 116
Zimtkolibri 213
Zuckerahorn 19, 20, 109, 129, **130**, *132*, 165, 169, 176
Zwergbirke 94, 194, 207
Zwergdrossel 177, 185
Zwergschwan 116, 155, 178, 183

Orts- und Personenregister

Alaska Highway 189, 195
Alberta 14
Algonquin Provencial Park 118ff, **118, 119, 122, 227**
Alma 163, 166
Amiskwi Valley 51
Archipel Mingan National Park Reserve 149
Arktische Tundra 16
Athabasca Falls 43, **43**
Athabasca River 37
Atlantik-Kanada 23, *132*
Atlantikprovinzen 20
Atlantische Küstenregion 20
Aulavik-Nationalpark 223
Auyuittuq-Nationalpark 204ff, **204, 226**

Baffin Island 204, **224**
Banff Townsite 30, 34
Banff-Nationalpark 26ff, **33**
Banff-Park-Museum *29*, **29**
Banks Island *120*
Barkley Sound 75
Barron Canyon 119
Bay of Fundy 20, 162
Beausoleil Island 218,
Beaver Valley 64
Biodôme131
Black Tusk 84, , **85**, 89
Blackstone 200, 201
Bonne Bay 183
Boundary Bog Trail **93**
Bow Lake 27
Bow River Valley Parkway 34, 35
Brackendale 89
Bras d'Or 174
Broken Island Group 74, 78, 80
Broom Point 182, **188**
Bruce-Peninsula-Nationalpark 107 ff, **107**
Burgess Shale 46, 50
Burwash Landing 196

Cabot Trail **175**, 175, 178
Cameron Lake 69, **71**, 72
Canmore 32
Cap Bon Ami 152, 153
Cap Gaspé 151, 154
Cap Hopewell **163**, 167
Cap Tourmente 146
Cape Breton Highlands (Nationalpark) 174ff, **174, 175**
Caribou-Berge 60
Cathedral Grove 83
Cave and Basin Gebäude *29*
Cavendish 221
Cheakamus Lake 89
Chéticamp 180
Chéticamp River 175, 179
Churchill 222
Clayoquot Sound *77*, **79**, 80
Clearwater 213
Clyburn-Tal 176
Coast Mountains 17, 84
Coastal Trail **106**
Columbia-Eisfeld 26, 38, 39, 43
Columbia Icefield **15, 44**
Columbia Mountains 22, 60
Cumberland Sound 204
Cypress Park 212

Dinosaur Provincial Park 215
Drumheller 215

Edmonton 216
Elk-Island-Nationalpark 215
Ellesmere Island *120*

Ellesmere-Island-Nationalpark *120*, 223, **224**
Emerald Lake **45**, 46, 50
Espen-Parkland 90, 92, 97

Fathom Five National Marine Park *25*,107ff, **111**
Florencia Bay 79, 80, **81**
Flowerpot Island **111**, 113
Foothills 19
Forillon-Nationalpark 151ff, **151, 155**
Fort Nelson 202
Fort Simpson 202, 203
Fort Smith 217
Fraser River 23
Fraser Valley 214
Fundy-Nationalpark 162ff

Garibaldi Lake **85**, 88
Garibaldi Provincial Park 84ff, **85, 88**
Gaspé 152
Gaspésie151
Gaspésie-Regionalpark *199*, 220
Gatineau Provincial Park 219
Georgian Bay 107
Georgian Bay Islands (Nationalpark) **216**, 218
Glacier-Nationalpark 59ff, 61, **61**, 64
Grand Mère 140
Grande Anse Valley 177, 179
Grasslands-Nationalpark 21, 217
Great Plains 14
Green Cove**180**
Green Point **184**
Grey Owl (Naturdichter) 95, 100
Gros-Morne-Nationalpark181ff
Große Seen 13, 24

Haines Junction 190, 195, 196
Haines Road 189
Hattie Cove 105
Honey Harbour 218
Honeymoon Lake **13**
Hudson Bay 10, 22
Hull 219

Icefield Parkway 31, 39, 41
Île Bonaventure *145*, 150
Île d'Anticosti *142*, 148
Îles de Boucherville 129
Illecillewaet River 59
Indian Cove Head **107**
Innere Ebenen 14
Inuit 15
Inuvik 223
Iqaluit 209

Jardins de Métis150
Jasper-Nationalpark **2**, **37**, 37ff
Joe Lake **227**
Johnston Canyon **33**, 35

Kanadischer Schild 10, 13
Kananaskis-Gebiet 214
Kaskawulsh Glacier 190,194, **196**
Kejimkujik-Nationalpark 168ff
Kekerten National Historic Park 211
Kelly's Bog **14**
Kicking Horse River 46
Kinosao Lake 98
Kluane-Nationalpark 189ff, **189, 192**
Koontenay-Nationalpark 53ff, **53, 56**
Kordilleren 15, 17
Kouchibouguac-Nationalpark **14**, 157ff, **158**
La-Mauricie-Nationalpark 134ff
Lac St. Pierre 144
Lac Wapizagonke **134**, 135, **138**
Lake Audy 101
Lake Erie117
Lake Huron 107, 218
Lake Louise 26, 34, 35

Lake Minnewanka 35
Lake O' Hara 46, 48, **48**, 51
Lake Superior 102
Les Escoumins147
Liard Highway 202
Long Beach **74**, 75, 80
Lookout Trail **119**

Mackenzie-Berge 20, 197, 202
Maligne Lake 38, **41**, 42
Maligne River 40
Maligne Valley **40**
Mallorytown 219
Manitoba14, 18
Manitolin Island 109
Marble Canyon **56**, 57
Mersey Meadows 173
Mersey River **170**
Mizzy Lake Trail **122**
Moncton 161, 167
Mont St. Bruno 127, 133
Mont St. Hilaire 127, 133
Mont Tremblant **126**
Montréal und Umgebung 126ff
Moraine Lake 26, **27**, 34
Moresby-Island-Nationalpark 212
Mount Asgård 210
Mount Edith Cavell 43
Mount Logan 189
Mount-Revelstoke-Nationalpark 59ff, **60**,
   62, 65, **66**
Mount Robson 214
Mount Thor **205**, 205, 210
Mt. Assiniboine Provincial Park **213**

Nahanni Butte 202
Nahanni River **201**, 201
Nahanni-Nationalpark 197ff, **200**
Neufundland 23, 181
New Brunswick 24
Niagara-Fälle 218, **220**
Northern-Yukon-Nationalpark 21, 222
Northwest Territories15
Nova Scotia 23, 162, 168, 174

Ominnik Trail **96**
Ottawa 219
Overlord 205, 209
Owl Valley 210

Pacific-Rim-Nationalpark 74ff, **74, 75, 79**
Paint Pots **57**, 57
Pangnirtung 204, 209, 211, 224
Pangnirtung-Paß 204, 206, 208
Parc d'Oka 128, 129, 133

Parc de Bic **146**, 147
Parc Mont Royal 132
Parker's Ridge **36**
Parks Canada *25*
Pazifikküste 17
Percé 150
Peter Lougheed Provincial Park 214
Peyto Lake 27, **30,** 35
Point-Pelee-Nationalpark 114ff, **114**
Port aux Basques 188
Port Renfrew 74, 80, 82
Prärien 18
Prince-Albert-Nationalpark 21, 90ff, **91, 93**
Prince Edward Island (Nationalpark) 221
Prince Rupert 212
Pukaskwa-Nationalpark 102ff, **102, 103, 106**
Pyramid Lake 39

Québec 13, 24, 126, *132*, 141, 150, 221
Queen Charlotte Islands 75, 212

Rabittkettle Hotsprings 201
Radium Hot Springs 58
Red Rock Canyon **72**
Riding-Mountain-Nationalpark 96ff, **96, 98**
Rivière des Prairies 126
Rocher Percé 150
Rocks Provincial Park 167
Rocky Mountains 10, 14, 17, 21, 22, 26
Rocky Mountains Park *25,*
Rogers-Paß 60, 66
Rubble Creek 86

Saguenay-Fjord *25,* **142**, 146
Saint John 167
Sainte-Anne-des-Monts 221
Saskatchewan 14, 18, 91
Seaside Adjunct 173
Selkirk Mountains 59, 60
Shannon Falls 89
Shewenegan 140
Sinclair Canyon **57**
Slim River**196**
Spiral Tunnels 50
Spirit Island **41**
Squamish Valley 88
St. Elias Range 11, 189, **190**
St.-Jean-des-Piles136
St. Lawrence Islands (Nationalpark) 219
St.-Lorenz-Golf 12, 23
St.-Lorenz-Strom 21, 22, 23, 126, 141, 175,
   217, 219
St.-Lorenz-Tiefland 10, 13, 24, *132*, 219
Stanley Park 212
Stone Mountain Provincial Park *191*

Strathcona Provincial Park 82
Summit Road 65
Sunwapta Falls 43
Swartzenbach-Fälle 209

Tablelands **185**, 186
Tadoussac **142**, 146
Taiga 16
Takakkaw Fall 45, 49, **49**, 58
Telegraphe Cove 83
Ten Mile Pond **181**, 187
Terra-Nova-Nationalpark 221
The Barrier **88**
Thousand-Island-Nationalpark **217**
Thunder Bay 106
Tobermory 107, 113
Tofino 75 , **77**, 80
Tom Thomson 121
Trans Canada Highway 32
Trois-Pistoles147

Ucluelet 75

Val Marie 217
Vancouver 82, 88, 89, 212
Vancouver Island 17, **81**, 82
Vauréal-Fälle **142**
Vermilion Lakes 30, **31**, 35
Vermilion-Paß 55
Virginia Falls **197**, 197, 201, 202

Wapta Falls 46, 51, **52**
Wasagaming 101
Waskesiu River **91**
Waskesiu Townsite 94
Waskesiu-Hügel 90
Waterton-Lakes-Nationalpark 67ff, **67, 70**
Waterton-Glacier International Peace Park
   67
Weasel River 205
Wells Grey Provincial Park 213
West Coast **74**
West Coast Trail 74, 76, 80, 82
Western Brook Point 185, 188
Whitehorse 195
Whitney 121, 125
Whittaker Falls Territorial Park 202, **203**
Wickaninnish Bay **74**, 80
Windsor 117
Winnipeg 101
Wolfe Point **162**, 163, 164, **164**
Wood-Buffalo-Nationalpark 21, 216

Yellowhead Highway 95, 214, 216
Yoho-Nationalpark 45ff
Yukon Territory 11, 15, 17, 189, *191*,*199*

239

Die Natur als Reiseziel

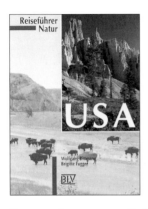  

Pressestimmen zur Reihe »Reiseführer Natur«:

»Besser, informativer und übersichtlicher kann man es eigentlich nicht machen...«
Die Zeit

»...ein Muß für jeden Naturliebhaber...«
Frankfurter Rundschau

»...attraktiv und übersichtlich gestaltet, zudem kenntnisreich, nie aber langweilend verfaßt...«
Frankfurter Allgemeine Zeitung

»...sehr ansprechend aufgemacht...«
Süddeutscher Rundfunk

»...eine ausgezeichnete Reihe...«
Bayerisches Fernsehen

»...schöne Reiseführer, die man nicht nur gern und mit Gewinn vor Ort in die Hand nimmt. Sie laden auch ein, in Gedanken zu reisen oder einfach darin zu schmökern...«
Das Tier

Bereits erschienen:
Afrika, Südliches • Alaska • Australien • Brasilien, Venezuela • Frankreich, Südliches • Galapagos • Griechenland – Festland und Küste • Indien • Island • Kanada • Kanarische Inseln • Malaysia • Mallorca, Menorca, Ibiza, Formentera • Nepal, Sikkim und Bhutan • Neuseeland • Ostafrika • Schottland mit England und Wales • Seychellen, Mauritius • Skandinavien, Nördliches, mit Finnland • Skandinavien, Südliches • Spanien • Türkei • USA

In Vorbereitung:
Südwesten der USA

Im BLV Verlag finden Sie Bücher zu folgenden Themen: Garten und Zimmerpflanzen • Natur • Heimtiere • Jagd • Angeln • Pferde und Reiten • Sport und Fitneß • Tauchen • Reise • Wandern, Bergsteigen, Alpinismus • Essen und Trinken • Gesundheit, Wohlbefinden, Medizin

Wenn Sie ausführliche Informationen wünschen, schreiben Sie bitte an:
BLV Verlagsgesellschaft mbH • Postfach 40 03 20 • 80703 München
Telefon 089/12705-0 • Telefax 089/12705-543